普通高等教育"十一五"系列教材

PUTONG GAODENG JIAOYU SHIYIWU XILIE JIAOCAI

高职高专教育

发电厂电气设备及运行

FADIANCHANG DIANQI
SHEBEI JI YUNXING

王朗珠 蒋 燕 主编

中国电力出版社

CHINA ELECTRIC POWER PRESS

内 容 提 要

本书分为四篇（发电机、变压器及电动机；发电厂电气部分；电力系统；继电保护及自动装置）共十六章，前两篇主要介绍大型火力发电厂中的发电机、变压器、电动机、高压开关电器、互感器、封闭母线、电气主接线、厂用电接线、直流系统、UPS装置及事故保安电源等电气设备及接线的结构特点、基本形式及基本的运行操作，最后介绍防雷保护的基本知识。第三篇选择性地介绍电力系统有、无功的平衡及相应的调整，系统的静、动态稳定及振荡；对短路的概念及对称分量法也进行了简单的介绍。第四篇主要介绍继电保护的基础知识，大机组继电保护配置的基本原理，厂用电保护及自动装置的种类、作用和基本工作原理。

本书主要作为火力发电厂热动类专业的教材，也可作为发电厂集控运行人员的专业基础培训教材。

图书在版编目（CIP）数据

发电厂电气设备及运行/王朗珠，蒋燕主编；唐顺志，向文彬，邓书蕾编写．—北京：中国电力出版社，2008.8（2026.1重印）

普通高等教育"十一五"规划教材．高职高专教育

ISBN 978 - 7 - 5083 - 7634 - 9

Ⅰ. 发… Ⅱ.①王… ②蒋… ③唐… ④向… ⑤邓… Ⅲ. 发电厂—电气设备—运行—高等学校：技术学校—教材 Ⅳ. TM621.7

中国版本图书馆 CIP 数据核字（2008）第 094603 号

中国电力出版社出版、发行

（北京市东城区北京站西街 19 号 100005 http://www.cepp.sgcc.com.cn）
北京雁林吉兆印刷有限公司印刷
各地新华书店经售

*

2008 年 8 月第一版 2026 年 1 月北京第二十次印刷
787 毫米×1092 毫米 16 开本 13.25 印张 319 千字
定价 32.00 元

前　言

　　随着教育体制改革的深化和电力工业的发展，目前适应高职高专院校培养目标和针对发电厂热力类专业有关电气设备的教材颇为匮乏。根据目前教材的需求状况，本书针对现代火力发电厂的电气设备及运行状况，结合高职高专学生的实际情况，采用较多的图例，使读者建立起对发电厂电气设备及运行的初步认识。根据以就业为导向的职业教育，其课程内容应以过程性知识为主、陈述性知识为辅的特点，全书在内容编写上努力克服学科性教材，理论知识"偏多、偏难、偏深"的倾向，基本理论与概念的介绍做到实用、够用。

　　本书紧密结合现场生产的要求，主要针对火力"发电厂集控运行"专业、"电厂热能动力装置"专业、"电厂设备运行及维护"专业、"热工控制"专业而编写。本书从工学结合的角度出发，将热动类所需的电气知识与技能，全面、适度地做了讲解，特别适合高职高专类学生的学习。若能将理论与实践相结合进行学习与教学，效果较佳。

　　本书由重庆电力高等专科学校王朗珠、蒋燕主编，重庆电力高等专科学校的唐顺志、邓书蕾、向文彬老师参与编写，全书由王朗珠统稿。

　　本书由沈阳工程学院刘宝贵主审，并提出了许多宝贵意见，在此表示感谢。

　　限于编者水平，书中难免存在一些不足和疏漏之处，希望广大读者给予指正。

编　者
2008 年 5 月 6 日

目　　录

第一篇　发电机、变压器及电动机

第二篇　发电厂电气部分

第三篇　电　力　系　统

第四篇 发电厂继电保护及自动装置

第一章 电力系统的基本知识

第一节 电 力 系 统

一、电力系统的构成

电力系统是由各类发电厂、电力网（变电所、线路）和用户组成的一个统一整体，其功能就是完成电能的生产、输送、分配和使用。电力系统示意图如图1.1所示。

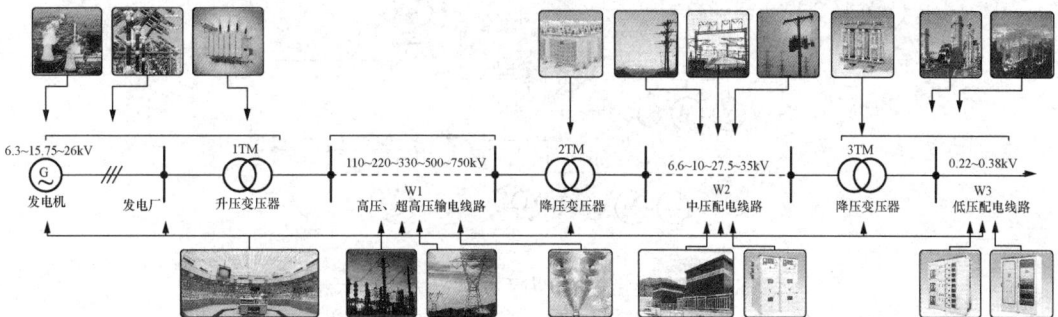

图1.1 电力系统示意图

电力系统加上热力发电厂中的热能动力装置、热能用户，水电厂的水能动力装置，也就是加上锅炉、汽轮机、水库、水轮机以及原子能发电厂的反应堆等，就组成了动力系统。电力系统中各种电压的变电所及输电线路组成的统一体，称为电力网。电力网的主要任务是输送与分配电能，并根据需要改变电压。图1.2所示为动力系统、电力系统和电力网的示意图，图中用单线表示三相。

二、电力系统的基本要求

（一）电力系统的运行特点

1. 电能生产、输送与使用的同时性

现阶段，电能尚不能大量地廉价储存，发、输、变、配及用电是在同一瞬间进行的，每时每刻的发电量取决于同一时刻用户的用电量和输送过程的损耗，发、输、变、配、用任一环节出现故障，都会影响电力系统的运行。

2. 与生产及人们生活的密切相关性

由于电能与其他能源之间转换方便，宜于大量生产、集中管理、远距离输送、自动控制等，因此使用电能较其他能源有显著优点。社会各部门广泛使用的电能若供应不足或中断，则将直接影响各部门生产和人民的正常生活，甚至危及人身和设备的安全，造成十分严重的后果。

3. 过渡过程的瞬时性

发电机、变压器、电力线路、电动机等元件的投入或退出都在瞬间完成。电能输送所需的时间仅千分之几甚至百万分之几秒。电力系统从一种运行方式过渡到另一种运行方式的过

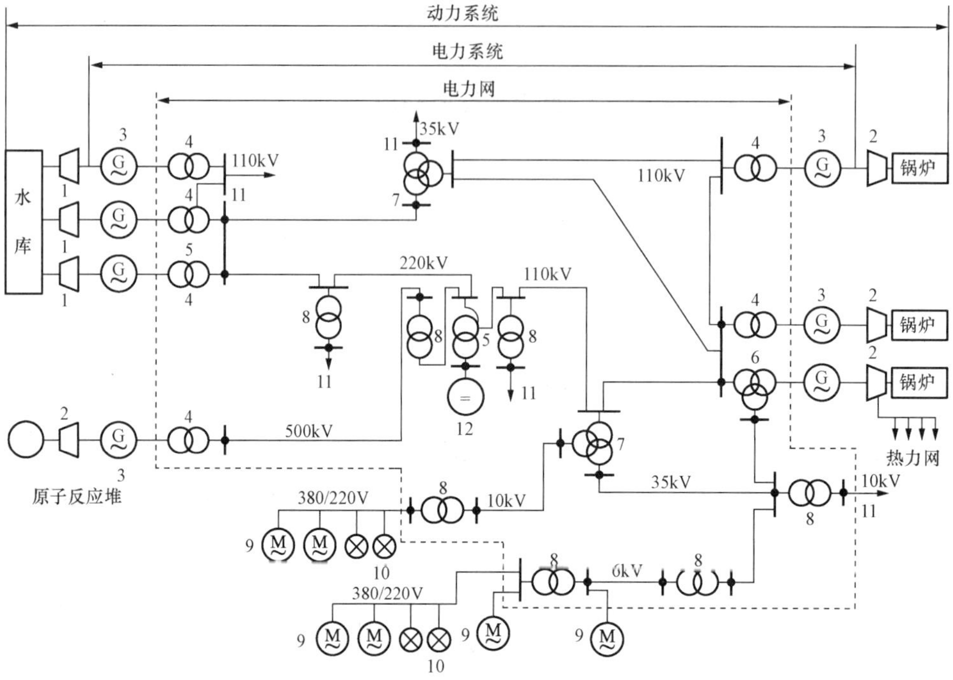

图 1.2　动力系统、电力系统、电力网的示意图

1—水轮机；2—汽轮机；3—发电机；4—升压双绕组变压器；5—升压自耦

变压器；6—升压三绕组变压器；7—降压三绕组变压器；8—降压

双绕组变压器；9—电动机；10—电灯；11—负荷；12—调相机

渡过程更是非常短促。因此，正常运行和故障情况所进行的调整和切换操作，要求非常迅速。电力系统运行必须采用自动化程度高，又能迅速而准确动作的继电保护及自动装置和自动监测设备。

（二）对电力系统的基本要求

1. 满足用电需求

满足国民经济各部门及人民生活中不断增长的用电需求，保障供给是电力部门的重要任务。电力工业的发展速度，应超前于其他部门的发展速度，起到先行作用，应竭力避免由于缺电而使工业企业不能充分发挥其生产能力的情况，尽量满足用户的用电需要。

2. 安全可靠地供电

电力生产遵循安全第一、预防为主的原则。这就要求加强对电力系统各元件和设备的管理，经常进行监测、维护，并定期进行预防性试验和检修，定期更新设备，使设备处于完好的运行状态；提高工作人员素质，严格执行各项规章制度，不断提高运行水平，防止事故的发生。一旦发生事故，应能迅速和妥善处理，防止事故扩大，并迅速恢复供电。因为供电中断将使工农业生产停顿，人们生活秩序混乱，对某些用户甚至会造成产品报废、设备损坏以及危及人身安全等严重后果。突然停电给国民经济造成的损失远远超过电网本身的损失。因此，要确保安全可靠的供电。

电力系统中发生事故是导致供电中断的主要原因，但要杜绝事故的产生非常困难。由于各种用户对供电可靠性的要求不一样，可以将负荷按重要程度分为三类，以此决定保证供电的顺序和系统接线方式。

一类负荷：中断供电将造成人身事故或重大设备损坏，且难以修复，给国民经济带来重大损失。根据一类负荷的重要性，在正常运行和故障情况下，系统接线方式必须有足够的可靠性和灵活性，保证对用户的连续供电。一类负荷要求有两个或两个以上独立电源供电，电源间应能自动切换，以便在任一电源发生故障时，对这类用户的供电不致中断。

二类负荷：中断供电将造成大量减产和废品，以致损坏生产设备，在经济上造成重大损失。二类负荷需双回线路供电。但当双回线路供电有困难时，允许由单回专用线路供电。

三类负荷：不属于一类、二类负荷的用户均属于三类负荷。三类负荷对供电无特殊要求，允许较长时间停电，可用单回线路供电，但也不能随意停电。

3. 保证电能质量

电能质量指标主要是电压、频率、波形等参数的变化不得超出允许范围。电网电压允许变化范围为额定电压的 $\pm 5\%$；频率的允许偏差为 $\pm(0.2\sim0.5)$Hz，波形应为正弦波且畸变率要十分小。当电能质量合格时，用电设备才能正常工作并具有最佳的技术经济效果。如果变动范围超过允许值，虽然尚未中断供电，但已严重影响到产品质量和数量，甚至会造成人身和设备故障，同时对电力系统本身的运行也有危害。因此，必须通过调频及调压措施来保证频率和电压的稳定。

4. 保证电力系统运行的经济性

电能生产的规模很大，在其生产、输送和分配过程中，本身消耗的能源占国民经济能源中的比例相当大。因此，最大限度地降低每生产 1kW·h 电能所消耗的能源和降低输送、分配电能过程的损耗，是电力部门的一项极其重要的任务。电能成本的降低不仅意味着能源的节省，还将降低各用电部门的成本，对整个国民经济带来很大的好处。现在最广泛的做法是实行电力系统的经济运行。按照最优化原则分配各发电厂、发电机组之间的发电出力及输电和配电路径，充分利用水力资源，尽可能采取节能降耗措施，力争取得整个现代电力系统最大的、综合的经济效益。

应当指出，以上要求是互相关联的，而且常是相互矛盾、相互制约的。因此，要综合考虑，满足任何一项要求时，需兼顾其他要求。

三、电网的电压

（一）额定电压

按照国家标准 GB 156—2003《标准电压》规定，我国三相交流电网、发电机和电力变压器的额定电压见表 1.1。

表 1.1 　　　　　　　　　三相交流电网和电力设备的额定电压

电压种类	电网和用电设备额定电压（kV）	发电机额定电压（kV）	电力变压器额定电压（kV）	
			一次绕组	二次绕组
低压	0.38 0.66	0.40 0.69	0.38 0.66	0.40 0.69
高压	3 6 10 —	3.15 6.3 10.5 13.8，15.75，18，20	3 及 3.15 6 及 6.3 10 及 10.5 13.8，15.75，18，20	3.15 及 3.3 6.3 及 6.6 10.5 及 11 —

续表

电压种类	电网和用电设备额定电压（kV）	发电机额定电压（kV）	电力变压器额定电压（kV）	
			一次绕组	二次绕组
高压	35	—	35	38.5
	66	—	66	72.6
	110	—	110	121
	220	—	220	242
	330	—	330	363
	500	—	500	550

（二）电网的额定电压

电网（或电力线路）的额定电压等级是国家根据国民经济发展的需要及电力工业的水平，经全面技术经济分析后确定的。它是确定各类用电设备额定电压的基本依据。各级电压合理输送容量及输电距离范围见表 1.2。

表 1.2　　　　　　　　　各级电压合理输送容量及输电距离范围

额定电压（kV）	输送容量（MW）	输送距离（km）	额定电压（kV）	输送容量（MW）	输送距离（km）
0.38	小于 0.1	小于 0.6	35	2.0～10	20～50
3	0.1～1.0	1～3	110	10～50	50～150
6	0.1～1.2	4～15	220	100～150	200～300
10	0.2～2.0	6～20	500	1000～1500	250～1000

由于三相视在功率 S 和线电压 U、线电流 I 之间的关系为 $S=\sqrt{3}IU$，因此在输送视在功率 S 一定时，输电电压等级愈高，输电电流愈小，从而可减少线路上的电能损失和电压损失，同时又可减小导线截面，节约有色金属。因此，在实际中，大功率、远距离输电线路都是采用高电压、超高压、特高压送电；但电压愈高，绝缘材料所需的投资也相应增加，因而对应一定输送功率和输送距离，均有相应技术上的合理输电电压等级。同时，还需考虑设备制造的标准化、系列化等因素，因此电力系统额定电压的等级也不宜设置得过多。

1. 发电机的额定电压

图 1.3 所示为电力系统中的各点电压分布。由于电力线路允许的电压损耗为 ±5%，即整个线路允许有 10% 的电压损耗，因此为了维护线路首端与末端平均电压的额定值，线路首端（电源端）电压应比线路额定电压高 5%，而发电机是接在线路首端的，所以规定发电机的额定电压高于同级线路额定电压 5%，用以补偿线路上的电压损耗。

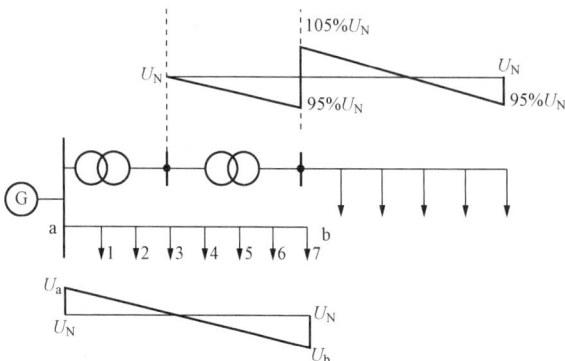

图 1.3　电力系统中的各点电压分布

2. 电力变压器的额定电压

（1）电力变压器一次绕组的额定电压。电力变压器一次绕组的额定电压有两种情况：电力变压器直接与发电机相连，则其一次绕组的额定电压应与发电机额定电压相同，即高于同级线路额定电压的 5%；当变压器不与发电机相连，而是连接在线路上，一次绕组的额定电压应与线路额定电压相同。

（2）变压器二次绕组的额定电压。变压器二次绕组的额定电压，是指变压器一次绕组接上额定电压而二次绕组开路时的电压，即空载电压。而变压器在满载运行时，二次绕组内约有 5% 的阻抗电压降。因此分以下两种情况讨论：

1）如果变压器二次侧供电线路很长（例如较大容量的高压线路），则变压器二次绕组额定电压一方面要考虑补偿变压器二次绕组本身 5% 的阻抗电压降，另一方面还要考虑变压器满载时输出的二次电压要满足线路首端应高于线路额定电压的 5%，以补偿线路上的电压损耗。所以，变压器二次绕组的额定电压要比线路额定电压高 10%。

2）如果变压器二次侧供电线路不长（例如为低压线路或直接供电给高、低压用电设备的线路），则变压器二次绕组的额定电压，只需高于其所接线路额定电压的 5%，即仅考虑补偿变压器内部 5% 的阻抗电压降。

四、电力输电线路

电力线路按结构可分为架空线路和电缆线路两大类。架空线路是将导线通过杆塔架设在户外地面上空，它由导线、避雷线、杆塔、绝缘子及金具等元件组成。电力架空线路示意图如图 1.4 所示。电缆线路一般用在变压器配电线路出线、水下线路、污染严重的地区和因建筑拥挤或要求美观的城市配电线路等处，一般埋在地底下的电缆沟或管道中，它由导线、绝缘层、保护层等组成，如图 1.5、图 1.6 所示。

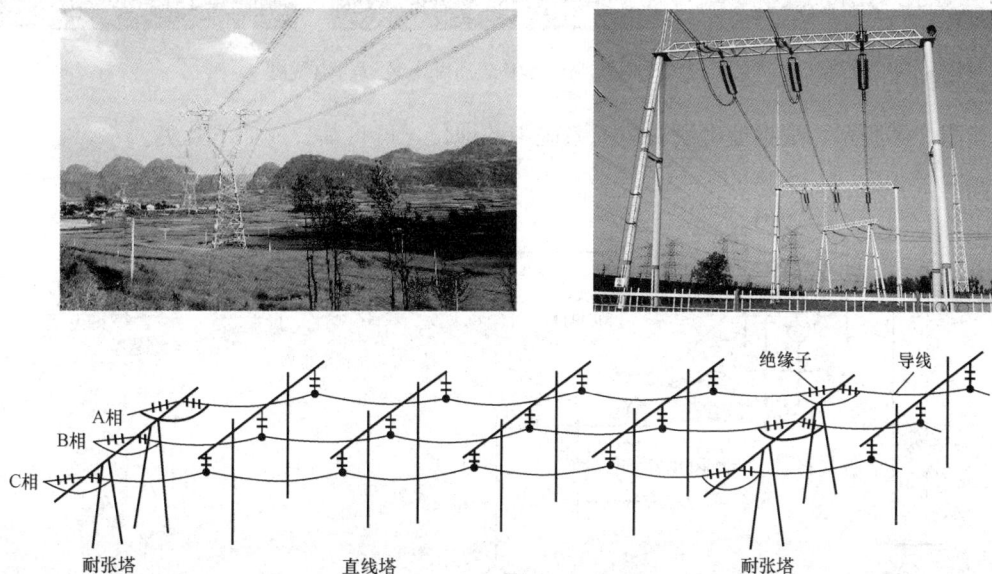

图 1.4　电力架空线路示意图

五、变电所

变电所是联系发电厂和用户的中间环节，变电所的主要设备是变压器和高压开关。变电

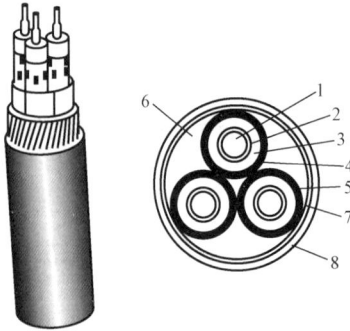

图 1.5 交联聚氯乙烯绝缘电缆

1—线芯导体；2—内半导体屏蔽；3—交联聚
乙烯绝缘；4—外半导体屏蔽；5—钢带屏蔽；
6—填充材料；7—包带；8—聚氯乙烯外护套

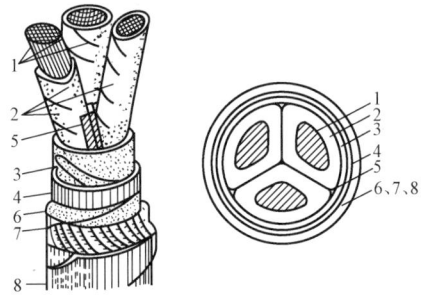

图 1.6 油浸纸绝缘电缆

1—线芯导体；2—线芯绝缘层；3—统包绝缘层；
4—密封护套；5—填充物；6—纸带；7—钢带
内衬；8—钢带铠装

所变压器及高压配电装置、出线图如图 1.7 所示，起着变换电压、输送电能、分配电能的作用。

图 1.7 变电所变压器及高压配电装置、出线图

如图 1.8 所示，根据变电所在电力系统中的地位，可将其分成如下几类。

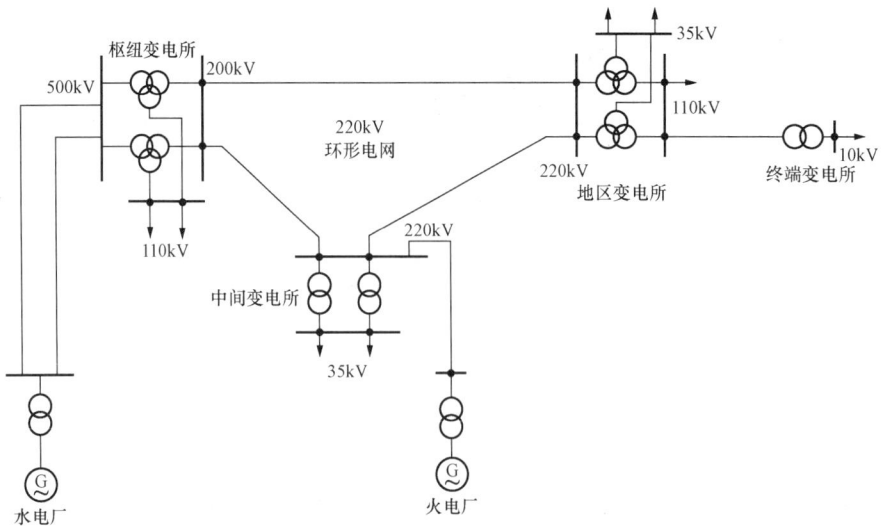

图 1.8 电力系统中的变电所

（一）枢纽变电所

位于电力系统的枢纽点、连接电力系统高压和中压的几个部分、汇集多个电源、电压为 $330\sim500kV$ 的变电所，称为枢纽变电所。全部停电后，将引起系统解列甚至瘫痪。

（二）中间变电所

高压侧以交换潮流为主，起系统交换功率的作用，或使长距离输电线路分段，一般汇集 $2\sim3$ 个电源，电压为 $220\sim330kV$，同时又降压供给当地用电，这样的变电所主要起中间环节的作用，所以叫中间变电所。全部停电后，将引起区域电网解列。

（三）地区变电所

高压侧电压一般为 $110\sim220kV$，以向地区用户供电为主的变电所，称为地区变电所，它是一个地区或城市的主要变电所。全部停电后，仅使该地区中断供电。

（四）终端变电所

在输电线路的终端、接近负荷点、高压侧电压多为 $110kV$，经降压后直接向用户供电的变电所，即为终端变电所。全部停电后，只是用户受到损失。

第二节　电力系统中性点运行方式

电力系统的中性点是指发电机或变压器的三相绕组 Y 连接绕组的中性点。综合考虑电力系统运行的可靠性、安全性、经济性及人身安全等因素，电力系统中性点常采用不接地、经消弧线圈接地、直接接地、经低电阻接地四种运行方式。

一、中性点不接地的运行方式

中性点不接地系统，即电源中性点与大地绝缘。为简化起见，假设三相系统的电源电压和电路参数都是对称的，而且将相与地之间存在的分布电容用一个集中电容 C 来表示，线间电容对该问题无影响，可不考虑。

1. 系统正常运行时

三个相电压是对称的，三相的对地电容电流也是对称的，其相量和为零，所以中性点没有电流流过，各相对地电压就是其相电压。

2. 当系统发生单相接地时

如图 1.9 所示，以 C 相金属性接地（接地电阻为零）为例。图 1.9 中，d 点为等电位点。观察各相对地电压值的变化，可知接地 C 相与大地短接，对地电压为

$$U_{Cd} = 0$$

非接地两相，即 A、B 相对地电压为 $U_{Ad}=U_{AC}$、$U_{Bd}=U_{BC}$，即对地电压均升高，变为线电压。

系统的接地电流（电容电流）为非接地两相对地电容电流之和。

由于线路对地的电容 C 不好准确确定，因此 I_C 也不好根据 C 来精确计算。通常采用经验公式来确定中性点不接地系统的单相接地电容电流，即

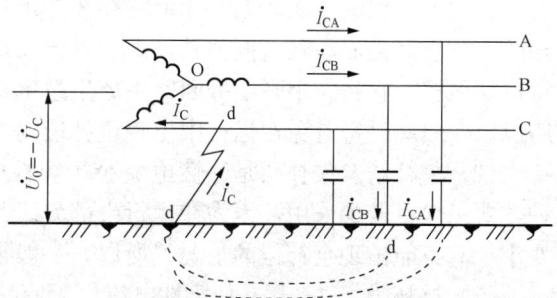

图 1.9　中性点不接地电力系统的一相接地

架空线：$I_C = UL/350$（A）

电缆：$I_C = UL/10$（A）

接地电流与电压 U 和线路长度 L 成正比。电缆线路的单相接地电容电流比相同电压等级、线路长度的架空线大。

此外，电路中的三线电压并没因某相接地而发生变化，对用户来说，电源与正常时一样。对于规模不大的 3～35kV 电网，接地电流只有几安培。

3. 故障处理

必须指出：这种单相接地状态不允许长时间运行，因为如果另一相也发生接地故障，就形成两相接地短路，会产生很大的短路电流，从而损坏线路及其用电设备；此外，较大的单相接地电容电流也会在接地点引起电弧，形成间歇电弧过电压，威胁电力系统的安全运行。因此，发电厂、变电所现场运行规程规定，中性点不接地的电力系统发生单相接地故障时，单相接地运行时间不应超过 2h。

中性点不接地系统一般都装有单相接地保护装置或绝缘监测装置，在系统发生接地故障时，会及时发出警报，提醒工作人员尽快排除故障。同时，在可能的情况下，应把负荷转移到备用线路上去。

二、中性点经消弧线圈接地的电力系统

在中性点不接地系统中，当单相接地电流超过规定数值时（3～10kV 系统中，接地电流大于 30A，20kV 及以上系统中接地电流大于 10A 时），将产生间歇性电弧，从而在线路上引起危险的过电压。为了避免这一现象的发生，可在电源中性点和地间加装一消弧线圈，图 1.10 所示为中性点经消弧线圈接地电力系统的一相接地电路图。消弧线圈实质是一个电感 L 可调的具有铁芯的线圈，当系统单相接地时，其上加上 C 相对地电压，由此产生的感性电流 $\dot{I}_L$ 的相量与接地点的电容性电流 $\dot{I}_C$ 的相量方向相反，起补偿作用，减小了接地点电流，使电弧易于自行熄灭，避免了过电压的产生。

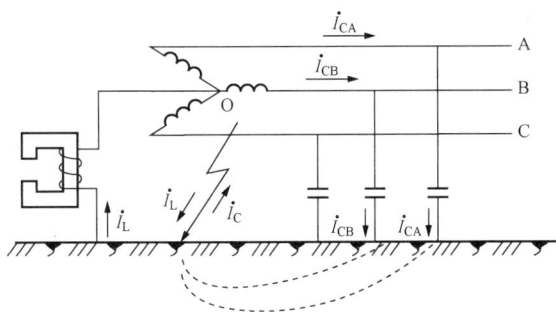

图 1.10　中性点经消弧线圈接地电力系统的一相接地电路图

根据消弧线圈的电感电流对接地电容电流补偿程度的不同，可分为以下三种补偿方式：

（1）全补偿。全补偿即感性电流等于容性电流（$I_L = I_C$，$\omega L = 1/\omega C$）。从消弧观点来看，这是最理想的方式，但实际上它存在严重缺点。因为此时消弧线圈的感抗与其他非故障相的容抗恰好构成串联谐振关系，由于系统在正常运行时并不是严格对称的，中性点存在一定位移电压，它将在串联谐振回路中产生过电压，危及电力网绝缘，影响电网的正常运行。所以，一般应尽量避免在运行中出现全补偿的可能性。

（2）欠补偿。欠补偿是感性电流小于容性电流（$I_L < I_C$，$\omega L > 1/\omega C$）的补偿方式，这种方式一般也较少采用，因为在运行中部分线路有突然断开的可能，这样将使接地电容电流变小，有可能出现全补偿的情况。所以，一般很少采用。

（3）过补偿。过补偿是使感性电流大于容性电流（$I_L > I_C$，$\omega L < 1/\omega C$）的补偿方式，由于这种方式不会因为线路的退出而出现全补偿现象，因此，一般运行中均采用这种补偿方式。

凡单相接地电流过大、不满足中性点不接地条件的电力网，均可采用中性点经消弧线圈接地系统。

中性点经消弧线圈接地系统，其特点与中性点不接地系统的特点相同，它们都属于小电流接地系统。

三、中性点直接接地的电力系统

随着输电电压等级的升高和线路的增长，当采用中性点非直接接地运行方式，发生单相接地时，接地点对地电容电流加大，同时，线路对地绝缘的投资也显著加大。综合供电可靠性和经济性考虑，克服中性点不接地系统缺点的另一种方法，是将中性点直接接地，如图1.11所示。

在中性点直接接地的电力系统中，当某相单相接地，即通过接地中性点形成单相短路时，单相短路电流比线路的正常负荷电流大许多倍。因此，在系统发生单相短路时保护装置应动作于跳闸，切除短路故障，使系统的其他部分恢复正常运行。

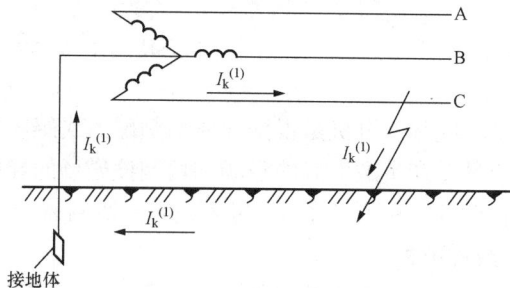

图1.11　中性点直接接地电力系统

中性点直接接地的系统发生单相接地时，其他两完好相的对地电压不会升高，这与上述中性点不直接接地的系统不同，因此，凡中性点直接接地的系统中的供电设备的绝缘只需按相电压考虑，而无需按线电压考虑。这对110kV以上的超高压系统是很有经济技术价值的。高压电器的绝缘问题是影响电器设计和制造的关键问题。电器绝缘要求的降低，直接降低了电器的造价，同时改善了电器的性能。为了弥补供电可靠性降低的缺点，在线路上加装自动重合闸。

目前我国110kV以上电力网一般均采用中性点直接接地方式。

电力系统的中性点运行方式是一个涉及面很广的问题。它对于供电可靠性、过电压、绝缘配合、短路电流、继电保护、系统稳定性以及对弱电系统的干扰等诸多方面都有不同程度的影响，特别是在系统发生单相接地故障时，有明显的影响。

思　考　题

1.1　什么是电力系统？电力系统的运行特点有哪些？电能质量的指标主要是指什么？

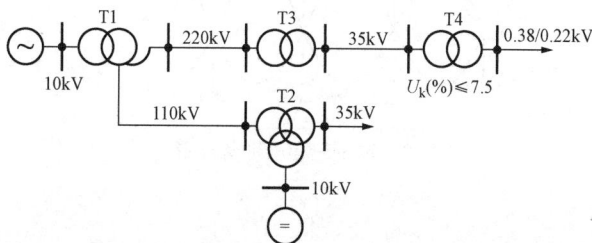

图1.12　题1.2图

1.2　用电设备、发电机和变压器的额定电压是如何确定和配合的？试确定图1.12中的用电设备、发电机和变压器的额定电压。图中已标示出电力网的额定电压。

1.3　什么是电力系统的中性点？电力系统中性点的运行方式有哪几种？

1.4　中性点不接地系统发生单相接地故障时，为什么允许短时运行但不允许长期运行？这种系统常用在什么样的电网中？

1.5　消弧线圈如何能消除接地电容电流？为什么一般采用过补偿方式？

第一篇 发电机、变压器及电动机

第二章 同步发电机的基本知识及结构

第一节 基 本 工 作 原 理

同步发电机是根据导体切割磁力线感应电动势这一基本原理工作的。因此，同步发电机应具有产生磁力线的磁场和切割该磁场的导体。在同步发电机中，通常产生磁力线的部件是转动的，称为转子（磁极转子），切割磁力线感应电动势的导体部件是固定的，称为定子（或称电枢）。

同步发电机的工作原理如图 2.1 所示，定、转子之间有气隙。在定子铁芯内，安放有 AX、BY、CZ 三相定子绕组，它们在空间上互差 120°电角度、对称分布放置在定子铁芯槽中，每相的结构参数完全一样。转子具有 p 对磁极，转子铁芯上面装有直流励磁的转子绕组，当直流电流通过电刷和滑环流入转子绕组后，产生的主磁通从 N 极出来经过气隙、定子铁芯，再经过气隙进入 S 极构成主磁路，如图 2.1 中虚线所示（图中 $p=1$）。

当发电机的转子由原动机驱动，以转速 n 按图 2.1 所示方向作恒速旋转时，定子中三相绕组的导体依次切割磁力线，感应出各相大小相等、相位彼此相差 120°的交流电动势。据图 2.1 所示转子的转向，若气隙磁通密度按正弦波分布，则三相绕组感应电动势波形如图 2.2 所示，相序为 A→B→C。

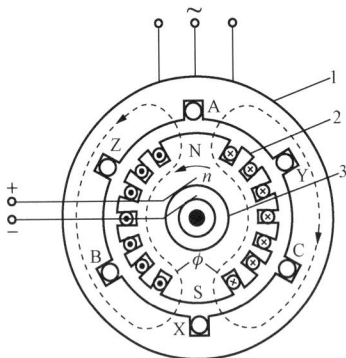

图 2.1 同步发电机的工作原理

1—定子；2—转子；3—滑环

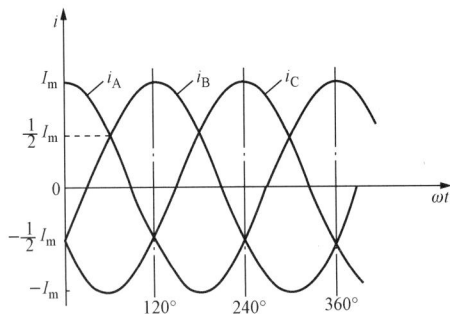

图 2.2 定子三相电动势波形

交流电动势的频率 f 可这样确定：当转子为一对磁极时，转子旋转一周，定子绕组中感应电动势变化一个周期；当同步发电机具有 p 对磁极时，转子旋转一周，感应电动势就交变 p 个周期；当转子的转速为每分钟 n 转时，则交变电动势的频率为

$$f = pn/60$$

$$(2.1)$$

式中　n——转子的转速，r/min。

由式（2.1）可知，同步发电机定子绕组感应电动势的频率取决于它的极对数 p 和转子的转速 n。当同步发电机极对数 p 一定时，转速 n 与电枢电动势的频率 f 之间具有严格不变的关系。当电力系统频率 f 一定时，电机的转速 n 亦为恒值，这就是同步电机的主要特点。我国标准工频为 50Hz，因此同步发电机的极对数和转速成反比，即 $p=3000/n$。汽轮发电机转速较高，极对数较少，若转速 $n=3000$r/min，则极对数 $p=1$。水轮发电机转速较低，极对数较多，若转速 $n=125$r/min，则极对数 $p=24$。

第二节　同步发电机励磁方式

向同步发电机转子提供的直流电流，即励磁电流。火电机组励磁方式通常采用他励交流励磁机系统、自励或自复励静止式励磁系统。

一、他励交流励磁机系统

他励交流励磁机系统通常称为有励磁机励磁方式，其励磁功率电源取自发电机以外的独立的并与其同轴旋转的交流励磁机，故称为他励。

他励交流励磁机系统按功率整流器是静止还是旋转的，可分为他励交流励磁机静止整流器励磁方式（有刷）和他励交流励磁机旋转整流器励磁方式（无刷）。

1. 交流励磁机静止整流器励磁原理

交流励磁机静止整流器励磁系统原理图如图 2.3 所示。在他励交流励磁机静止整流器励磁方式中，交流副励磁机（永磁机）输出电压经可控硅整流后给主励磁机励磁，而交流主励磁机输出电压经静止的硅整流桥整流后通过电刷和滑环给发电机励磁。随着发电机运行参量的变化，励磁调节器（AVR）自动地改变交流励磁回路中晶闸管的控制角，以改变交流励磁机的磁场电流，改变交流励磁机的输出电压，达到调节发电机电压的目的。

因为有三个转机在转轴上，故称为三机励磁方式。

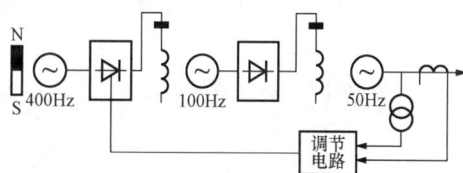

图 2.3　交流励磁机静止整流器
励磁系统原理图

该励磁方式励磁电源可靠，不受电力系统和发电机端短路故障的影响，且励磁机的容量不受限制。但同步发电机的励磁电流必须通过转子滑环和电刷引入转子励磁绕组。目前由于炭刷材料和压力的影响，当励磁电流超过 8000～10000A 时，就要取消滑环和电刷，即采用无刷励磁系统。

2. 交流励磁机旋转整流器励磁原理

交流励磁机旋转整流器励磁系统的主要特点是交流主励磁机的励磁绕组（磁极）是定子，而交流绕组是转子。交流主励磁机的交流绕组和整流设备随同主轴旋转（如图 2.4 中虚框部分），这样发电机直流绕组（励磁绕组）和交流主励磁输出绕组是相对静止的，不需要炭刷，因此又称为无刷励磁。

此系统的优点是省去了炭刷的维护工作，且适用于不同容量的发电机；但也存在旋转部分整流器设备强度要求高，转子电流、电压、温度和绝缘不便测量，控制以及灭磁不便的缺点。

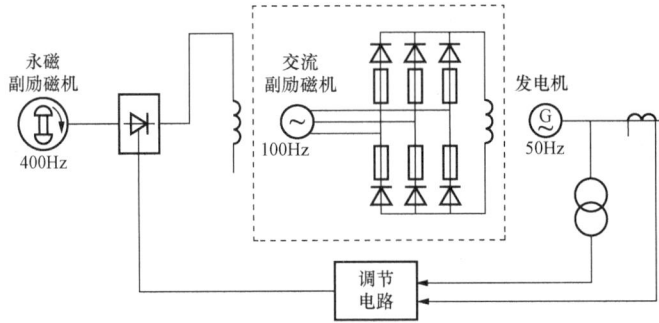

图 2.4　交流励磁机旋转整流器励磁系统原理图

值得注意的是，有励磁机励磁系统特别是三机励磁系统存在以下主要问题：

（1）旋转部件多，出故障的机率高。

（2）机组轴系长，轴承座多，运行时轴振和瓦振值较大甚至超标，对轴系稳定和机组安全运行不利。

（3）机械设备多，时间常数大。

（4）厂房占地大、造价高。

二、自励或自复励励磁系统（静止励磁）

自励系统的基本特点是励磁电源取自发电机自身，经励磁变压器（或励磁变流器）供给静止整流装置，整个励磁装置没有旋转部分，因此又称为静态励磁。静态励磁方式根据励磁电源单独取发电机电压、电流或同时取发电机电压和电流的不同，可分为自并励、自串励和自复励。图 2.5～图 2.7 所示为三种典型的静态励磁方式。

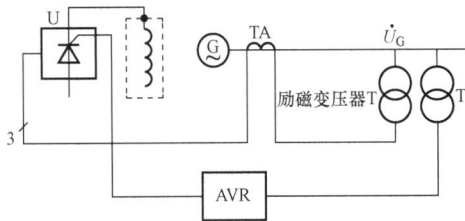

图 2.5　交流侧串联自复励静态励磁系统

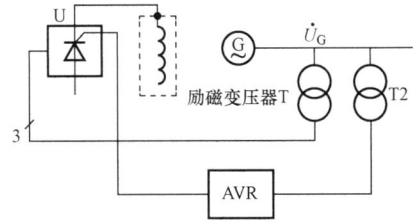

图 2.6　自并励静止晶闸管静态励磁系统

静态励磁方式中最具代表、最简单的是自并励励磁方式，其励磁电源取自发电机电压，经发电机端引接励磁变压器 T 及静止的可控整流器供给发电机转子绕组励磁。该励磁方式由于没有主、副励机，减小了机组轴系长度，因而结构简单、可靠性高、轴系稳定性好、励磁响应快、机组占地少。近年来，随着继电保护的完善和发展以及电力系统稳定器（PSS）的广泛应用，静态励磁方式已趋成熟，并开始广泛应用。

20 世纪 80 年代和 90 年代我国主力火电机组励磁方式基本上是三机励磁系统，而近年来则大量采用静态励磁方式。

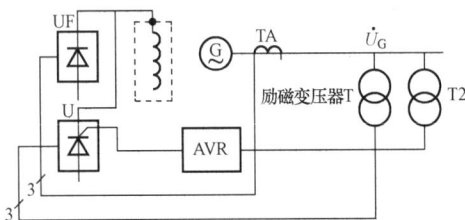

图 2.7　直流侧并联自复励静态励磁系统

第三节 同步发电机分类及发展简介

一、同步发电机按原动机不同分类

汽轮发电机：一般是卧式的，转子是隐极式的，其原动机为汽轮机，如图 2.8（a）所示。

水轮发电机：一般是立式的，转子是凸极式的，其原动机为水轮机，如图 2.8（b）所示。

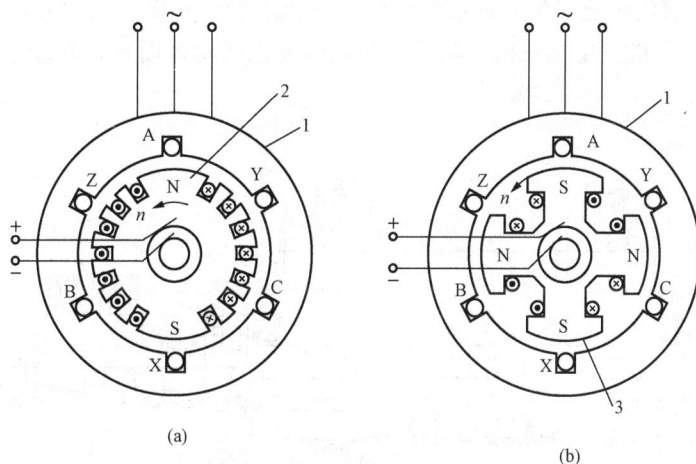

图 2.8 同步发电机的类型

（a）隐极式；（b）凸极式

1—定子；2—隐极式转子；3—凸极式转子

二、同步发电机按冷却介质及冷却方式不同分类

常见的几种冷却介质和冷却方式为空气冷却（空冷）——外冷、氢气冷却（氢冷）——外冷或内冷、水冷却（水冷）——内冷。这几种冷却介质和冷却方式还可以有不同的组合，例如水-氢-氢（定子绕组水内冷、转子绕组氢内冷、铁芯表氢冷）、水-水-氢（定子绕组水内冷、转子绕组水内冷、铁芯氢冷）等。在冷却介质方面，先采用的是空气，后来才用具有良好散热性能的氢气、水等。在冷却方式方面，先是外冷，后发展到冷却效果较好的内冷。

随着电力系统容量的迅速提高，发电机的单机容量也随之不断增大。电机在能量的传递和转换过程中均会产生损耗，而这些损耗一般以热能的形式散发在电机的有关部位，使电机的温升增高，这将限制电机的使用寿命。随着单机容量的增大，冷却介质、冷却方式及电机所用的材料（包括绝缘材料、导磁材料、导电材料等）也不断得到改进和发展。事实上，电机制造技术的发展与上述三方面的不断改进是紧密相关的。

第四节 汽轮发电机结构简介

同步发电机的结构采用旋转磁极式，按转子磁极的形状可分为隐极式和凸极式两种。由

图 2.8 可见，隐极式的转子呈圆柱形，气隙是均匀的；凸极式的气隙是不均匀的，极弧底下气隙较小，极间部分较大。

无论电机是隐极式还是凸极式的，其基本结构均由定子和转子两大部分组成。汽轮发电机转子一般制成隐极式的，而水轮发电机则制成凸极式的。下面介绍汽轮发电机的基本结构。

一、汽轮发电机的主要结构

由于提高发电机的转速可提高汽轮机的运行效率、缩小机组的体积和降低造价，汽轮发电机的转子多是隐极式的，一般制成两极，转速为 3000r/min。图 2.9 所示为 QFSN - 300 - 2 型汽轮发电机与直流励磁机配套而成的汽轮发电机组的侧视图。汽轮发电机通常采用卧式轴，轴系上带有发电机、主励磁机、副励磁机，就发电机本体而言，其最基本的机构是定子和转子。

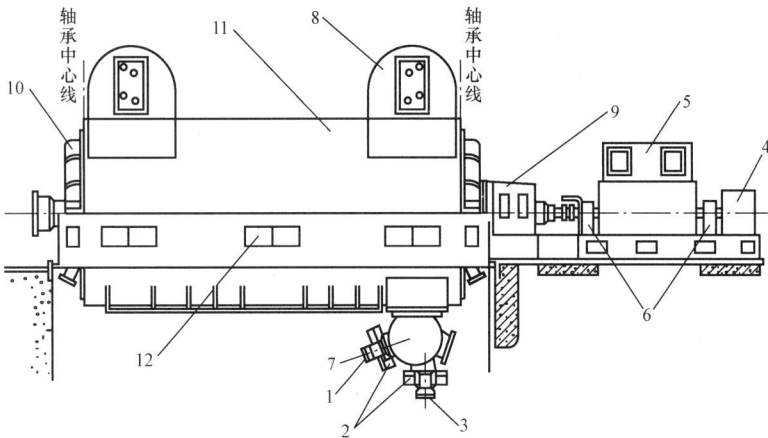

图 2.9　QFSN - 300 - 2 型汽轮发电机与直流励磁机配套而成的汽轮发电机组的侧视图

1—X、Y、Z 引出线；2—电流互感器；3—A、B、C 引出线；4—永磁副励磁机；
5—主励磁机；6—励磁机轴承；7—出线盒；8—气体冷却器；9—炭刷架
隔音罩；10—端盖；11—机壳；12—测温引线盒

（一）定子

定子又称为电枢，主要由定子铁芯、定子绕组、机座、端盖等部件组成。它是同步发电机用以产生三相交流电能，实现机械能与电能转换的重要部件。

1. 定子铁芯

定子铁芯硅钢片扇片及扇片叠装方法示意图如图 2.10 所示。定子铁芯一般由厚 0.5mm 或 0.35mm 的硅钢片叠成，沿轴向叠成多段形式，每段叠片厚为 30～60mm。各段叠片之间

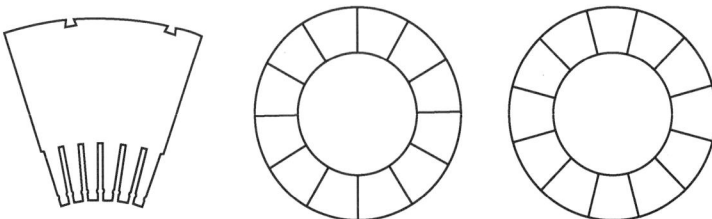

图 2.10　定子铁芯硅钢片扇片及扇片叠装方法示意图

留有宽约 10mm 的通风槽，以改善定子铁芯的散热条件。铁芯的构造如图 2.11 所示，为减少漏磁、防止涡流引起过热，在定子铁芯的两端用由非磁性材料制成的压板将其夹紧，整个铁芯固定在定子机座上，沿定子铁芯内圆表面的槽内放置三相定子绕组。

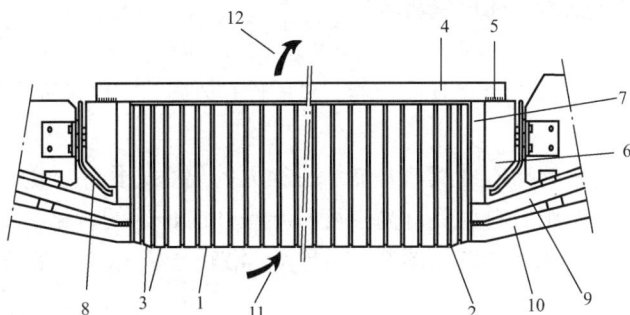

图 2.11　铁芯的构造

1—标准叠片组；2—风道；3—梯形叠片；4—键棒；5—紧压板的压紧
系统；6—紧压板；7—压指；8—端部磁通屏蔽罩；9—下层线棒；
10—上层线棒；11—冷氢气入口；12—热氢气出口

2. 定子绕组

汽轮发电机的定子绕组一般采用三相双层叠绕组，构成定子三相交流电路。

如图 2.12～图 2.14 所示。定子的每一槽内放置上、下两线圈边（线棒），并在其间垫以层间绝缘，线圈放入槽中，采用槽楔固定。为了能承受住突然短路时产生的巨大电磁力而引起的端部变形，以及正常运行时不致产生较大的振动，定子绕组端按部分需用线绳绑紧或压板夹紧在非磁性钢做成的端箍上。

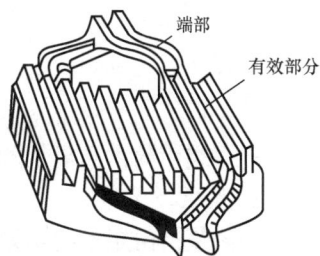

图 2.12　双层绕组图

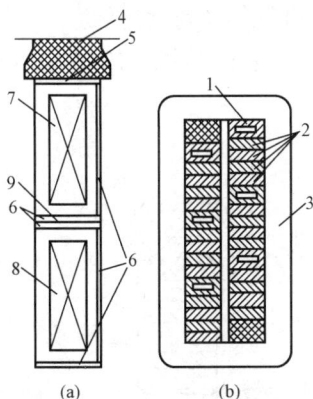

图 2.13　QFSN-300-2 型定子槽及其嵌线
(a) 线棒断面；(b) 定子槽嵌线
1—空心导线；2—实心导线；3—环氧粉云母带绝缘；
4—槽楔；5—弹簧波纹板；6—半导体玻璃板；
7—上层线棒；8—下层线棒；9—适形材料

图 2.14　汽轮发电机的定子绕组成型图及其端部
1—定子绕组；2—端部连接线；3—机壳；
4—通风孔；5—机座

3. 机座

机座是用来支撑和固定定子铁芯和端盖的，应有足够的强度和刚度，机座与定子铁芯之间需要留有适当的通风道，以利于发电机的冷却。

此外，还有端盖、轴承、通风隔板等。

（二）转子

转子包括转子铁芯、励磁绕组、阻尼绕组、紧固件和风扇。它也是汽轮发电机的重要部件。

1. 转子铁芯

转子铁芯应具有良好的导磁性能，并能承受很大的离心力作用。隐极式的转子铁芯与转轴锻造成一整体，一般所用材料为具有高强度和导磁性能良好的含铬、镍和钼的合金钢。

汽轮发电机的转子铁芯外形图如图 2.15 所示。沿转子铁芯外圆表面铣出槽，槽内放置直流励磁绕组。

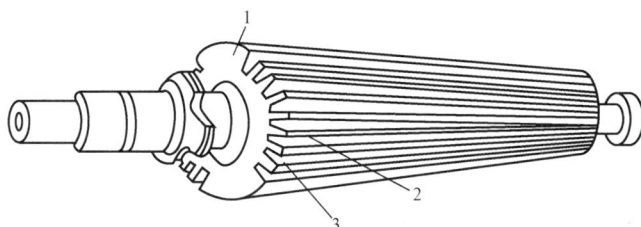

图 2.15　汽轮发电机的转子铁芯外形图
1—大齿；2—小齿；3—线槽

转子表面约占圆周长的 1/3 部分没有开槽，构成大齿，是磁极的中心区，即主磁极。

2. 励磁绕组

励磁绕组由矩形的绝缘扁铜线绕成同心式线圈，两线圈边分别放置在大齿两侧所开出的槽内，所有线圈串联组成励磁绕组，构成转子的直流电路如图 2.16 所示。励磁绕组引出的两个线端接在滑环上，并通过电刷与外电路直流电源相连接。

励磁绕组的各线匝间垫有绝缘，线圈和铁芯之间也有可靠的"对地绝缘"。

励磁绕组放置在槽内后，需用非导磁、高强度的硬铝或铝青铜制成的槽楔来压紧，如图 2.17～图 2.19 所示。

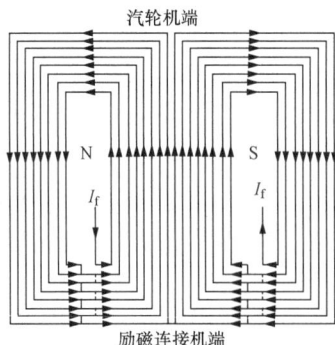

图 2.16　转子绕组接线及线圈中电流流向

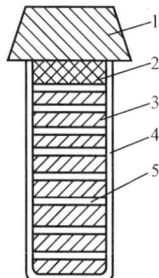

图 2.17　转子槽部剖面图
1—槽楔；2—楔下垫条；3—扁铜线；
4—槽绝缘；5—匝间绝缘

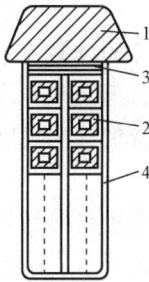

图 2.18　水内冷转子槽部剖面图
1—槽楔；2—空心导线；
3—垫条；4—槽绝缘

图 2.19　转子绕组氢内冷转子局部图

3. 阻尼绕组

某些大型汽轮发电机转子上装有阻尼绕组，它是一种短路绕组，由放在槽楔下的铜条和转子两端的铜环焊接成闭合回路。阻尼绕组的主要作用是，在同步发电机短路或不对称运行时，利用其感应电流来削弱负序旋转磁场的作用，以及同步发电机发生振荡时起阻尼的作用，使振荡衰减。

4. 集电环

引线与转子集电环的连接如图 2.20 所示，正、负直流电流通过静止的正、负极性的电刷和相互绝缘且套在转轴上的集电环引入转子励磁绕组。

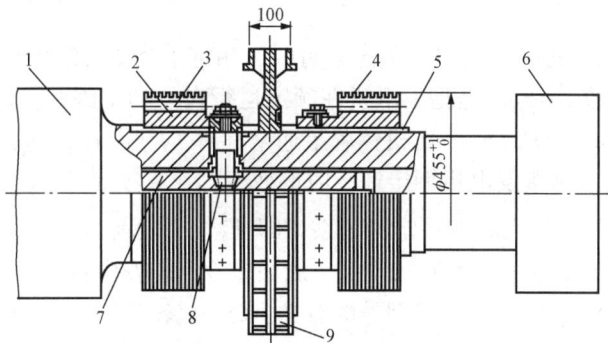

图 2.20　引线与转子集电环的连接
1—转子轴；2—集电环；3—通风孔；4—螺旋沟；5—绝缘套筒；
6—励磁联轴器；7—导电杆；8—导电螺杆；9—风扇

5. 风扇

汽轮发电机的转子细长，通风冷却比较困难，故转子的两端一般装有轴流式或离心式风扇，用以改善冷却条件。

二、汽轮发电机的冷却问题

同步发电机在运行中产生各种损耗，这些损耗转变为热能使有关部件的温度升高。温度升高将加速电机绝缘材料的老化，从而缩短电机的使用寿命，甚至危及电机的运行安全。所以改善发电机的冷却条件，对提高发电机的出力起着关键性的作用。

对于大型汽轮发电机，其发热和冷却问题就比较突出了。汽轮发电机直径小、长度大，中部的热量不易散出，需要采取提高冷却效果的措施。

50MW 以上的汽轮发电机，冷却介质用氢气代替空气。氢气的导热率较空气大 7 倍，其比重为空气的 1/14，故氢冷发电机损耗减小，冷却效果较好。但氢气与氧气不能混合，若混合成一定比例时，就有爆炸的危险。为了防止氢气外泄和保持氢气的纯度，要采取密封措施，两个轴伸端应有特殊的油封系统。

纯净的水不但电导率低、化学性能稳定、流动性好，而且具有极高的导热性能。目前大型汽轮发电机广泛采用转子氢内冷、定子水内冷，也有采用定、转子水内冷的冷却方式。

双水内冷电机的定、转子的导线都是空心的，如图 2.13、图 2.18 所示。用冷凝水通入导线的内孔，直接冷却导线，较之空气或氢气冷却的效果要好得多，导线的电流密度可大为提高。例如 50MW 空气冷却的汽轮发电机与 100MW 双水内冷的汽轮发电机所用材料相近。

第五节 铭 牌

在同步发电机的醒目部位装有铭牌。电机的额定值标在铭牌上，主要有如下几种：

（1）额定容量 S_N 或额定功率 P_N：额定容量 S_N 是指发电机在额定运行时出线端的额定视在功率，一般以 kVA 或 MVA 为单位；而额定功率 P_N 是指发电机在额定运行时输出的额定有功功率，一般以 kW 或 MW 为单位。对于同步调相机，则用出线端的额定无功功率来表示其容量，以 kvar 或 Mvar 为单位。

（2）额定电流 I_N：是指发电机在额定运行时流过三相定子绕组的线电流，单位为 A 或 kA。

（3）额定电压 U_N：是指发电机在额定运行时三相定子绕组的线电压，单位为 V 或 kV。

（4）额定功率因数 $\cos\varphi_N$：是指发电机在额定运行时的功率因数，即额定有功功率与额定视在功率之比，$\cos\varphi_N = P_N/S_N$。电机铭牌上通常标有 P_N 和 $\cos\varphi_N$ 或 S_N 和 $\cos\varphi_N$。

（5）额定效率 η_N：是指发电机额定运行时的效率。

上述同步发电机额定值之间有一定的关系，即 $P_N = S_N\cos\varphi_N = \sqrt{3}U_N I_N\cos\varphi_N$。

铭牌上还标有同步发电机的类型和型号。例如氢冷汽轮发电机：

QFQ 系列，如 QFQ‐50‐2，其型号的意义：Q—汽轮，F—发电机，第三个字母 Q 表示氢冷；数字部分：50—功率（单位 MW），2—极数。

第六节 同步发电机定子绕组感应电动势

一、隐极式汽轮发电机磁路的特点

发电机的定子绕组切割磁场时，在导体中感应电动势的瞬时值为

$$e = Blv \tag{2.2}$$

式中，l 是导线的有效长度，v 是导线切割磁场的线速度。对于已制成的电机来说，两者都是常数，因此，e 与 B 成正比。也就是说，定子绕组中所感应的电动势随时间变化的波形，完全取决于电机气隙里磁通密度的空间分布状况。

要想导体中产生正弦波形的电动势，就必须使每个磁极在气隙中产生的磁通密度分布也

是正弦波形；如果不是正弦分布，则电动势中会含有高次谐波电势分量，这样将使电机和电网的损耗增加、效率降低、输电线容易产生过电压及干扰附近的通信线路。

发电机在空载时，只有由转子励磁绕组通过直流产生的转子磁场，该磁场的磁通根据经过的路径不同分为主磁通和漏磁通两部分。穿过气隙与电枢绕组交链的磁通叫主磁通，当转子转动时，定子绕组切割主磁通产生感应电势。不与电枢绕组交链，只与励磁绕组交链的磁通叫漏磁通，这部分磁通不会在电枢绕组中产生感应电动势，只能增加磁极部分磁路的饱和程度，所以，希望主磁通多些、漏磁通少些，一般漏磁通为主磁通的 $10\%\sim20\%$。

图 2.21 所示为两极隐极同步电机转子磁通的磁路。隐极机气隙大小相等，沿圆周磁阻是均匀的。

图 2.22 所示为隐极机的励磁磁势 F_f 和气隙磁密 B_δ 的分布图。由于结构的原因，该磁动势 F_f 是梯形分布的；又由于气隙相等，沿圆周磁阻不变，因此气隙磁密 B_δ 也接近梯形分布。该磁动势波形（非正弦波）可用傅里叶级数分解成基波和三次谐波等高次谐波，其中基波占主导地位，因此，可近似认为气隙磁通密度为正弦波。

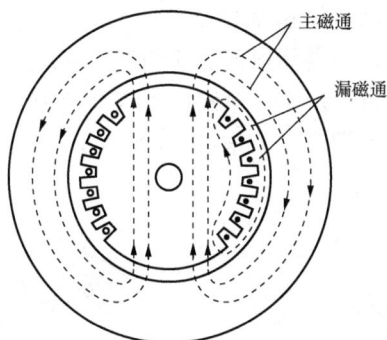

图 2.21　隐极同步电机转子磁通的磁路

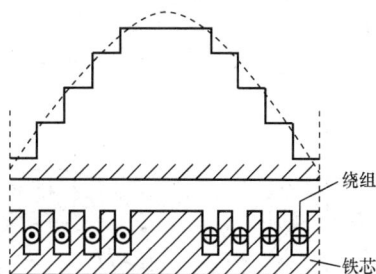

图 2.22　隐极机的励磁磁势 F_f 和
气隙磁密 B_δ 的分布图

二、定子绕组的感应电动势

汽轮发电机的转子被汽轮机带动旋转，而转子绕组通入直流励磁电流后，不动的定子绕组切割转子磁场，就会感应出具有一定频率、波形和大小的交变电动势。

发电机感应电动势的频率与转速的关系为

$$f_1 = \frac{pn}{60} \tag{2.3}$$

由于汽轮发电机都是一对极，即 $p=1$，因此，要使感应电动势频率为 50Hz，汽轮发电机的转速应为 3000r/min。

要得到严格的正弦波很难，实际上只要求电动势波形接近正弦波就能满足工程实际的需要。实践证明，只要设计电机时，对磁极形状、气隙尺寸和绕组选择等方面予以注意，就能达到这个要求。

正弦波分布磁场下定子绕组基波相电动势的有效值为

$$E_\varphi = 4.44 f N k_{y1} k_{q1} \Phi_m \tag{2.4}$$

式中　N——每相绕组一条支路串联的总匝数；

　　k_{q1}，k_{y1}——线圈的分布系数和短距系数。

式（2.4）说明，同步发电机在额定频率下运行时，其相电动势大小与转子的每极磁通成正比。若要调节同步发电机的电压，则必须调节转子励磁电流，即改变转子的每极磁通。

第七节　交流电机定子三相绕组合成磁动势

这里的交流电机的定子是指同步发电机或后面将讲述的异步电动机的定子。

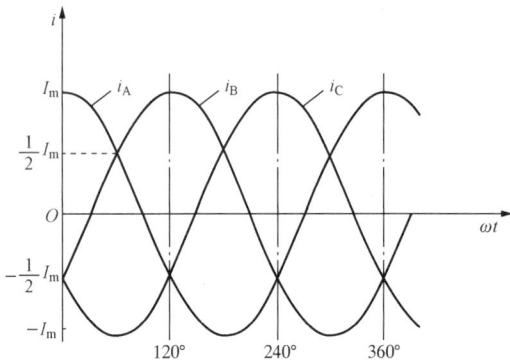

图 2.23　对称三相交流电流的波形

在交流电机中，定子绕组流过交流电流将建立电枢磁动势，它对电机的能量转换和运行性能都有很大的影响。因而在研究交流电机运行之前，必须分析电枢磁动势的性质、大小和分布。

图 2.23 所示为对称三相交流电流的波形。三相对称绕组在定子中用集中线圈表示，三相合成磁动势图解如图 2.24 所示。为了便于分析，假定某瞬间电流为正值时，从绕组的末端流入、首端流出；某瞬间电流为负值时，则从绕组的首端流入、末端流出。

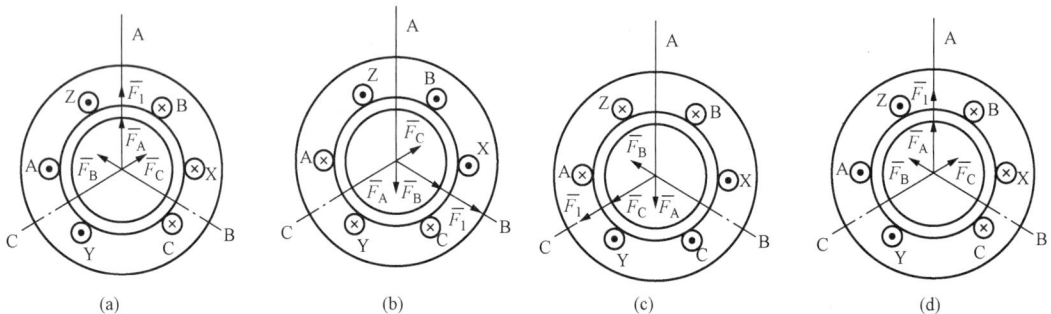

图 2.24　三相合成磁动势图解

(a) $\omega t = 0°$；(b) $\omega t = 120°$；(c) $\omega t = 240°$；(d) $\omega t = 360°$

每相交流电流产生的基波磁动势是脉振磁动势，其大小与电流成正比，其方向可用右手螺旋定则确定。每相磁动势的幅值位置均处在该相绕组的轴线上。

对照图 2.23 和图 2.24 可见，当 $\omega t = 0°$ 时，$i_A = I_m$，$i_B = i_C = -I_m/2$。A 相磁动势 $\overline{F}_A$ 幅值为最大，等于 $F_{\varphi 1}$；B、C 相磁动势幅值等于 $-F_{\varphi 1}/2$，如图 2.24（a）所示。此时，A 相电流达到最大值，三相合成磁动势 $\overline{F}_1$ 的幅值恰好处在 A 相绕组的轴线上，将各相磁动势相量相加可得其幅值 $F_1 = 3F_{\varphi 1}/2$。

按同样方法，继续分析 $\omega t = 120°$、$240°$、$360°$ 的几个瞬时。当 $\omega t = 120°$ 时，B 相电流达到最大值，合成磁动势 $\overline{F}_1$ 旋转到 B 相绕组的轴线上，如图 2.24（b）所示。当 $\omega t = 240°$ 时，C 相电流达到最大值，合成磁动势 $\overline{F}_1$ 旋转到 C 相绕组轴线上，如图 2.24（c）所示。当 $\omega t = 360°$ 时，A 相电流又达到最大值，合成磁动势 $\overline{F}_1$ 又旋转到 A 相绕组轴线上，如图 2.24（d）所示。从图 2.24 中可见，无论哪一瞬时，合成磁动势的幅值 $F_1 = 3F_{\varphi 1}/2$ 始终保持不变；同时，电流变化一个周期，合成磁动势 $\overline{F}_1$ 相应地在空间旋转了 $360°$ 电角度。对于一对极的电机，合成磁动势也旋转了 $360°$ 机械角度，即旋转了一周。对于 p 对极的电机，则合成磁动势 $\overline{F}_1$ 在空间旋转了 $360°/p$ 机械角度，即旋转了 $1/p$ 周。因此，p 对极的电机，当电流频率为 f_1 Hz 时，旋转磁动势在空间的转速 $n_1 = f_1/p$（r/s）$= 60f_1/p$（r/min），由此可知定子三相绕组的基波合成磁动势的转速为同步转速。

图 2.24 中，电流的相序为 A—B—C，则合成磁动势旋转方向便沿着 A 相绕组轴线、B 相绕组轴线、C 相绕组轴线的正方向旋转，即从超前电流的相绕组轴线转向滞后电流的相绕组轴线。不难理解，若要改变电机定子旋转磁动势的转向，只要改变三相交流电流的相序，即把三相电源接到电机三相绕组的任意两根导线对调，三相绕组中的电流相序就将改变为 A—C—B，旋转磁动势随之改变为反方向旋转。

综合上述分析结果，可得到如下几个结论：

（1）当三相对称绕组通入三相对称电流时，合成磁动势的基波是一个幅值恒定的旋转磁动势波，其幅值为每相脉振磁动势波最大幅值的 3/2 倍；

（2）当某相电流达到最大值时，合成磁动势波的幅值正好处在该相绕组轴线上；

（3）合成磁动势波的转速取决于电流的额定频率 f_1 和磁极对数 p，即同步转速为

$$n_1 = \frac{60f_1}{p}(\text{r/min}) \tag{2.5}$$

（4）合成磁动势波的转向与电流的相序有关，即从超前电流的相绕组轴线转向滞后电流的相绕组轴线。

第八节 同步发电机的电枢反应与机电能量转换

一、同步发电机对称运行时的电枢反应

同步发电机空载时，气隙中只有转子的励磁磁动势产生的主极磁场；带上负载后，三相定子绕组中流过三相对称电流而产生电枢磁动势。因而，负载时同步发电机的气隙中同时存在着励磁磁动势和电枢磁动势共同建立的磁场。由于同步发电机转子的转速与定子三相绕组合成磁场的转速同步，这样两个磁动势以相同的转速、相同的转向旋转，彼此没有相对运动，两者共同建立负载时气隙的合成磁动势。当同步发电机对称负载时，电枢磁动势基波将对主极磁场基波产生影响，这种现象称为电枢反应。

电枢反应的性质（去磁、助磁或交磁），与电枢磁动势基波和励磁磁动势基波的大小及其空间相对位置有关。

二、同步发电机不同负载性质下的电枢反应

1. 内功率因数角 $\varphi = 0°$ 时的电枢反应

内功率因数角指同步发电机定子电流相量与空载电动势相量之间的夹角。

定义转子旋转磁极的轴线为直轴（d 轴），垂直于直轴的轴线称为交轴（q 轴）。

内功率因数角 $\varphi = 0°$，表明同步发电机负载（定子）电流 $\dot{I}$ 和空载电动势 $\dot{E}_0$ 同相，负载性质为电阻性。现以图 2.25（a）所示的瞬时位置进行分析，A 相绕组导体正处在旋转的转子磁极轴线（直轴）位置，A 相电动势瞬时值达到最大值，其方向可按右手定则判断。由于 $\varphi = 0°$，A 相电流瞬时值也达到最大值，即 $i_A = +I_m$，与此同时，$i_B = i_C = -I_m/2$，如图

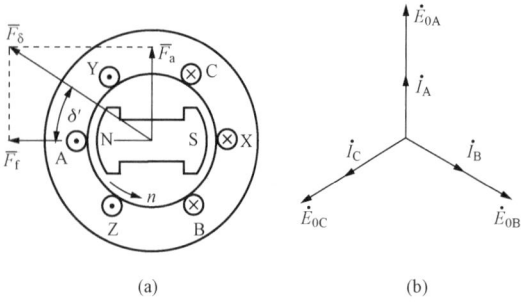

图 2.25 $\varphi=0°$时的电枢反应

(a) 空间相量图；(b) 时间相量图

2.25（b）所示。当 A 相电流达到最大值时，三相合成的电枢磁动势 $\overline{F}_a$ 的轴线就处在 A 相绕组轴线位置上。电枢磁动势 $\overline{F}_a$ 的轴线位于交轴上，称此为交轴（q 轴）电枢反应。

从图 2.25（a）可知，两相量相加得气隙合成磁动势 $\overline{F}_\delta=\overline{F}_f+\overline{F}_a$。因此，交轴电枢反应使气隙磁场轴线位置从空载时的直轴处逆转向后移了一个角度。

2. 内功率因数角 $\varphi=90°$时的电枢反应

此时同步发电机负载电流 $\dot{I}$ 滞后空载电动势 $\dot{E}_0$ 90°，负载性质呈电感性。当 A 相电动势瞬时值达最大值时，A 相电流瞬时值为零，如图 2.26 所示；要待主磁极的轴线再转过 90°后，A 相电流瞬时值才达最大值。电枢磁动势 $\overline{F}_a$ 和 $\overline{F}_f$ 的方向相反，两者相减而得气隙合成磁动势 $\overline{F}_\delta$，因此气隙磁场被削弱了，直轴电枢反应的性质为去磁作用。

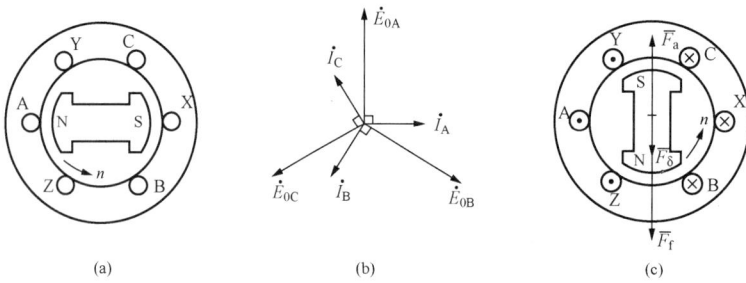

图 2.26 $\varphi=90°$时的电枢反应

(a) A 相电动势达最大值的转子位置；(b) 时间相量图；

(c) A 相电流达最大值的转子位置及空间相量图

3. 内功率因数角 $\varphi=-90°$时的电枢反应

$\varphi=-90°$时的电枢反应如图 2.27 所示，此时同步发电机负载电流 $\dot{I}$ 超前空载电动势 $\dot{E}_0$ 90°，负载性质呈电容性。当 A 相电流瞬时值达到最大值时，主磁极的轴线还在落后于 A 相

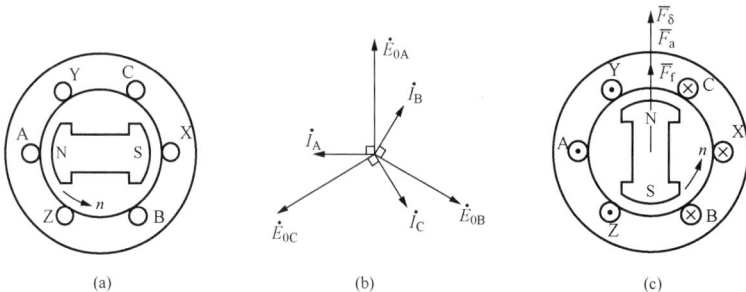

图 2.27 $\varphi=-90°$时的电枢反应

(a) A 相电动势达最大值的转子位置；(b) 时间相量图；

(c) A 相电流达最大值的转子位置及空间相量图

绕组轴线位置 90°电角度的地方，电枢磁动势 $\bar{F}_a$ 与励磁磁动势 $\bar{F}_f$ 的方向相同，两者相加而得气隙磁动势 $\bar{F}_\delta$，气隙磁势被加强了，直轴电枢反应的性质为助磁作用。

三、电枢反应与机电能量转换

同步发电机空载时不存在电枢反应，也不存在机电能量转换关系。带上负载后，定子电流产生了电枢磁场，它与转子之间有相互电磁作用。由于负载性质的不同，电枢磁场与转子之间的电磁作用也将不同。下面分析带上不同性质负载时，电机内部的机电能量转换情况。

1. 有功电流在电机内部产生的制动转矩

当同步发电机负载电流 $\dot{I}$ 与空载电动势 $\dot{E}_0$ 同相时（此时认为 $\dot{I}$ 主要是有功电流，实际上与发电机端电压 $\dot{U}$ 同相位的负载电流 $\dot{I}$ 才称为有功电流），电枢磁动势产生交轴电枢反应。交轴电枢磁场与转子电流产生电磁力 f 的情况可由左手定则确定，如图 2.28（a）所示，这时的电磁力 f_1 和 f_2 将产生电磁转矩，它的方向和转子的转向相反，是制动转矩。显然，当发电机输出有功电流 $\dot{I}$，即输出有功功率 P 时，原动机（如汽轮机或水轮机）必须克服交轴电枢反应对转子的制动转矩。负载电流 I 的交轴分量愈大，输出的有功功率 P 就愈大，对转子的制动转矩也就愈大。为了维持转子转速（或频率）不变，就需要相应地增大汽轮机的进汽量（或增大水轮机的进水量），用于克服制动转矩。

2. 感性无功电流使发电机的端电压降低

同步发电机负载电流 $\dot{I}$ 滞后空载电动势 $\dot{E}_0$ 90°时（此时认为 $\dot{I}$ 主要是感性无功电流）、电枢磁动势产生直轴电枢反应。直轴电枢磁场与转子电流相互作用产生电磁力（f_1、f_2），但不产生电磁转矩，如图 2.28（b）所示。此时电枢磁动势对转子磁场产生去磁作用，使气隙磁场削弱、发电机的端电压降低；若要维持端电压不变，则应增大转子的励磁电流。

3. 容性无功电流使发电机的端电压升高

同步发电机负载电流 $\dot{I}$ 超前空载电动势 $\dot{E}_0$ 90°时（此时认为 $\dot{I}$ 主要是容性无功电流），电枢磁动势产生直轴电枢反应。直轴电枢磁场与转子电流相互作用产生的电磁力（f_1、f_2），同样不产生电磁转矩，如图 2.28（c）所示。但此时电枢磁动势对转子磁场产生助磁作用，使气隙磁场增强、发电机的端电压升高。例如同步发电机在接通高压空载长线路时，线路的分布电容可看成容性负载，常出现发电机端电压升高的现象。若要维持端电压不变，则应减少转子的励磁电流。

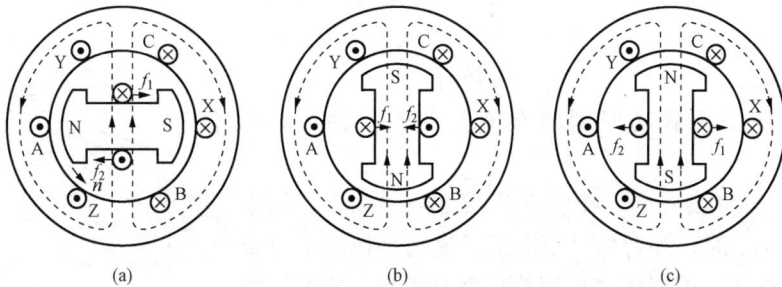

图 2.28　带上不同性质负载时电枢反应磁场与转子电流的作用
(a) $\varphi=0°$；(b) $\varphi=90°$；(c) $\varphi=-90°$

一般同步发电机是阻感性负载（即 $0° < \varphi < 90°$），负载电流 I 既有交轴分量 I_q，也有直轴分量 I_d；I_q 和 I_d 分别产生交轴和直轴电枢反应。因此，要维持发电机的转速（或频率）不变，必须随着有功负载的变化调节原动机的输出功率；要维持发电机的端电压不变，必须随着无功负载的变化调节转子的励磁电流。

第九节　同步发电机运行特性

同步发电机带对称负载运行时，主要有负载电流、功率因数、端电压、励磁电流等几个互相影响的变量，这些物理量每两个之间的关系，称为同步发电机的运行特性。

一、空载特性

空载特性指发电机空载并保持额定转速不变下，空载电压 U_0 与励磁电流 I_f 的关系，即 $n=n_N$、$I=0$ 时，$U_0=f(I_f)$。

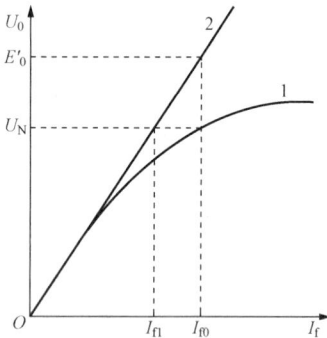

图 2.29　同步发电机的
空载特性曲线

如图 2.29 中曲线 1 所示，空载特性曲线与发电机磁路的磁化曲线相同。空载特性曲线表征了发电机磁路的饱和情况，利用它可以求得同步发电机的参数，在实际生产中还可利用该曲线判断发电机的一些故障情况，如励磁绕组有无匝间短路故障。如果励磁绕组有匝间短路，则在相同励磁电流下，励磁磁通势减小，曲线下降。

将空载特性的直线段延长后所得直线（如图 2.29 中曲线 2）称为气隙线。

二、短路特性

短路特性指同步发电机保持额定转速下，定子三相绕组的出线端持续稳态短路时，定子相电流 I（即稳态短路电流）与励磁电流 I_f 的关系，即 $n=n_N$、$U=0$ 时 $I=f(I_f)$。

短路特性为一条直线。短路特性曲线，可以用来求取同步发电机的重要参数，即饱和的同步电抗与短路比。在实际工作中，也常用它来判断励磁绕组有无匝间短路等故障。显然，励磁绕组存在匝间短路时，因安匝数减少，短路特性曲线是会降低的。

三、外特性和电压变化率

1. 外特性

外特性指发电机保持额定转速不变、励磁电流 I_f 和负载的功率因数 $\cos\varphi$ 不变时，发电机端电压 U 与负载电流 I 的关系曲线，即 $n=n_N$、$I_f=$常数、$\cos\varphi=$常数时，$U=f(I)$。

对应于不同的负载功率因数有不同的外特性，如图 2.30 所示。

从图 2.30 中可以看出，在感性负载 $\cos\varphi=0.8$ 和纯电阻性负载 $\cos\varphi=1$ 时，外特性是下降的，这两种情况下电枢反应均为去磁作用，同时定子漏阻抗压降亦引起一定的端电压下降。但在容性负载 $\cos(-\varphi)=0.8$ 时，电枢反应为助磁作用，气隙磁通增加，因此端电压 U 升高。

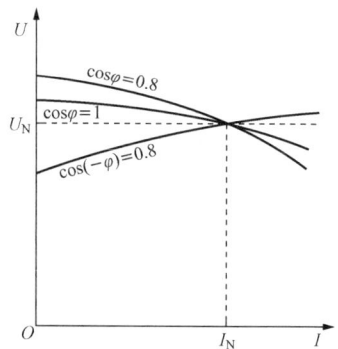

图 2.30　同步发电机的外特性

2. 电压变化率

外特性用曲线形式表明了发电机端电压变化的情况。而电压变化率则定量地表示出运行时端电压的波动程度。

电压变化率是指同步发电机在保持同步转速和额定励磁电流（发电机在额定运行状态下所对应的励磁电流 I_{fN}）下，从额定负载（$I = I_N$，$\cos\varphi = \cos\varphi_N$）变到空载时，端电压变化与额定电压的比值，用百分数表示，即

$$\Delta U = \frac{E_0 - U_N}{U_N} \times 100\% \tag{2.6}$$

电压变化率是表征同步发电机运行性能的数据之一。现代的同步发电机大多数装有快速自动调压装置，故 ΔU 值可大些。但为了防止卸去负载时端电压上升过高，可能导致击穿定子绕组绝缘，ΔU 最好小于 50%，汽轮发电机的 $\Delta U = 30\% \sim 48\%$，水轮发电机的 $\Delta U = 18\% \sim 30\%$（均为 $\cos\varphi = 0.8$ 滞后时的数据）。

四、调整特性

由同步发电机的外特性可见，当负载发生变化时端电压也随之变化，为了保持发电机的端电压不变，必须同时调节发电机的励磁电流。当发电机保持额定转速不变、端电压和负载的功率因数恒定时，励磁电流 I_f 与负载电流 I 的关系，即 $n = n_N$、$U = $ 常数、$\cos\varphi = $ 常数时的曲线 $I_f = f(I)$。

对应于不同负载功率因数有不同的调整特性，同步发电机的调整特性如图 2.31 所示。对于感性和纯阻性负载，为了补偿负载电流所产生的电枢反应去磁作用和定子漏阻抗压降，保持发电机端电压 U 不变，必须随负载电流 I 的增加相应地增大励磁电流 I_f。因此图 2.31 中调整特性曲线是上升的，如图 2.31 中 $\cos\varphi = 0.8$ 和 $\cos\varphi = 1$ 的曲线所示。对于容性负载，为了抵消电枢反应的助磁作用，保持发电机端电压不变，必须随负载电流的增加相应地减少励磁电流。因此调整特性曲线是下降的，如图 2.31 中 $\cos(-\varphi) = 0.8$ 的曲线所示。

五、同步发电机并列于无限大系统的功角特性

功角特性是指同步发电机接在电网上稳态运行时，发电机的电磁功率与功角之间的关系。所谓功角是指发电机的空载电势 $\dot{E}_0$ 和端电压 $\dot{U}$ 之间的夹角。

由图 2.32 所示隐极式同步发电机的简化相量图可得

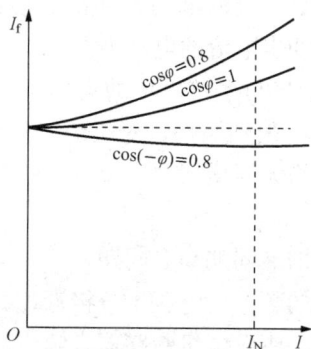

图 2.31　同步发电机的
调整特性

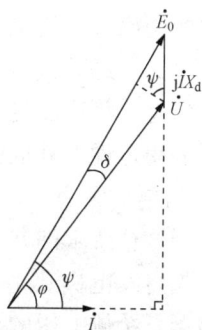

图 2.32　隐极式同步发电机的
简化相量图

$$P_{\mathrm{G}} = \frac{E_0 U}{X_{\mathrm{d}}} \sin\delta \qquad (2.7)$$

式中　P_{G}——发电机一相的电功率；

　　　E_0——发电机的空载电动势；

　　　U——发电机的端电压；

　　　X_{d}——发电机的同步电抗；

　　　δ——功角。

式（2.7）表明，在发电机的端电压及励磁电流不变时，电磁功率 P_{G} 的大小取决于 δ 角的大小，所以称 δ 角为功角。电磁功率随着功角的变化曲线，称为功角特性曲线。同步发电机的功角特性曲线如图 2.33 所示。

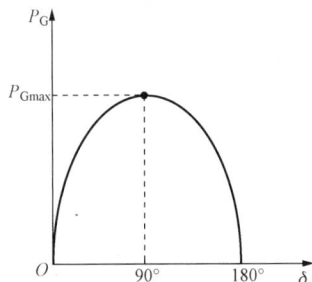

图 2.33　同步发电机的功角特性曲线

从功角特性曲线可知，隐极式同步发电机的电磁功率 P_{G} 与功角成正弦函数关系。当功角从零逐渐增加到 90° 时，电磁功率达到最大值，即 $P_{\mathrm{Gmax}} = E_0 U / X_{\mathrm{d}}$。当功角 δ 从 90° 继续增加到 180° 时电磁功率随功角的增加而减小；当 $\delta > 180°$ 时，电磁功率由正变负，说明发电机不再向电网输送有功功率，而从电网吸收有功功率，即电机从发电机运行状态变成电动机或调相机运行状态。

功角 δ 是同步发电机运行的一个重要变量，它不仅决定了发电机输出功率的大小，而且能表明电机的运行状态。

第十节　同步发电机的正常运行与操作

一、同步发电机的同期与并列

1. 同步发电机的并列要求

同步发电机投入电力系统并列运行称为并列操作。并列操作应满足以下两点基本要求：

（1）并列断路器合闸瞬间产生的冲击电流不超过允许值；

（2）断路器合闸后，发电机能迅速进入同步。

如不能满足（1）点的要求，则并列机组将承受很大的电动力冲击，会造成机组损害，同时与并列机组电气距离很近的机组也会承受部分冲击电流的电动力。

如果不能满足（2）点的要求，则发电机同步电势与系统电压的夹角不断摆动，甚至进入稳定的异步运行状态，将造成发电机有功与无功的强烈振荡，对机组及系统均造成危害，甚至危及系统运行的稳定性，其危害随机组容量的增大而增加。

2. 同步发电机同期的方法

满足发电机并列运行要求的并列方法有两种，即准同期和自同期。

（1）准同期。先将发电机升速、升压至与系统的频率、电压十分接近，并检查发电机端电压与发电机断路器系统侧电压的夹角接近为零时，将发电机断路器合闸，以期断路器触头接触瞬间两电压夹角为零。

（2）自同期。将发电机升速至与系统的同步转速相同且转速稳定，在无励磁状态下先闭合发电机断路器，随之联动投入励磁开关，使励磁电流按转子回路的时间常数上升至空载励磁电流以避免吸收系统无功；当机组转速十分接近系统同步转速时，在励磁电流上升的过程中即可使机组进入同步状态，从而避免同步功率的大幅度振荡。

自同期的优点是并列速度快，但发电机断路器合闸时，仍将产生较大的冲击电流。因此，同步发电机一般只允许采用准同期方式并列，只有在电力系统特别需要时才采用自同期。

3. 同步发电机准同期并列操作应满足的条件

（1）发电机电压与系统电压差不大于10％额定电压；

（2）发电机频率与系统频率差小于0.2Hz；

（3）发电机与系统相位相同；

（4）安装或大修后的发电机还应通过检查使其与系统的相序一致。

4. 同步发电机准同期操作步骤

参照图2.34、图2.35。

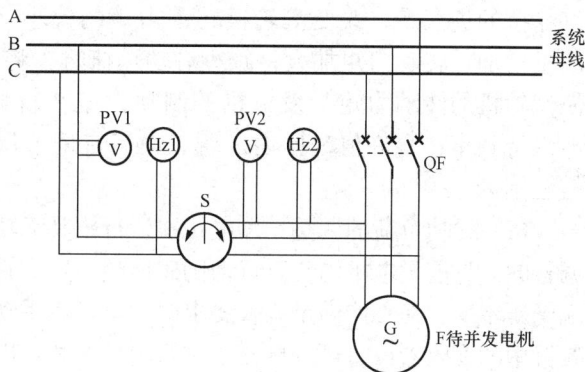

图2.34　同步法的原理接线

（1）冲转，调节原动机输入功率，使发电机转速升高到额定转速。

（2）接入发电机侧和系统侧的电压表、频率表。

图2.35　同步表外形

（3）投励，调节发电机励磁电流的大小，使两只电压表指示相等；调节原动机输入功率，使两只频率表指示相等。

（4）接入同步表。

（5）继续调整发电机转速，使同步表指针顺时针缓慢转动。

（6）当同步表指针接近同步点时，迅速合闸。

（7）退出同步表。

二、同步发电机接带负荷与调整负荷

1. 发电机接带负荷

发电机并入电网后，即可按发电厂现场运行规程接带负荷，其有功负荷的增加速度取决于汽轮机。在正常情况下，发电机的定子电流可直接带到额定值的50％，然后按照规定时间，匀速增加至额定值。电气值班员在发电机正常运行及事故处理时，使用同步器的调速开关来调节发电机负荷。在热状态或事故情况下，发电机并入电网后，其负荷增加速度不受规定时间的限制。

2. 有功负荷和无功负荷的调整

在电力系统中，由于电网发生事故（失去一部分电源或负荷）和运行方式的改变以及用户用电量的变化，都会引起潮流分布的变化，使电网中的有功和无功失去平衡，造成电网频率和电压的升高或降低。因此，在运行中应按照绘定的负荷曲线或调度员的命令，对各发电机的有功负荷和无功负荷进行调整，以维持频率和电压在允许值范围内。

（1）有功负荷的调整。发电机在运行中其有功功率的调整，是用汽轮机调速系统的调速电动机遥控的。当汽轮机的转动力矩和发电机的制动力矩平衡时，发电机的转速可以维持恒定。当有功负荷增加时，发电机轴上的制动力矩就增大，若汽轮机转动力矩没有增加，发电机转速就要下降，即发电机的频率就要降低。因此要维持发电机的频率不变，就需要增加汽轮机的转动力矩。反之，当有功负荷减小时，发电机转速就要上升，频率也要增加；要维持频率不变，就需要减小汽轮机的转动力矩。

有功负荷的调整，在正常情况下，是由电气值班员来担任的。电气值班员根据频率和有功功率表的指示，用调速开关操作调速电动机来控制汽轮机的调速汽门的开度，调节汽轮机的进汽量，改变汽轮机转动力矩的大小。增加有功负荷时，将汽门开度开大，进汽量增加，转动力矩加大；减小有功负荷时，将汽门关小，进汽量减小，转动力矩降低，使汽轮机的转动力矩与发电机的制动力矩在新的状态下达到新的平衡，保持转速不变，即维持频率在允许值范围内。所以，只有调节汽轮机的输入功率，才能保持频率在允许值范围内。

（2）无功负荷的调整。发电机在运行中其无功功率的调整，是通过改变励磁电流来进行调整的。目前发电机均装有自动励磁调整装置，它可以自动调整无功负荷，以维持发电机机端电压不变。在不能满足调整要求时，也可以手动调整励磁机的磁场变阻器、自动励磁调整装置中的变阻器或自耦变压器来进行辅助调整，以改变无功负荷的大小。

通常无功负荷的调整，是根据功率因数表或无功功率表及电压表的指示来进行的，当有功负荷不变而增加无功负荷时，功率因数就下降，减小无功负荷时功率因数就上升。

当无功功率与有功功率的比值大于或等于 1/3 时，即说明功率因数未超过迟相 0.95。若功率因数超过迟相 0.95 时，会使运行的静态稳定降低，容易使发电机失去同步。为了运行的稳定，在调整无功负荷时，应注意不使发电机进相运行。

三、同步发电机的解列与停机操作

与电力系统并列运行的发电机，在系统负荷较轻、频率较高的情况下，或者机组及重要辅助设备需要检修时，将在统一调度和安排下，退出并列运行。退出并列运行需要进行解列与停机操作。

1. 解列

解列操作包含转移发电机负荷和操作断路器两个步骤。通过手动操作发电机调速用伺服电机带电，作用于调频器，以及操作手动调节励磁装置，逐渐减少待解列机组的有功及无功负荷，同时逐渐增加其他并列机组的有功及无功负荷，将待解列机组的负荷逐渐地转移到其他机组上去。对于采用单元接线的发电机，在进行负荷转移操作之前，应先将厂用电倒至备用电源供电。转移负荷的操作要缓慢进行，应先减有功、后减无功并注意其他并列机组间负荷分配情况，不得使功率因数超过规定值，通常要求各机组功率因数大体相等。待将欲解列机组的有功及无功负荷降到零值时，操作发电机断路器跳闸，然后向汽轮机司机发出"发电机已解列"信号。跳闸完毕后，发电机有功、无功功率表指示为零，定子电流表也为零。

2. 停机

停机时应将已解列的发电机及其附属设备退出工作，使之处于安全状态。因此需作一系列操作、调节与试验。

（1）切除自动调节励磁装置，手动调整使发电机励磁减到最小（采用直流励磁机励磁系统时，将磁场变阻器全部投入；采用交流励磁机励磁系统时，调节可控硅控制角到最大)。

(2) 断开灭磁开关。

(3) 断开断路器母线侧隔离开关，断开发电机电压互感器的隔离开关，并取下其高低压熔断器。

对于不经常开停的发电机，断开母线侧隔离开关后，还应检查断路器操动机构和自动灭磁装置完好性，以及两者之间的连锁正确性，方法是将它们各试行跳合一次，检查完好后，取下断路器控制回路熔断器。

当机组完全停止转动后，应进行如下几项工作：

(1) 立即测量定子绕组与全部回路的绝缘电阻，如测量结果不合格，则应安排处理；

(2) 检查励磁机励磁回路变阻器和灭磁开关上的各接点，如有发热或熔化情形，则必须设法消除。

(3) 检查发电机冷却通风系统，将出、入口挡板关闭。对封闭式通风的发电机，应停止冷却水循环，关闭补充空气风门。对氢冷发电机应停止气体冷却器的供水，关闭补氢门。

若系统检修停机，则停机操作完毕后，还需按检修工作票要求，做好安全措施。

思 考 题

2.1 同步发电机是如何工作的？它的频率、磁极对数和同步转速之间有什么关系？试求下列电机的磁极数：

(1) 汽轮发电机 $f=50\text{Hz}$，$n=3000\text{r/min}$；

(2) 水轮发电机 $f=50\text{Hz}$，$n=187.5\text{r/min}$。

2.2 同步发电机的励磁绕组流入反相的直流励磁电流，转子转向不变，定子三相交流电动势的相序是否改变？

2.3 一台氢冷汽轮发电机额定功率 P_N 为 10 万 kW，额定电压 U_N 为 10.5kV，额定功率因数 $\cos\varphi_N$ 为 0.85。试求额定电流 I_N。

2.4 试以气隙合成磁动势与主极磁动势的相对位置 δ 的变化，分析同步发电机的有功和无功功率输出情况。

2.5 同步发电机的电枢反应主要取决于什么？在下列情况下电枢反应是助磁还是去磁？

(1) 三相对称电阻负载；

(2) 纯电容性负载；

(3) 纯电感性负载。

2.6 同步发电机同期并列的方法有哪些？应满足什么条件？同步发电机准同期操作步骤是什么？

2.7 何为解列？何为停机？

第三章 变 压 器

第一节 概 述

变压器利用电磁感应定律把一种电压等级的交流电压转换成同频率的另一种电压等级的交流电压，以利于电能的合理输送、分配和使用。根据国际电工委员会（IEC）的界定，凡是三相变压器额定容量在 5kV·A 及以上，单相在 1kV·A 及以上的输变电用变压器，均称为电力变压器（文字符号为 T 或 TM），它们是电力系统中最关键的设备，本章将侧重讲述电力变压器的结构、工作原理及运行。

为了适应不同的使用目的和工作条件，电力变压器有许多种类，主要有以下几种分类方法。

1. 按绕组数目分类

变压器按绕组可分为双绕组变压器和三绕组变压器。通常的变压器都为双绕组变压器，即在铁芯上有两个绕组，一个为一次绕组，另一个为二次绕组。三绕组变压器一般为容量较大的变压器（在 5600kV·A 以上），用以连接三种不同的电压等级。在特殊的情况下，也有应用更多绕组的变压器。

2. 按相数分类

变压器按相数可分为三相变压器和单相变压器。在三相电力系统中，一般采用三相变压器，当容量过大且受运输条件限制时，也可以采用三台单相变压器组成三相变压器组。

3. 按结构形式分类

变压器按结构形式可分为芯式变压器和壳式变压器。

4. 按绝缘和冷却条件分类

变压器按绝缘和冷却条件可分为油浸式变压器和干式变压器。为了加强绝缘和冷却条件，变压器的铁芯和绕组都一起浸入灌满了变压器油的油箱中，即为油浸式变压器。在特殊情况下，需要考虑防火防爆的地点多采用干式变压器。

5. 按调压方式分类

变压器按调压方式可分为无励磁调压变压器和有载调压变压器。

6. 按冷却介质分类

变压器按冷却介质可分为干式变压器、油浸式变压器和充气式变压器。

此外，还有专门用途的特种变压器，例如试验变压器、电炉变压器、电焊变压器、整流变压器等。

第二节 大型电力变压器的结构

油浸式变压器在电力系统中的使用最为广泛，其基本结构可分成铁芯、绕组、绝缘套管、油箱及其他附件等。三相油浸式电力变压器的外形图如图 3.1 所示，其中铁芯和绕组是变压器的主要部件，称为器身，如图 3.2 所示，器身放在油箱内。

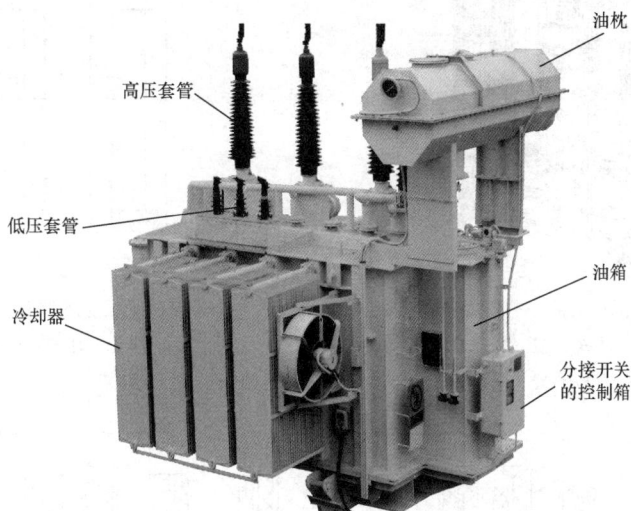

图 3.1　三相油浸式电力变压器外形图

图 3.2　三相油浸式电力变压器器身

一、铁芯

铁芯是变压器的主磁路，铁芯由铁轭和铁芯柱组成，铁芯柱用来套装绕组，铁轭将铁芯柱连接起来，使之形成闭合磁路。内铁型三相三柱式变压器铁芯如图 3.3 所示。

为了提高磁路的导磁性能，减小铁芯的铁损耗，铁芯一般采用高磁导率的铁磁材料，即用 0.35～0.5mm 厚的硅钢片叠成。变压器用的硅钢片其含硅量比较高。硅钢片的两面均涂以绝缘漆，这样可使叠装在一起的硅钢片相互之间绝缘，如图 3.4 所示。

电力变压器的铁芯主要采用芯式结构，芯式变压器的铁芯和绕组布置如图 3.5 所示。三相变压器是将 A、B、C 三相的绕组分别放在三个铁芯柱上，为了便于绝缘，绕组的布置方式是将低压绕组放在内侧，而把高压绕组放在外侧，两个绕组之间留有油道。

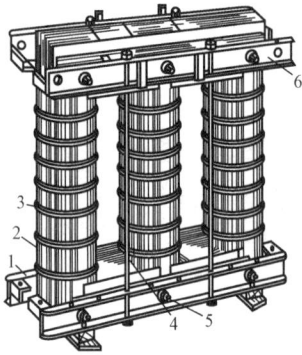

图 3.3　内铁型三相三柱式变压器铁芯

1—下夹件；2—铁芯柱；3—铁柱绑扎；

4—拉螺杆；5—铁轭螺杆；6—上夹件

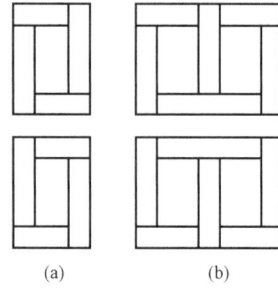

图 3.4　变压器铁芯的交叠装配

（a）单相变压器；（b）三相变压器

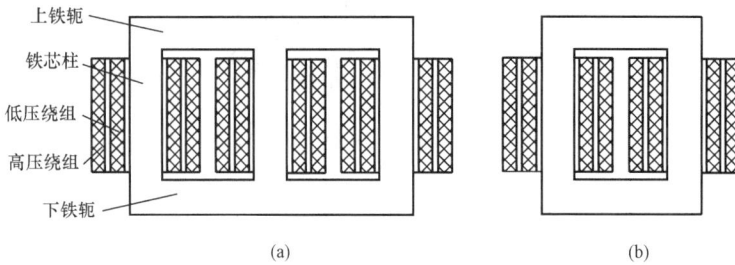

图 3.5　芯式变压器的铁芯和绕组布置

（a）三相；（b）单相

二、绕组

绕组是变压器的电路部分，它是铜或铝导线包绕绝缘纸以后绕制而成的。按照绕组绕制的特点，绕组可分为圆筒式、连续式、纠结式、螺旋式等结构。变压器绕组外形如图 3.6 所示。

圆筒式绕组一般用于 $630kV \cdot A$ 及以下、电压等级为 $35kV$ 以下的变压器绕组。

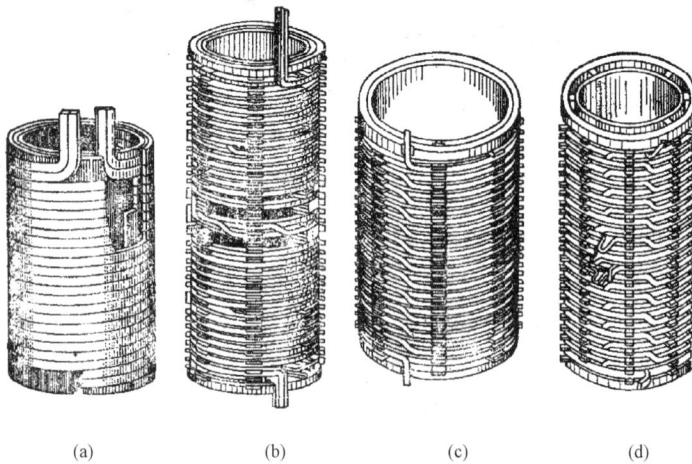

图 3.6　变压器绕组外形

（a）圆筒式；（b）螺旋式；（c）连续式；（d）纠结式

连续式绕组是典型的饼式绕组，使用的电压级差大（3～110kV），广泛用于容量为800～10000kV·A 及以上的变压器中。

纠结式绕组，用于 220kV 及以上电压等级。

螺旋式绕组，一般用于 10kV 及以下电压等级大电流变压器低压绕组。

三、油箱及其他附件

油浸式变压器均有一个油箱，装入变压器油后，将组装好的器身装入其中，以保证变压器正常工作。变压器油起加强变压器内部绝缘强度和散热的作用。油箱的上部有储油柜、压力释放阀、绝缘套管等附件。

1. 储油柜（或称油枕）

油枕用连通管与油箱接通。油枕能容纳油箱中因温度升高而受热膨胀的变压器油，并限制变压器油与空气的直接接触面积，减少油受潮和氧化的程度。三相油浸式电力变压器外形图如图 3.7 所示，油枕上有油位计及呼吸器（吸湿器），以便观察油位和变压器在呼吸空气的过程中的潮气。呼吸器中采用硅胶为吸附剂，硅胶经处理后为蓝色，吸湿后颜色逐渐变浅至浅粉红色，吸湿饱和后硅胶为粉红色。变色硅胶中的蓝色全部消失后，就必须将硅胶重新处理。

图 3.7　三相油浸式电力变压器外形图

2. 压力释放阀

在全密封变压器中作为油箱防爆保护装置。

当变压器内部突发过热、短路等故障或其他原因引起油箱本体内部压力升高时，高压将冲破安全气道与外界空气之间的玻璃隔膜，为油箱内部压力提供释放通道，起到保护油箱本体、防止过大的压力使油箱开裂或爆炸的作用。

3. 气体继电器

气体继电器又称为瓦斯继电器，是变压器的一种保护装置，安装在油箱与储油柜的连接管道中，当变压器内部发生故障时（如绝缘击穿、匝间短路、铁芯事故、油箱漏油使油面下降较多等）产生的气体和油流，迫使气体继电器动作。轻者发出信号，以便运行人员及时处理；重者使断路器跳闸，以保护变压器。

4. 绝缘套管

变压器绕组的引出线从油箱内部引到箱外时必须经过绝缘套管，使引线与油箱绝缘。绝缘套管一般是陶瓷的，其结构取决于电压等级，1kV 以下采用实心磁套管；10～35kV 采用空心充气或充油式套管；110kV 及以上采用电容式套管。为了增大外表面放电距离，套管外形做成多级伞形裙边。电压等级越高，级数越多。

四、分接开关

变压器常用改变绕组匝数的方法来调压。一般从变压器的高压绕组引出若干抽头，称为分接头，用以切换分接头的装置叫分接开关。分接开关分为无励磁调压和有载调压两种，前者必须在变压器停电的情况下切换，后者可以在变压器带负载的情况下进行切换。

中、小型电力变压器一般有三个分接头，记作 $U_N \pm 5\%$。大型电力变压器采用五个或多个分接头，例 $U_N \pm 2 \times 2.5\%$ 或 $U_N \pm 8 \times 1.5\%$。

分接开关安装在油箱内，其控制箱在油箱外，有载调压分接开关内的变压器油是完全独立的，它也有配套的油箱、气体继电器、呼吸器。

五、冷却装置

变压器的铜损耗都变为热能，使变压器温度升高。变压器的冷却方式大体上有以下几种。

1. 油浸自冷式

油浸自冷式变压器采用管式油箱，在变压器油箱上焊接扇形油管，增加散热面积，依靠与油箱表面接触的空气对流把热量带走，多用于中、小型变压器。当变压器容量超过 2000kV·A 时，需要油管多，箱壁布置不下，所以做成可拆卸的散热器，这种油箱叫散热式油箱。

2. 油浸风冷式

油浸风冷式变压器是在散热器空档内装上电风扇，增加散热效果。采用这种冷却方式的变压器一般容量在 1000kV·A 以上。

3. 强迫油循环冷却式

当变压器容量达 100000kV·A 时，常用油泵迫使热油经过专门的冷却器冷却，然后再回送到变压器油箱里，称为强迫油循环冷却式。冷却器的冷却方式可以是风冷，也可以是水冷。强迫油循环风冷装置结构图如图 3.8 所示。

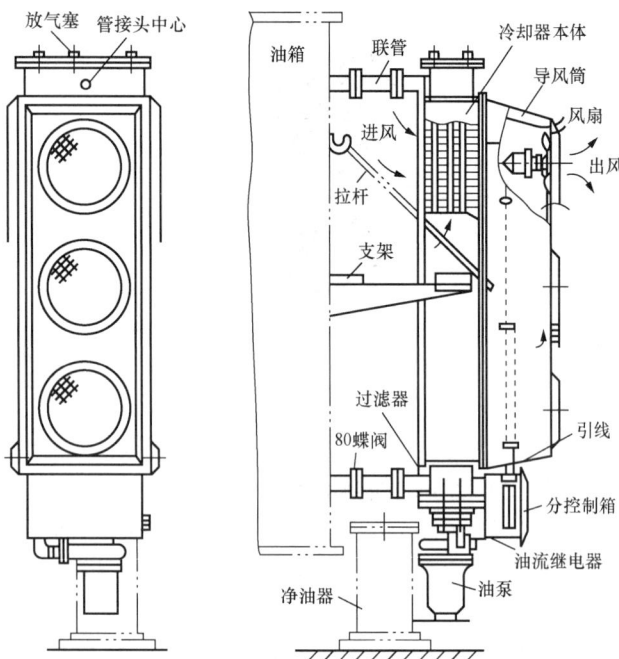

图 3.8　强迫油循环风冷装置结构图

第三节 变压器的基本技术特性

一、型号

型号用于表示一台变压器的结构、额定容量、电压等级、冷却方式等内容。例如：SL - 500/10 表示三相油浸自冷双线圈铝线，额定容量为 500kV·A，高压侧额定电压为 10kV 级的电力变压器。

二、基本参数

1. 额定电压

一次侧的额定电压为 U_{1N}，指正常运行时规定加在变压器一次侧的端电压；二次侧的额定电压为 U_{2N}，指变压器一次侧加额定电压、二次侧空载时的端电压。对于三相变压器，U_{1N} 和 U_{2N} 为线电压，一般用 kV 表示，低压也可用 V 表示。

2. 额定电流

变压器的额定电流指变压器在允许温升下一、二次绕组长期工作所允许通过的最大电流，分别用 I_{1N} 和 I_{2N} 表示。对于三相变压器，I_{1N} 和 I_{2N} 为线电流，单位是 A。

3. 额定容量

额定电压、额定电流和额定容量这三者的关系为：

单相 $S_N = U_{1N}I_{1N} = U_{2N}I_{2N}$

三相 $S_N = \sqrt{3}U_{1N}I_{1N} = \sqrt{3}U_{2N}I_{2N}$

变压器的额定容量，是指它在规定的环境条件下，室外安装时，在规定的使用年限（一般以 20 年计）内能连续输出的最大视在功率，通常用 kV·A 作单位。按《电力变压器》（GB/T 1094—2005）规定，电力变压器正常使用的环境温度条件为：最高气温为 +40℃，最高日平均气温为 +30℃，最高年平均气温为 +20℃；最低气温，户内变压器为 -5℃，户外变压器为 -30℃。油浸式变压器顶层油温的温升，规定不得超过周围气温 55℃，若按规定的工作环境最高温度为 40℃计，则变压器顶层油温不得超过 95℃。

第四节 变压器的基本工作原理

变压器一次绕组接入额定频率、额定电压的交流电源，二次绕组开路时的运行状态称为空载运行。

变压器一次绕组接入额定频率、额定电压的交流电源，二次绕组接上负载，此时二次侧有电流流过的运行状态称为负载运行。

一、空载时的物理过程

1. 空载时的电磁关系

图 3.9 所示为单相变压器空载运行时的示意图。当一次绕组接入交流电压为 $\dot{U}_1$ 的电源上时，一次绕组便有空载电流 $\dot{I}_0$ 流过。$\dot{I}_0$ 建立空载磁动势 $\dot{F}_0 = \dot{I}_0 N_1$，该磁动势产生空载磁通。为便于研究问题，把磁通等效地分成两部分（如图 3.9 所示）：一部分磁通 $\dot{\Phi}_m$ 沿铁芯闭合，同时交链一、二次绕组，称为主磁通；另一部分磁通 $\dot{\Phi}_{1\sigma}$ 主要沿非铁磁性材料（如变

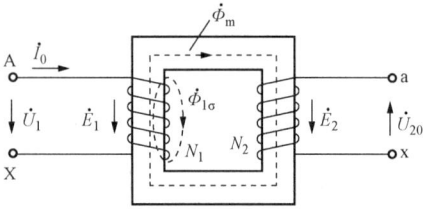

图 3.9　单相变压器空载运行时的示意图

压器油、油箱壁等）闭合，仅与一次绕组交链，称为一次绕组漏磁通。根据电磁感应定律可知，交变的主磁通分别在一、二次绕组感应出电动势 $\dot{E}_1$ 和 $\dot{E}_2$；漏磁通在一次绕组感应出漏电动势 $\dot{E}_{1\sigma}$。

此外，空载电流还在一次绕组电阻 r_1 上形成一个很小的电阻压降 $\dot{I}_0 r_1$。

归纳起来，变压器空载时，各物理量之间的关系可表示为

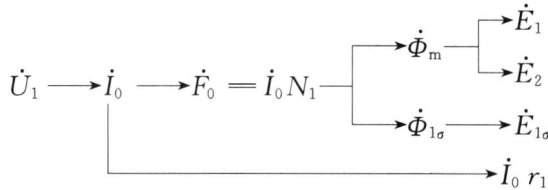

2. 空载电流

空载电流有两个作用：一是建立空载时的磁场；二是补偿空载时变压器内部的有功功率损耗。所以相应地可认为空载电流由无功分量和有功分量两部分组成，前者用来产生空载时的磁场，后者对应于有功功率损耗。在电力变压器中，空载电流的无功分量远大于有功分量，因此空载电流基本上属于无功性质的电流，通常称为励磁电流。

空载电流的数值不大，变压器容量愈大，空载电流的百分数愈小。电厂主变压器的空载电流一般为额定电流的 0.3%。

空载电流的波形取决于铁芯主磁路的饱和程度。由于变压器接入额定电压时，铁芯处在近于饱和情况下工作，根据铁芯磁化曲线的非线性关系，当外施电压为正弦波形时，则主磁通也为正弦波曲线 $\phi = f(t)$，利用铁芯磁化曲线 $\phi = f(i_0)$，可用图解法求得波形为尖顶波的空载电流曲线 $i_0 = f(t)$。磁路饱和时的空载电流波形如图 3.10 所示。

二、负载时的电磁关系

变压器空载运行时，二次侧电流为零，一次侧只流过较小的空载电流 $\dot{I}_0$，它建立空载磁动势 $\dot{F}_0 = \dot{I}_0 N_1$，作用在铁芯磁路上产生主磁通 $\dot{\Phi}_m$，主磁通在一、二次绕组分别感应出电动势 $\dot{E}_1$ 和 $\dot{E}_2$。电源电压 $\dot{U}_1$ 与一次绕组

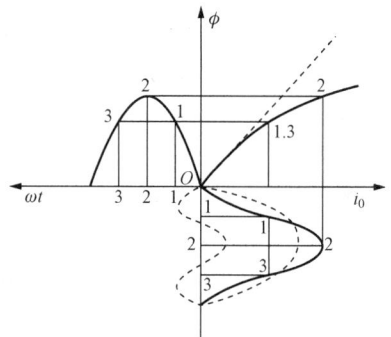

图 3.10　磁路饱和时的空载电流波形

的反电动势 $-\dot{E}_1$ 和一次绕组漏阻抗压降 $\dot{I}_0 Z_1$ 相平衡，此时变压器处于空载运行时的电磁平衡状态。

当二次绕组接上负载，单相变压器负载运行示意图如图 3.11 所示，二次侧流过电流 $\dot{I}_2$，建立二次侧磁动势 $\dot{F}_2 = \dot{I}_2 N_2$，这个磁动势也作用在铁芯的主磁路上，并企图改变主磁通 $\dot{\Phi}_m$，由于外加电源电压 $\dot{U}_1$ 不变，主磁通 $\dot{\Phi}_m$ 近似地保持不变，因此当二次侧磁动势 $\dot{F}_2$ 出现时，一次侧电流必须由 $\dot{I}_0$ 变为 $\dot{I}_1$，一次侧磁动势即从 $\dot{F}_0$ 变为 $\dot{F}_1 = \dot{I}_1 N_1$，其中所增加的那部分磁动势，用来平衡二次侧的作用，以维持主磁通不变，此时变压器处于负载运行时新

的电磁平衡状态。

负载运行时，$\dot{F}_1$ 和 $\dot{F}_2$ 除了共同建立铁芯中
的主磁通 $\dot{\Phi}_m$ 以外，还分别产生交链各自绕组的
漏磁通 $\dot{\Phi}_{1\sigma}$ 和 $\dot{\Phi}_{2\sigma}$，并分别在一、二次绕组感应
出漏电动势 $\dot{E}_{1\sigma}$ 和 $\dot{E}_{2\sigma}$。可以用漏电抗压降的形
式来表示一次绕组漏电动势 $\dot{E}_{1\sigma} = -j\dot{I}_1 x_1$，二
次绕组漏电动势 $\dot{E}_{2\sigma} = -j\dot{I}_2 x_2$，其中 x_1、x_2 分

图 3.11　单相变压器负载运行示意图

别称为一、二次绕组漏电抗，对应于一、二次侧漏磁通 $\dot{\Phi}_{1\sigma}$、$\dot{\Phi}_{2\sigma}$。x_1、x_2 分别反映漏磁通
$\dot{\Phi}_{1\sigma}$、$\dot{\Phi}_{2\sigma}$ 的作用，也是常数。

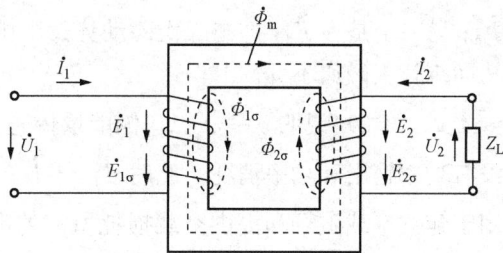

此外，一、二次绕组电流 $\dot{I}_1$、$\dot{I}_2$ 还分别产生电阻压降 $\dot{I}_1 r_1$ 和 $\dot{I}_2 r_2$。

归纳起来，变压器负载时各物理量之间的关系可表示为

$$
\begin{array}{l}
\dot{I}_1 \longrightarrow \dot{F}_1 = \dot{I}_1 N_1 \\
\dot{I}_2 \longrightarrow \dot{F}_2 = \dot{I}_2 N_2
\end{array}
\left\{
\begin{array}{l}
\longrightarrow \dot{I}_1 r_1 \\
\longrightarrow \dot{\Phi}_{1\sigma} \longrightarrow \dot{E}_{1\sigma} = -j\dot{I}_1 x_1 \\
\longrightarrow \dot{\Phi}_m \left\{ \begin{array}{l} \longrightarrow \dot{E}_1 \\ \longrightarrow \dot{E}_2 \end{array} \right. \\
\longrightarrow \dot{\Phi}_{2\sigma} \longrightarrow \dot{E}_{2\sigma} = -j\dot{I}_2 x_2 \\
\longrightarrow \dot{I}_2 r_2
\end{array}
\right.
$$

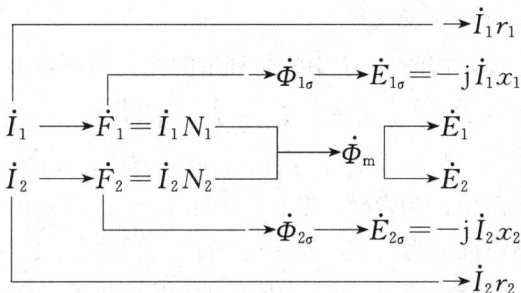

三、磁动势方程式

从上面的分析中得知，变压器负载运行时作用在主磁路上的合成磁动势为 $\dot{F}_1 + \dot{F}_2$，这
个合成磁动势建立了铁芯中的主磁通 $\dot{\Phi}_m$。由于变压器从空载到负载，变压器电源电压不变，
则铁芯中的主磁通 $\dot{\Phi}_m$ 不变，而空载时产生这个主磁通 $\dot{\Phi}_m$ 所需的磁动势为 $\dot{F}_0$，所以，$\dot{F}_1 + \dot{F}_2$
应等于 $\dot{F}_0$，即

$$
\left.
\begin{array}{l}
\dot{F}_1 + \dot{F}_2 = \dot{F}_0 \\
\dot{F}_1 = \dot{F}_0 + (-\dot{F}_2)
\end{array}
\right\}
\tag{3.1}
$$

式 (3.1) 可改写成电流的形式，即

$$
\dot{I}_1 N_1 = \dot{I}_0 N_1 + (-\dot{I}_2 N_2)
$$

两边同时除以 N_1 得

$$
\dot{I}_1 = \dot{I}_0 + \left(-\frac{\dot{I}_2 N_2}{N_1}\right) = \dot{I}_0 + \dot{I}_{1L}
\tag{3.2}
$$

式中　$\dot{I}_{1L}$ ——一次电流的负载分量。

式 (3.1) 称为磁动势方程式，式 (3.2) 称为电流形式的磁动势方程式，两式的实质是
一致的。磁动势方程式表示出了一、二次侧电路的相互影响和依存关系，也能说明能量的传
递关系。

由式 (3.1) 可看出，一次磁动势 $\dot{F}_1$ 中包含两个分量，一个是 $\dot{F}_0$，用来产生主磁通

$\dot{\Phi}_{\mathrm{m}}$；另一个是 $-\dot{F}_2$，即与二次磁动势大小相等、方向相反，用来平衡二次磁动势 $\dot{F}_2$ 的影响，从而维持主磁通不变。

式（3.2）说明了一、二次侧能量传递关系。当变压器空载运行，即 $\dot{I}_2 = 0$ 时，二次侧没有功率输出和功率消耗，此时 $\dot{I}_1 = \dot{I}_0$，说明变压器一次侧从电源吸取不大的空载电流，用于建立空载磁场和提供空载损耗所需的电能。当变压器负载运行，即 $\dot{I}_2 \neq 0$ 时，二次电流 $\dot{I}_2$ 的增加必然引起 $\dot{I}_1$ 相应地增加，因此，这时一次侧除了从电源吸取 $\dot{I}_0$ 之外，还要再吸取一个负载分量电流 $\dot{I}_{1L}$ 用于平衡二次侧的影响，于是，二次侧对电能需求的变化，就由磁动势平衡关系反映到一次侧。

第五节　变压器基本方程式、等值电路

一、基本方程式

1. 一、二次侧的电动势方程式

根据基尔霍夫第二定律，按图 3.11 中各物理量的正方向，可得

$$\dot{U}_1 = -\dot{E}_1 - \dot{E}_{1\sigma} + \dot{I}_1 r_1 = -\dot{E}_1 + \dot{I}_1 r_1 + \mathrm{j}\dot{I}_1 x_1 = -\dot{E}_1 + \dot{I}_1 Z_1 \tag{3.3}$$

$$\dot{U}_2 = \dot{E}_2 + \dot{E}_{2\sigma} - \dot{I}_2 r_2 = \dot{E}_2 - \dot{I}_2 r_2 - \mathrm{j}\dot{I}_2 x_2 = \dot{E}_2 - \dot{I}_2 Z_2 \tag{3.4}$$

式中　Z_1——一次绕组漏阻抗，为常数，$Z_1 = r_1 + \mathrm{j}x_1$；

　　　Z_2——二次绕组漏阻抗，为常数，$Z_2 = r_2 + \mathrm{j}x_2$。

负载电流 $\dot{I}_1$ 在一次绕组产生漏磁通 $\Phi_{1\sigma}$ 感应出漏电动势 $\dot{E}_{1\sigma}$，在数值上可看作是空载电流在漏电抗 x_1 上的压降。同理，空载电流 $\dot{I}_0$ 产生主磁通 $\dot{\Phi}_{\mathrm{m}}$ 在一次绕组感应出电动势 $\dot{E}_1$ 的作用，也可类似地用一个电路参数来处理，考虑到主磁通 $\dot{\Phi}_{\mathrm{m}}$ 在铁芯中将引起铁损耗，故不能单纯地引入一个电抗，而应引入一个阻抗 Z_{m}。这样便把 $\dot{E}_1$ 和 $\dot{I}_0$ 联系起来，这时 $\dot{E}_1$ 的作用看作是 $\dot{I}_0$ 在 Z_{m} 上的阻抗压降，即

$$-\dot{E}_1 = \dot{I}_0 Z_{\mathrm{m}} = \dot{I}_0 (r_{\mathrm{m}} + \mathrm{j}x_{\mathrm{m}}) \tag{3.5}$$

式中　Z_{m}——励磁阻抗，$Z_{\mathrm{m}} = r_{\mathrm{m}} + \mathrm{j}x_{\mathrm{m}}$；

　　　x_{m}——励磁电抗，对应于主磁通的电抗；

　　　r_{m}——励磁电阻，对应于铁损耗的等值电阻，$p_{\mathrm{Fe}} = I_0^2 r_{\mathrm{m}}$。

2. 主磁通与电源电压的关系

式（3.3）中，$\dot{I}_1 Z_1$ 很小，可忽略不计，这时 $\dot{U}_1 = -\dot{E}_1$，其有效值为

$$U_1 \approx E_1 = 4.44 f N_1 \Phi_{\mathrm{m}} \tag{3.6}$$

式（3.6）说明，在忽略一次绕组漏阻抗压降的情况下，当 f、N_1 为常数时，铁芯中主磁通的最大值与电源电压成正比。当电源电压 $\dot{U}_1$ 一定时，$\dot{\Phi}_{\mathrm{m}}$ 也为常数，这一概念对分析变压器运行十分重要。

二、变比

常用变比来衡量变压器一、二次电压变换的幅度。变比的定义是一、二次侧的电动势之比，用 k 表示，即

$$k = \frac{E_1}{E_2} = \frac{N_1}{N_2} \approx \frac{U_1}{U_2} \tag{3.7}$$

三、折算

在变压器中，常把二次绕组折算到一次绕组，即把二次绕组匝数变换成一次绕组的匝数，此时变比等于1。但是这种匝数变换不应改变变压器电磁关系的本质，这样可使计算大为简化，并便于导出等值电路和画出相量图。折算后二次侧各物理量的数值称为折算值，在原来二次侧各物理量符号的右上角加一撇（′）来表示。

变压器折算的原则：折算前后二次侧的磁动势以及二次侧各部分功率不能改变。只有这样才能使折算前、后变压器的主磁通、漏磁通的数量和空间分布保持不变，才能使一次侧仍从电源中吸取同样大小的功率并传递到二次侧，这样折算对一次侧各物理量将毫无影响，因而不改变变压器中的电磁关系的本质。

根据折算原则，经推导可得二次侧各物理量折算到一次侧的规律为

$$\dot{E}_2' = k\dot{E}_2; \qquad r_2' = k^2 r_2$$
$$\dot{U}_2' = k\dot{U}_2; \qquad x_2' = k^2 x_2$$
$$\dot{I}_2' = \frac{\dot{I}_2}{k}; \qquad Z_L' = k^2 Z_L$$

四、T形等值电路和简化等值电路

从电源的角度来看，变压器本身以及所接的负载是一个统一的元件，如果用一个等值阻抗接在电源上来代替变压器及其所接的负载，这对变压器负载运行时的分析和计算将带来很大的方便。

根据以上分析可得变压器负载运行时的T形等值电路，如图3.12所示。

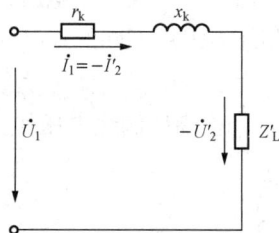

因为变压器的空载电流很小，可忽略不计，即在T形电路中去掉励磁阻抗 Z_m 支路，从而得到更为简单的串联电路，称为简化等值电路，如图3.13所示。图中 $r_k = r_1 + r_2'$ 称为短路电阻，$x_k = x_1 + x_2'$ 称为短路电抗，$Z_k = r_k + jx_k$ 称为短路阻抗。可见，短路阻抗是一、二次侧漏阻抗之和，其数值较小，且为常数。

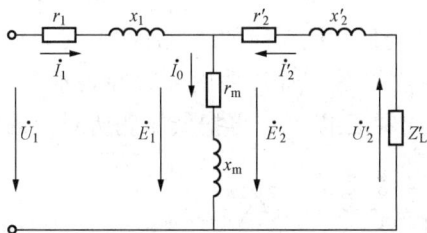

图 3.12 变压器负载运行时的T形等值电路　　图 3.13 变压器的简化等值电路

由简化等值电路可得相应的电压方程式，即

$$\dot{U}_1 = -\dot{U}_2' + \dot{I}_1 r_k + j\dot{I}_1 x_k \tag{3.8}$$

五、阻抗电压

阻抗电压 U_k 是指额定电流在 $Z_{k(75℃)}$ 上的阻抗压降占额定电压的百分值，阻抗电压的两个分量分别是电阻电压和电抗电压，计算式分别为

$$U_k = \frac{I_{1N} Z_{k(75℃)}}{U_{1N}} \times 100\%$$

$$U_{kr} = \frac{I_{1N} r_{k(75℃)}}{U_{1N}} \times 100\%$$ \qquad (3.9)

$$U_{kx} = \frac{I_{1N} x_{k(75℃)}}{U_{1N}} \times 100\%$$

阻抗电压是变压器的重要参数之一，从正常运行角度来看，希望它小一些，即希望变压器的漏阻抗压降小一些，使二次电压随负载变化的波动程度小一些；而从限制短路电流的角度来看，又希望它大一些。一般中小型变压器的阻抗电压为 $4\%\sim10.5\%$，大型变压器为 $12.5\%\sim17.5\%$。

第六节 三相变压器的联结组别

三相电力变压器的三绕组常见的连接方式有星形连接和三角形连接两种。

一、三绕组的连接形式的表达

三相绕组：星形连接表示——高压绕组为"Y"；低压为"y"。

三角形连接表示——高压绕组为"D"；低压为"d"。

变压器绕组的首、末端标志如表 3.1 所示。

表 3.1   变压器绕组的首、末端标志

绕组名称	单相变压器		三相变压器		
	首端	末端	首端	末端	中点
高压绕组	A	X	A B C	X Y Z	O
低压绕组	a	x	a b c	x y z	o
中压绕组	A_m	X_m	A_m B_m C_m	X_m Y_m Z_m	O_m

二、高、低压绕组线电压的相位关系表达

三相绕组采用不同的连接时，高压侧的线电压与低压侧对应的线电压之间可以形成不同的相位。为了表明高、低压绕组线电压之间的相位关系，通常采用"时钟表示法"，如图 3.14 所示，把高压侧线电压作为时钟的长针，指向钟面的 12，再把低压侧所对应的线电压

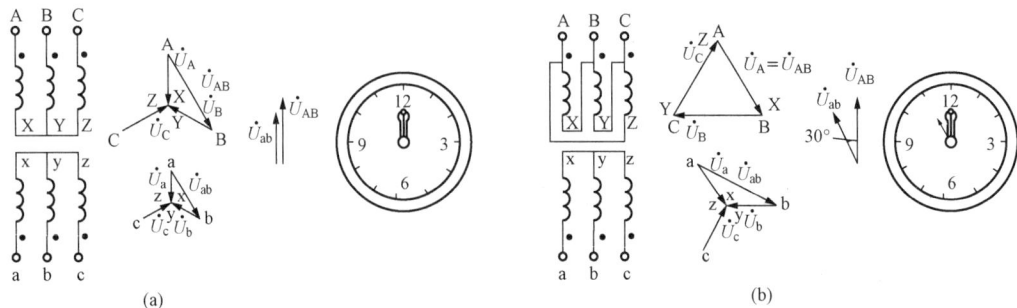

图 3.14 高、低压绕组线电压的相位"时钟表示法"

（a）Yy0 连接组；（b）Dy11 连接组

作为短针。短针所指的钟点就是该联结组的组号。根据组号可以推出长短针间的夹角，其意义表示了高压侧的线电压与低压侧对应的线电压之间可以形成的超前或滞后的相位差。

三、电力变压器的联结组别

电力变压器常用的联结组别有 Yyn0、Dyn11、Yd11、YNd11 等。下面分析变压器的某些常见联结组别的特点和应用。

在供用电系统中，电力变压器多采用 Yyn0、YNy 和 Dyn11 三种常用的联结组别。

1. Yyn0、YNy0 联结组别的意义

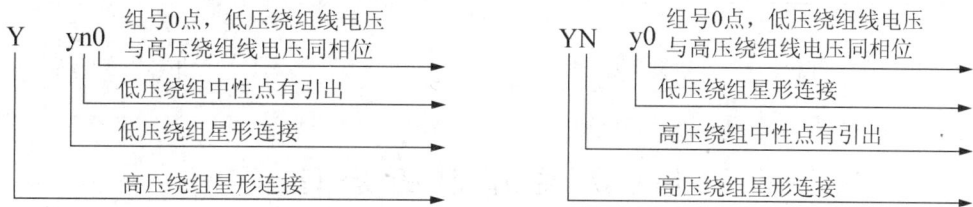

```
Y    yn0 ── 组号0点，低压绕组线电压
              与高压绕组线电压同相位
         ── 低压绕组中性点有引出
         ── 低压绕组星形连接
         ── 高压绕组星形连接
```

```
YN   y0 ── 组号0点，低压绕组线电压
             与高压绕组线电压同相位
        ── 低压绕组星形连接
        ── 高压绕组中性点有引出
        ── 高压绕组星形连接
```

说明：$6\sim10kV$ 的配电变压器常采用 Yyn0 联结组别，一次绕组采用星形连接，二次绕组为带中性线的星形连接，其线路中可能有的 $3n$（$n=1$，2，3…）次谐波电流会注入公共的高压电网中，而且其中性线的电流规定不能超过相线电流的 25%。因此，负荷严重不平衡或 $3n$ 次谐波比较突出的场合不宜采用这种连接，但该联结组别的变压器一次绕组的绝缘强度要求较低（与 Dyn11 比较），因而造价比 Dyn11 接线的稍低。在 TN 和 TT 系统中由单相不平衡电流引起的中性线电流不超过二次绕组额定电流的 25%，且任一相的电流在满载都不超过额定电流时可选用 Yyn0 联结组别的变压器。

2. Dyn11 联结组别的意义

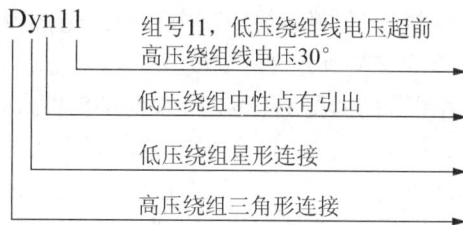

```
Dyn11 ── 组号11，低压绕组线电压超前
           高压绕组线电压30°
       ── 低压绕组中性点有引出
       ── 低压绕组星形连接
       ── 高压绕组三角形连接
```

说明：$6\sim10kV$ 的配电变压器常采用 Dyn11 联结组别。

其一次绕组为三角形连接，$3n$ 次谐波电流在其三角形的一次绕组中形成环流，不致注入公共电网，有抑制高次谐波的作用；其二次绕组为带中性线的星形连接，按规定，中性线电流容许达到相电流的 75%，因此其承受单相不平衡电流的能力远远大于 Yyn0 联结组别的变压器。

四、三相变压器的磁路系统

三相变压器有两种磁路系统。一种是把三台完全相同的单相变压器的绕组按星形（Y）或三角形（△）连接后，构成一台三相变压器组，这种变压器的磁路称为组式变压器磁路。三相组式变压器如图 3.15 所示，这种变压器磁路的特点是各相磁路独立、互不关联。另一种是三相芯式变压器磁路，如图 3.16 所示，这种变压器磁路的特点是各相磁路相互关联。

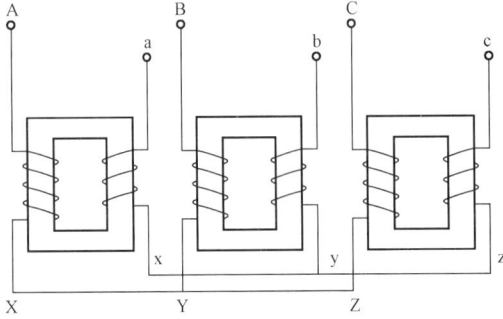

图 3.15 三相组式变压器

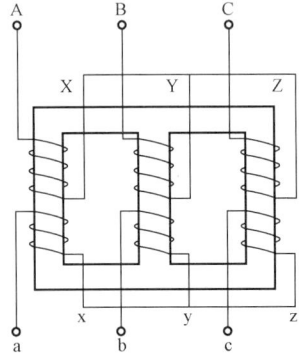

图 3.16 三相芯式变压器

第七节 变压器的运行

由于油浸式变压器在电力系统中所占的比重较大，本节将主要以此类变压器为重点，介绍变压器运行、维护的有关问题。

一、变压器的允许运行方式

1. 允许温度和允许温升

（1）允许温度。如前所述，运行中的变压器产生的各种损耗，将全部转变为热量使变压器绕组和铁芯发热并向外部散热，当单位时间内变压器内部产生的热量等于单位时间内散发的热量时，变压器的温度就不再升高，达到热稳定状态。

影响变压器绝缘材料老化（变脆易损坏、绝缘强度降低）的因素包括时间和温度（温度越高，绝缘老化越快）。绝缘材料老化很容易被高电压击穿造成变压器故障，因此，变压器在正常运行中，不允许超过绝缘材料所允许的温度。

油浸式变压器在运行中各部分的温度是不同的，绕组的温度最高，其次是铁芯，而变压器绝缘油温度，上部油温又高于下部油温。由于油浸式变压器绕组采用 A 级绝缘（当最高环境温度为 40℃时，最高允许温度规定为 105℃），正常运行中，运行人员一般是通过监视变压器的上层油温来控制绕组的最高温度的（变压器绕组的平均温度通常比油温高 10℃左右，所以只要监视上层油温不超过 95℃）。考虑油质不能过速劣化，上层油温不宜超过 85℃。

（2）允许温升。变压器温度与周围介质温度之差称为变压器的温升。因此需要对变压器额定负荷时各部分的温升作出规定（即变压器的允许温升。对 A 级绝缘的变压器，当最高环境温度为 40℃时，绕组的温升为 65℃，上层油的允许温升为 55℃）。在运行中，不仅要监视上层油的温度，而且要监视温升。因为变压器内部的传热能力与周围空气温度的变化成正比，当周围空气温度下降很多时，变压器外壳的散热能力将大大增加，而变压器内部散热能力却提高很少（内部温度比空气高），当变压器带大负荷或过负荷运行时，尽管变压器的上层油温未超过规定值，但温升却可能超过，这是不允许的。因此，在实际运行中，变压器的温度和温升均不超过允许值时才能保证变压器不过热。

2. 电压变化的允许范围

变压器外加一次电压，一般要求不超过所在分接头额定电压的 105％。

变压器并联接入电力系统中运行时，会因为负荷变化或系统事故等情况使电压波动。当变压器承受的电压过低时，对变压器本身不会有不良后果，仅影响向负荷供电的电能质量。

当变压器承受的电压高于额定值时，将使变压器的励磁电流增加，磁通密度增大，使变压器的铁芯因损耗增加而过热。同时，外加电压升高使铁芯的饱和程度增加，从而使变压器的磁通和感应电动势波形产生严重的畸变，出现高次谐波分量，还可能造成如下危害：

（1）在电力系统中造成谐波共振现象，导致过电压，损坏电气设备的绝缘；

（2）变压器二次侧电流波形畸变，增加电气设备的附加损耗；

（3）线路中的高次谐波会影响平行架设的通信线路，干扰通信的正常工作。

二、变压器并列运行的条件

两台及以上的变压器一、二次绕组的接线端分别并联连接投入运行，即为变压器的并列运行。并列运行时必须符合以下几个条件才能保证供配电系统的安全、可靠和经济性。

1. 所有并列变压器的电压比必须相同

并列变压器的电压比必须相同，即额定一次电压和额定二次电压必须对应相等，容许差值不得超过 $\pm 5\%$。否则将在并列变压器的二次绕组内产生环流，即二次电压较高的绕组将向二次电压较低的绕组供给电流，引起电能损耗，导致绕组过热甚至烧毁。两变压器变比不等时的空载并联运行，如图3.17所示。

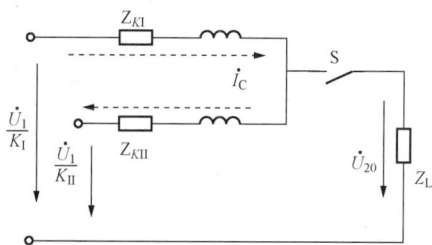

图 3.17　两变压器变比不等时的空载并联运行

2. 并列变压器的联结组别必须相同

并列变压器的联结组别必须相同，也就是指一次电压和二次电压的相序及相位应分别对应相同。否则，如一台 Yyn0 连接和一台 Dyn11 连接的变压器，它们的二次电压出现30°的相位差，这一 ΔU 将在两台变压器的二次侧产生一个很大的环流，可能导致变压器绕组烧坏。

3. 并列变压器的短路电压（阻抗电压）需相等或接近相等，容许差值不得超过 $\pm 10\%$

因为并列运行的变压器的实际负载分配和它们的阻抗电压值成反比，如果阻抗电压相差过大，可能导致阻抗电压小的变压器发生过负荷现象。

4. 并列变压器的容量应尽量相同或相近，其最大容量和最小容量之比不宜超过 3：1

如果容量相差悬殊，不仅可能造成运行的不方便，而且当并列变压器的性能不同时，可能导致变压器间的环流增加，还很容易造成小容量的变压器发生过负荷情况。

三、变压器的负荷能力

1. 变压器的额定容量与负荷能力

变压器的额定容量和负荷能力，具有不同的意义。变压器的额定容量，只有一个数值。在规定的环境温度下，按额定容量运行时，变压器具有经济合理的效率和正常的使用期限（约20年）。

变压器的负荷能力，则是指较短时间内所能输出的功率。在一定的条件下，它可能大于变压器的额定容量。负荷能力的大小是根据一定的运行情况（负荷大小和周围环境温度的变化等）以及绝缘老化等条件来决定的。

2. 变压器的正常过负荷能力

变压器的正常过负荷能力，是根据日负荷曲线、冷却介质温度及过负荷前变压器所带负荷情况等来确定的。

变压器在运行中的负荷是经常变化的，负荷曲线有高峰和低谷，在高峰时可能过负荷。变压器在过负荷运行时，绝缘寿命损失将增加，而低负荷运行时绝缘寿命损失将减小，因此可以相互补偿。不增加变压器寿命损失的过负荷，称为正常过负荷。

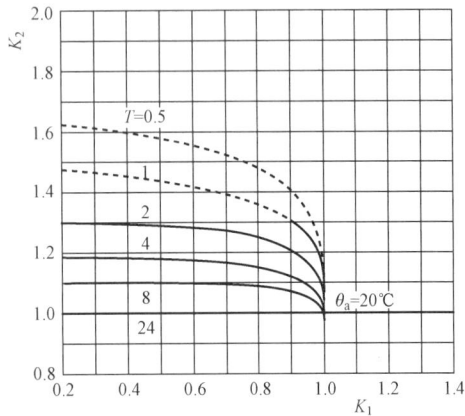

工程上采用正常过负荷曲线来计算变压器的正常过负荷能力。图 3.18 表示我国规程中列出的强迫油循环变压器在日等值空气温度为 +20℃ 时的过负荷曲线。图 3.18 中 K_1、K_2 分别表示两段负荷曲线中的欠负荷系数和过负荷倍数（都是实际负荷对额定容量的比值），T 为过负荷的允许持续时间。

运用过负荷曲线时，首先必须把实际变化的日负荷曲线简化为等值的两段负荷曲线，如图 3.18 所示。然后求出等值欠负荷系数 K_1，最后从规定的正常过负荷曲线上查出允许过负荷倍数 K_2 或允许过负荷时间 T。

图 3.18　变压器正常允许过负荷曲线

3. 变压器的事故过负荷

当系统发生事故时，保证不间断供电是首要任务，防止变压器绝缘老化加速是次要的。所以事故过负荷和正常过负荷不同，它是以牺牲变压器寿命为代价的。事故过负荷时，绝缘老化率容许比正常高，但绕组最热点温度仍不得超过正常温度值和报警值。

实际中主变压器过负荷运行的规定如下：

变压器在正常运行时，原则上不允许过负荷运行。变压器在事故过负荷运行时，上层油温和温升、绕组温度均不得超过正常温度值和报警值。变压器过负荷倍数和时间超过规定时，应投入备用变压器运行或转移负荷。根据运行方式变化，在无备用变压器或负荷不能转移时，变压器过负荷按部颁规程规定执行，过负荷变压器冷却器风扇、油泵应全部投入。变压器存在如冷却系统不正常、严重漏油、色谱分析异常等较大缺陷时不准过负荷运行。各类型的变压器事故过负荷的允许值应按照不同的冷却方式和环境温度，参照相关规定运行。干式变压器严禁过负荷运行。变压器过负荷时，应每半小时检查一次并将过负荷参数（倍数）、持续时间及油温、绕组温度，记录准确。

四、变压器常见故障类型及处理

变压器是电力系统重要的电气设备，若发生事故将造成严重损失。因此，要善于捕捉故障现象，准确判断故障产生的原因，迅速而准确地处理故障。

变压器的故障涉及面广，有多种分类方式。如对于油浸式变压器可按油箱内外将故障分为内部故障和外部故障，内部故障从性质上可分为热故障和电故障。若按变压器的结构划分，可分为绕组故障、铁芯故障、油质故障、套管和分接开关故障等。

表 3.2 列出了变压器常见故障的种类、现象、产生原因及处理办法。

表 3.2　　　　　　　　变压器常见故障的种类、现象、产生原因及处理办法

故障种类	故障现象	故障原因	处理方法
绕组匝间或层间短路	(1) 变压器异常发热; (2) 油温升高; (3) 油发出特殊的"嘶嘶"声; (4) 电源侧电流增大; (5) 三相绕组的直流电阻不平衡; (6) 高压熔断器熔断; (7) 气体继电器动作; (8) 储油柜冒黑烟	(1) 变压器运行年久,绕组绝缘老化; (2) 绕组绝缘受潮; (3) 绕组绕制不当,使绝缘局部受损; (4) 油道内落入杂物,使油道堵塞,局部过热	(1) 更换或修复所损坏的绕组、衬垫和绝缘筒; (2) 进行浸漆和干燥处理; (3) 更换或修复绕组
绕组接地或相间短路	(1) 高压熔断器熔断; (2) 安全气道薄膜破裂、喷油; (3) 气体继电器动作; (4) 变压器油燃烧; (5) 变压器振动	(1) 绕组主绝缘老化或有破损等严重缺陷; (2) 变压器进水,绝缘油严重受潮; (3) 油面过低,露出油面的引线绝缘距离不足而击穿; (4) 绕组内落入杂物; (5) 过电压击穿绕组绝缘	(1) 更换或修复绕组; (2) 更换或处理变压器油; (3) 检修渗漏油部位,注油至正常位置; (4) 清除杂物; (5) 更换或修复绕组绝缘,并限制过电压的幅值
绕组变形与断线	(1) 变压器发出异常声音; (2) 断线相无电流指示	(1) 制造装配不良,绕组未压紧; (2) 短路电流的电磁力作用; (3) 导线焊接不良; (4) 雷击造成断线; (5) 制造上缺陷,强度不够	(1) 修复变形部位,必要时更换绕组; (2) 拧紧压圈螺钉,紧固松脱的衬垫、撑条; (3) 割除熔蚀面或截面缩小的导线或补换新导线; (4) 修补绝缘,并作浸漆干燥处理; (5) 修复改善结构,提高机械强度
铁芯片间绝缘损坏	(1) 空载损耗变大; (2) 铁芯发热、油温升高、油色变深; (3) 吊出变压器器身检查可见硅钢片漆膜脱落或发热; (4) 变压器发出异常声响	(1) 硅钢片间绝缘老化; (2) 受强烈振动,片间发生位移或摩擦; (3) 铁芯紧固件松动; (4) 铁芯接地后发热,烧坏片间绝缘	(1) 对绝缘损坏的硅钢片重新涂刷绝缘漆; (2) 紧固铁芯夹件; (3) 按铁芯接地故障处理方法
铁芯多点接地或者接地不良	(1) 高压熔断器熔断; (2) 铁芯发热、油温升高、油色变黑; (3) 气体继电器动作; (4) 吊出变压器器身检查可见硅钢片局部烧熔	(1) 铁芯与穿芯螺杆间的绝缘老化,引起铁芯多点接地; (2) 铁芯接地片断开; (3) 铁芯接地片松动	(1) 更换穿芯螺杆与铁芯间的绝缘管和绝缘衬; (2) 更换新接地片或将接地片压紧

续表

故障种类	故障现象	故障原因	处理方法
套管闪络	（1）高压熔断器熔断； （2）套管表面有放电痕迹	（1）套管表面积灰脏污； （2）套管有裂纹或破损； （3）套管密封不严，绝缘受损； （4）套管间掉入杂物	（1）清除套管表面的积灰和脏污； （2）更换套管； （3）更换封垫； （4）清除杂物
分接开关烧损	（1）高压熔断器熔断； （2）油温升高； （3）触点表面产生放电声； （4）变压器油发出"咕嘟"声	（1）动触头弹簧压力不够或过渡电阻损坏； （2）开关配备不良，造成接触不良； （3）连接螺栓松动； （4）绝缘板绝缘性能变劣； （5）变压器油位下降，使分接开关暴露在空气中； （6）分接开关位置错位	（1）更换或修复触头接触面，更换弹簧或过渡电阻； （2）按要求重新装配并进行调整； （3）紧固松动的螺栓； （4）更换绝缘板； （5）补注变压器油至正常油位； （6）纠正错误
变压器油变劣	油色变暗	（1）变压器故障引起放电造成变压器油分解； （2）变压器油长期受热氧化使油质变劣	对变压器油进行过滤或换新油

变压器在运行中，工作人员应定期巡视，了解变压器的运行情况，发现问题及时解决，力争把故障消灭在初始状态。巡视检查的主要项目如下：

（1）变压器的油温和温度计应正常，油色应正常，储油柜的油位应与温度相对应，各部位无渗油、漏油。上层油温一般应在 85℃ 以下，对强迫油循环水冷却的变压器应为 75℃ 以下。

（2）套管油位应正常，套管外部无破损裂纹、无严重油污、无放电痕迹及其他异常现象。

（3）变压器音响正常。

（4）各冷却器手感温度应相近，风扇、油泵、水泵运行正常，油流继电器工作正常，水冷却器的油压应大于水压。

（5）呼吸器完好，吸附剂干燥（硅胶颜色应为蓝色，不呈粉红色）。

（6）引线接头、电缆、母线应无过热变色现象。

（7）压力释放阀或安全气道及防爆膜应完好无损。

（8）气体继电器内应无气体。

（9）外壳接地良好。

（10）控制箱和二次端子箱应关严，无受潮。

（11）干式变压器的外部表面应无积污。

第八节　分裂绕组变压器简介

一、结构特点

分裂变压器（又称分裂绕组变压器），通常把一个或几个绕组（一般是低压绕组）分裂成额定容量相等的几个部分，形成几个支路（每一部分形成一个支路），这几个支路之间没有电的联系。分裂出来的各支路，额定电压可以相同也可以不相同，可以单独运行也可以同时运行，可以在同容量下运行也可以在不同容量下运行。当分裂绕组各支路的额定电压相同时，还可以并联运行。

图 3.19 所示为三相双绕组分裂变压器示意图。在图 3.19（b）中，高压绕组 AX 为不分裂绕组，由两部分并联组成；低压绕组 a_1x_1 和 a_2x_2 为分裂出来的两个支路。

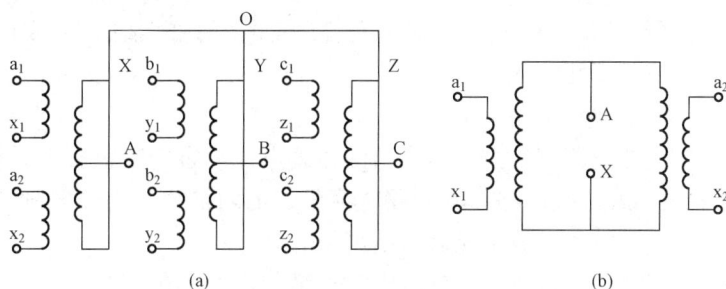

图 3.19 三相双绕组分裂变压器示意图
（a）原理接线图；（b）单相接线图

二、分裂变压器的特殊参数

1. 穿越阻抗 Z_c

当分裂绕组的几个支路并联连接组成统一的低压绕组对高压绕组运行时，称为穿越运行。此时高、低压绕组之间的短路阻抗叫穿越阻抗，用 Z_c 表示。显然，穿越阻抗相当于普通双绕组变压器的短路阻抗。

2. 分裂阻抗 Z_f

当分裂绕组的一个支路对另一支路运行时，称为分裂运行。此时分裂绕组两个支路之间的短路阻抗叫分裂阻抗，用 Z_f 表示。

3. 分裂系数 k_f

分裂阻抗与穿越阻抗之比称为分裂系数，用 k_f 表示，即

$$k_f = \frac{Z_f}{Z_c} \tag{3.10}$$

分裂变压器的设计原则是分裂绕组每一支路与高压绕组之间的短路阻抗相等，分裂绕组之间的分裂阻抗具有较大的值，分裂系数一般为 3~4。

三、等值电路

以图 3.19 所示的分裂变压器为例，分析其一相的简化等值电路。

这种分裂变压器的一相有三个绕组：一个不分裂的高压绕组，两个相同的低压分裂绕组。可对照三绕组变压器得到其等值电路如图 3.20 所示。图中各支路阻抗分别用 Z_A、Z_{a1}、Z_{a2} 表示，下面求这些阻抗的大小。

a_1、a_2 两端之间的阻抗就是分裂阻抗，即 $Z_{a1}+Z_{a2}=Z_f$。因为分裂绕组在布置上是对称的，所以 $Z_{a1}=Z_{a2}$，考虑到式（3.10），有

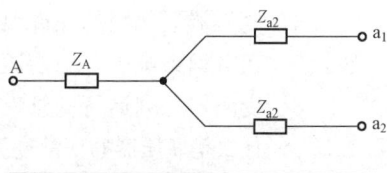

图 3.20 分裂变压器简化等值电路

$$Z_{a1} = Z_{a2} = \frac{1}{2} Z_f = \frac{1}{2} k_f Z_c \qquad (3.11)$$

a_1、a_2 两点并联后与 A 点之间的阻抗就是穿越阻抗，即 $Z_c = Z_A + Z_{a1} // Z_{a2}$，考虑到式 (3.11)，有

$$Z_A = Z_c - \frac{Z_{a1}}{2} = Z_c - \frac{1}{4} k_f Z_c = \left(1 - \frac{1}{4} k_f\right) Z_c \qquad (3.12)$$

四、优、缺点

目前，分裂变压器多用于 200MW 及以上大机组发电厂中的高压厂用变压器，与普通双绕组变压器相比，具有如下几个优点。

1. 限制短路电流作用显著

当分裂绕组一个支路短路时，由电网供给的短路电流经过的阻抗较大，从图 3.20 所示的等值电路上可看出。设 a_1 端短路，则短路电流经过的阻抗为 $(Z_A + Z_{a1})$ 比穿越阻抗大，即比普通变压器的短路阻抗大，故可显著限制短路电流。

此外，当一个支路短路时，由另一支路供给短路点的反馈电流减小很多，因此时电流流经的是较大的分裂阻抗。

2. 发生短路故障时母线电压降低不多

当分裂绕组的一个支路短路时，另一支路的母线电压降低很少，即残压较高，从而提高了供电的可靠性。残压的计算可参照图 3.21。

例如当分裂系数 $k_f = 3.42$ 时，可得 $U_2 = U_0 = 0.92 U_1$。这一电压值大大超过残压为额定电压 65% 的规定。

同理，当分裂绕组一个支路的电动机自起动时，另一支路电压几乎不受影响。

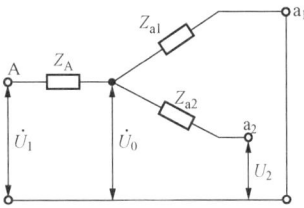

图 3.21   求残压的电路图

分裂绕组变压器的主要缺点是价格较贵。

思　考　题

3.1　油浸式电力变压器中变压器油的作用是什么？

3.2　变压器主要由哪几部分组成？铁芯的作用是什么？为什么要用两面涂有绝缘漆的硅钢片叠成？

3.3　简述变压器的基本工作原理，并作出变压器 T 形等值电路和简化等值电路图。

3.4　一台三相电力变压器，$S_N = 125000 \text{kV} \cdot \text{A}$，Yd 接线，$U_{1N}/U_{2N} = 220/10.5 \text{kV}$。求变压器一、二次的额定电流。

3.5　试述 Yd11 的含义。在电力变压器中最常用哪几种联结组别的三相变压器？

3.6　变压器运行中的允许温度和允许温升是如何规定的？

3.7　在电力系统中，当变压器承受的电压高于额定电压时，可能会造成什么危害？

3.8　变压器并列运行的条件是什么？不满足并列条件会产生什么情况？

3.9　什么是变压器的正常过负荷和事故过负荷？实际中主变压器过负荷运行的规定是什么？

3.10　简述分裂变压器的结构特点和分裂变压器的优缺点。

第四章 异步电动机的基本知识及结构

第一节 异步电动机基本原理

异步电动机在工农业生产中使用极广。在发电厂中，用作锅炉、汽轮机的附属设备，如球磨机、水泵、风机等的驱动电机。

异步电动机结构简单，运行可靠、维护方便，效率较高，故得到广泛使用。

图 4.1 所示为异步电动机工作原理图，它由定子和转子两部分组成，二者之间有一个很小的空气隙。定子的结构与同步电动机相似，铁芯槽内放置对称三相绕组。转子绕组则是自行闭合的。

定子对称三相绕组接入交流电源，通入对称三相交流电流，将建立定子磁动势 F_1 产生旋转磁场。图 4.1 中画出了某一瞬时定子电流方向及其产生的旋转磁场的磁通，图中旋转磁场以同步转速 n_1 逆时针方向旋转，转子导体切割磁力线感应电动势，可用右手定则判断转子导体的电动势方向。该电动势在自行闭合的转子绕组中产生电流。若忽略转子绕组电抗，则转子电流与电动势方向相同。

载流的转子绕组在旋转磁场中，将受到电磁力作用。可由左手定则判定转子绕组受到一个逆时针方向的电磁力和电磁转矩作用，使转子以转速 n 随着定子旋转磁场转向旋转。如果转轴带上机械负载，电动机便将输入的电功率转换为轴上输出的机械功率。若交换电源相序，则定子旋转磁场方向相反，电磁转矩方向相反，转子的转向相反。

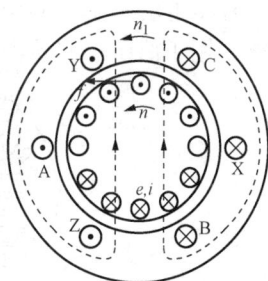

图 4.1 异步电动机
工作原理图

由上述分析可见，异步电动机转动是由于转子绕组受到旋转磁场"感应"产生电流而引起的，故又称为"感应电动机"；或者说异步电动机转动的必要条件是转子的转速 n 和定子旋转磁场转速 n_1 之间存在着差异，即 $n \neq n_1$，故又称为"异步电动机"。

异步电动机转子转速 n 与定子旋转磁场转速 n_1 之间存在着转速差 $\Delta n = n_1 - n$，此转速差正是定子旋转磁场切割转子导体的速度，它的大小决定着转子电动势及其频率的大小，直接影响到异步电动机的工作状态。为此，转速差可用转差率 s 这一重要物理量来表示，即

$$s = \frac{n_1 - n}{n_1} \tag{4.1}$$

由式（4.1）可知，转子静止（$n=0$）时，即 $s=1$；转速 $n=n_1$ 时，即 $s=0$。所以，异步电动机运行时，s 值的范围为 $0<s<1$。一般异步电动机在额定负载运行时，额定转差率 $s_N = 0.01 \sim 0.06$。

第二节 电 动 机 结 构

异步电动机在结构上也是由定子、转子、气隙组成的。异步电动机有鼠笼式和绕线式两

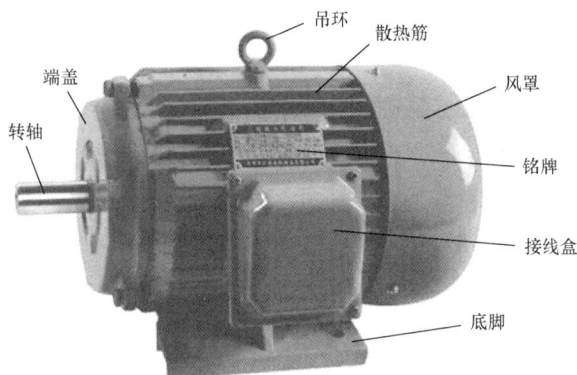

图 4.2　三相鼠笼式异步电动机外形图

类。它们的区别在于转子绕组的结构不同。绕线式电动机结构复杂，一般用于起动和调速性能要求较高的场合。这里将着重介绍鼠笼式电动机结构。图 4.2 所示为三相鼠笼式异步电动机外形图。

一、定子结构

异步电动机的定子是由机座、定子铁芯和定子绕组三个部分组成。

1. 定子铁芯

定子铁芯是电动机磁路的一部分，装在机座里，如图 4.3 所示。为了降低定子铁芯里的铁损耗，定子铁芯常用 0.5mm 或 0.35mm 厚的硅钢片冲制叠压而成，片间涂上绝缘漆。图 4.3 所示为定子铁芯及定子槽，其中（b）是开口槽，用于大、中型容量的高压异步电动机中；（c）是半开口槽，用于中型 500V 以下的异步电动机中；（d）是半闭口槽，用于低压小型异步电动机中。

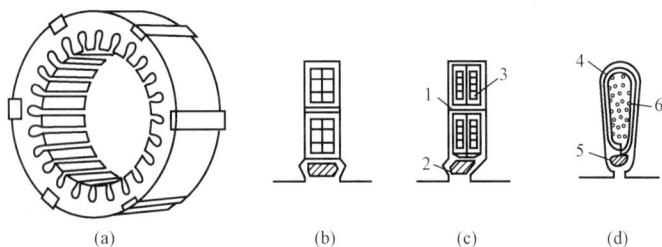

图 4.3　定子铁芯及定子槽

1—匝间绝缘；2、5—槽楔；3、6—绕组；4—绝缘

2. 三相定子绕组及接法

定子绕组的主要作用是通过三相交流电流产生旋转磁场，来实现机电能量的转换。它是电动机的关键部件之一。小型异步电动机的定子绕组用高强度漆包圆筒线或铝线绕制而成；大型异步电动机的导线截面较大，采用矩形截面的铜或铝线制成线圈放置在定子槽内。异步电动机定子绕组的构成原则和连接方式与同步电动机相同。

三相定子绕组的接法有 Y 形（星形）和 △ 形接线两种，使用时应按铭牌规定连接。一般情况下，高压大、中型容量的异步电动机定子绕组常采用 Y 接，只有三根引出线，如图 4.4（a）所示。对中、小容量低压异步电动机，通常把定子三相绕组的六根出线头都引出来，根据需要可接成 Y 形或 △ 形，图 4.4（b）所示为 △ 形连接。

3. 机座

定子机座的主要用途是支撑定子铁芯，固定端盖，通过其地脚将整台电机安装固定。要有足够的机械强度、刚度，能承受运输和运行过程中的各种作用力。低压电动机的机座表面是电机的主要散热面。而高压电动机的机座是电机冷却回路的一部分。

因为低压电动机多采用自扇冷全封闭式电动机，因此机座外表带有辐射状的散热筋，如图 4.5 所示。高压电动机的机座采用刚性结构，用钢板焊接而成。它的地脚也是用钢板焊接到外壳上形成。

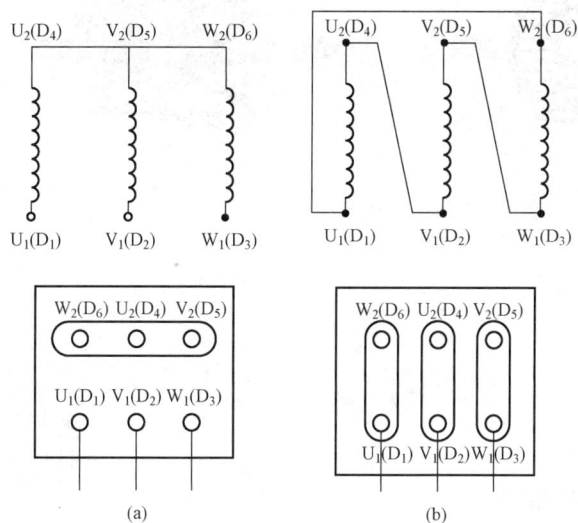

图4.4 三相异步电动机的接线板
(a) Y接；(b) △接

图4.5 机座

二、转子结构

异步电动机的转子由转子铁芯、转子绕组和转轴组成。

1. 转子铁芯

转子铁芯是电动机磁路的一部分，它也是用0.5mm或0.35mm厚的硅钢片冲制叠压而成的。铁芯固定在转轴或转子支架上，整个转子的外表呈圆柱形。

2. 转子绕组

转子绕组分为鼠笼型和绕线型两类。

（1）鼠笼型转子：如图4.6所示，鼠笼型绕组是一个自行短路的绕组。在转子的每个槽里放上一根导体，在铁芯的两端用端环连接起来，形成一个短路的绕组。如果把转子铁芯拿掉，则可看出剩下来的绕组形状像个松鼠笼子，如图4.7（a）所示。导条的材料可以用铜，也可以用铝。如果用的是铜料，就需把事先做好的裸铜条插入转子铁芯上的槽里，再用铜端环套在伸出两端的铜条上，最后焊在一起，如图4.7（b）所示。如果用的是铸铝，就连同端环、风扇一次铸成，如图4.7（c）所示。鼠笼型转子结构简单、制造方便，是一种经济、耐用的电机，所以应用极广。

（2）绕线型转子：如图4.8所示，绕线型转子的槽内嵌放有用绝缘导线组成的三相绕组，一般都连接成Y形。转子绕组的三条引线分别接到三个滑环上，用一套电刷装置引出来。这就可以把外接电阻串联到转子绕组回路里去，以改善电动机的起动性能或调节电动机的转速，如图4.9所示。

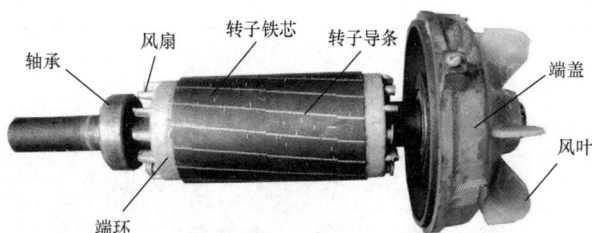

图4.6 鼠笼型转子

(a)　　　　　　　　　(b)　　　　　　　　　(c)

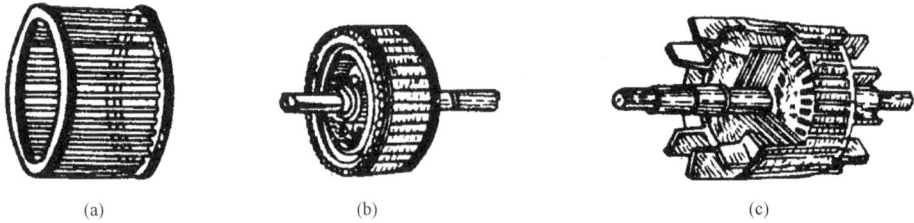

图 4.7　鼠笼型转子结构图

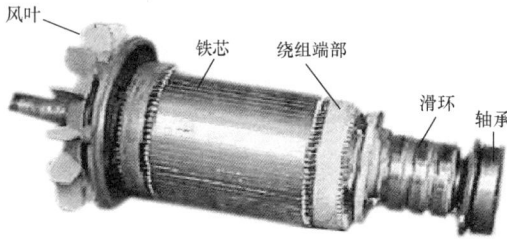

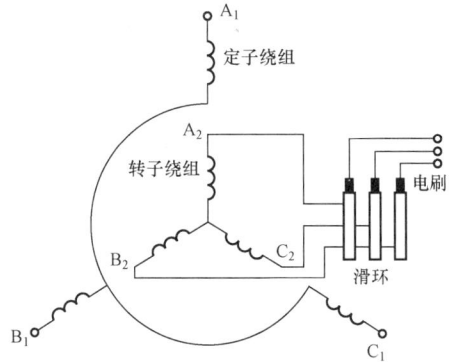

图 4.8　绕线型转子　　　　　图 4.9　绕线型异步电动机接线示意图

　　与鼠笼型转子相比较，绕线型转子结构稍复杂、价格稍贵，因此只在要求起动电流小、起动转距大或需平滑调速的场合使用。

三、异步电动机的铭牌

　　如表 4.1 所示，每台异步电动机的机座上都有铭牌，上面标明了型号、额定值和主要技术数据。

表 4.1　　　　　　　　　　　**三相异步电动机的铭牌**

三相异步电动机					
型号	Y200L2-6	电压	380V	接法	△
容量	22kW	电流	45A	工作方式	连续
转速	970r/min	功率因数	0.83	温升	80℃
频率	50Hz	绝缘等级	B	重量	××
××电机厂　　　　　产品编号××　　　　　××××年××月					

1. 型号

型号是表示电动机主要技术条件、名称、规格的一种产品代号。如

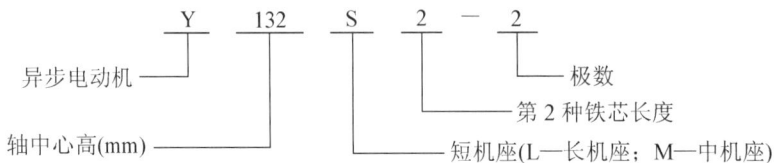

Y　　132　　S　　2　—　2

异步电动机

轴中心高(mm)

短机座(L—长机座；M—中机座)

第 2 种铁芯长度

极数

2. 额定值

异步电动机的额定值包含下列内容：

（1）额定功率 P_N：指电动机在额定运行时轴上输出的机械功率，单位是 W 或 kW。

（2）额定电压 U_N：指额定运行状态下加在定子绕组上的线电压，单位为 V 或 kV。

（3）额定电流 I_N：指电动机在定子绕组上加额定电压、轴上输出额定功率时，定子绕组中的线电流，单位为 A。

（4）额定频率 f：指我国规定工业用电的频率，是 50Hz。

（5）额定转速 n_N：指在额定电压、额定频率下，转轴上有额定功率输出时，电动机的转子转速，单位为 r/min。

（6）额定功率因数：指电动机额定运行状态时，定子回路的功率因数。

第三节　异步电动机的电磁转矩和运行特性

一、电磁转矩与转差率的关系

1. 功率平衡关系

电力系统输入异步电动机的有功功率 P_1，经电动机内电磁作用过程，最后在转子轴上输出机械功率 P_2，在功率的转换和传递过程中，将产生各种损耗。图 4.10 所示为异步电动机内功率和各种损耗的关系。

由于异步电动机内电磁作用过程中将产生各种损耗，电力系统送入的有功功率 P_1，扣除定子 r_1 上产生的铜损 P_{Cu1}、定子铁芯 r_m 上的磁滞和涡流损耗 P_{Fe} 后经气隙进入转子的功率即为电磁功率 P_M。电磁功率扣除在转子 r_2' 上的铜耗 P_{Cu1}，即为电动机转子上输出的总机械功率 P_Ω。在等值电路中，输出的总机械功率用在转子中增加一附加电阻来平衡功率。

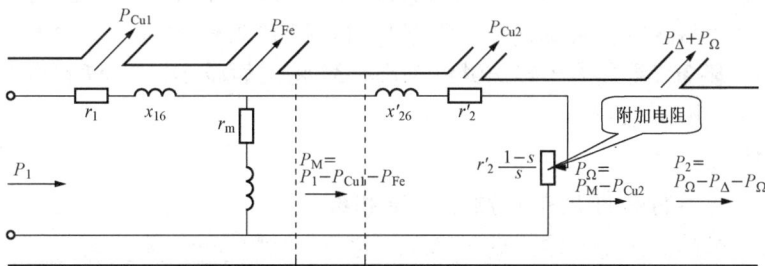

图 4.10　异步电动机内功率和各种损耗的关系

2. 电磁转矩

转动物体的转矩 M 乘以旋转角速度 Ω 等于功率 P。异步电动机电磁转矩是进行机电能量转换的重要物理量，其表达式有两种形式。

（1）物理表达式为

$$M = C_T \Phi_m I_2' \cos\varphi_2 \tag{4.2}$$

式（4.2）表明，三相异步电动机的电磁转矩是由主磁通与转子电流的有功分量相互作用产生的。

（2）参数表达式为

$$M = \frac{m_1 p U_1^2 \dfrac{r_2'}{s}}{2\pi f_1 \left[\left(r_1 + \dfrac{r_2'}{s} \right)^2 + (x_{1\sigma} + x_{2\sigma}')^2 \right]} \tag{4.3}$$

式（4.3）表明了电磁转矩与电压、频率、参数和转差率的关系。

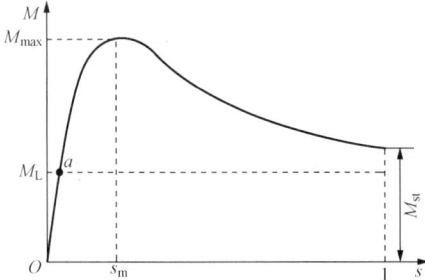

图 4.11　异步电动机的 $M=f(s)$ 曲线

说明：电磁转矩与电源参数（U、f）、结构参数（r、x、m、p）和运行参数（s）有关。运行中的异步电动机，电力系统电压 U_1 和频率 f_1 为常数，且电动机的电阻和漏电抗认为不变时，则电磁转矩 M 与转差率 s 有关。此时电磁转矩与转差率之间的关系曲线 $M=f(s)$ 如图 4.11 所示。

$M=f(s)$ 曲线的形状，可由式（4.3）得到解释。当 s 值较大（如 $s \approx 1$）时，$\dfrac{r_2'}{s}$ 的值较小，式（4.3）分母中 $(x_{1\sigma} + x_{2\sigma}') \gg \left(r_1 + \dfrac{r_2'}{s} \right)$，即 $\left(r_1 + \dfrac{r_2'}{s} \right)$ 可以忽略，M 近似地与 s 成反比关系。因此，$M=f(s)$ 曲线中对应这一段的形状应接近于表达反比关系的双曲线。当 s 值很小（如 $s \approx 0$）时，$\dfrac{r_2'}{s}$ 值很大，式（4.3）分母中的 r_1 和 $(x_{1\sigma} + x_{2\sigma}')$ 都可以忽略，这时 M 与 s 近似地成正比关系。因此，$M=f(s)$ 曲线中对应这一段的形状应接近于表示正比关系的直线。在以上双曲线和直线交接过渡的区间，M 的变化是连续平滑的，故必然会出现一个极值点，此点由最大转矩 $M_{\max}$ 和对应的临界转差率 s_m 来表示。

$M=f(s)$ 曲线可用来分析异步电动机运行性能。从图 4.11 可知，起动时，$s=1$，$M=M_{st}$（M_{st} 称为起动转矩）。如果 M_{st} 大于负载转矩 M_L，转子开始转动升速，随之 s 减小，则 M 不断增加。当 $s=s_m$（s_m 称为临界转差率）时，M 达到最大值 $M_{\max}$（称为最大电磁转矩）。在此以后，随着 s 继续减小转速继续升高，M 将反而减小，当 M 减至与 M_L 相等时，异步电动机便在 a 点稳定运行。

二、运行特性

异步电动机的运行特性是指在额定电压和额定频率下，电动机的转速 n、输出转矩 M_2、定子电流 I_1、功率因数 $\cos\varphi_1$ 及效率 η 等物理量随输出功率 P_2 变化的关系曲线。应用这些特性可判断异步电动机运行性能的好坏。异步电动机的运行特性曲线如图 4.12 所示。

1. 转速特性 $n=f(P_2)$ 及转差率特性 $s=f(P_2)$

如图 4.12 所示，$n=f(P_2)$ 是一条从 $n=1.0$ 开始稍微向下倾斜的曲线，与其对应的 $s=f(P_2)$ 是一条随 P_2 增加稍微向上弯曲的曲线。对这两条曲线的形状，可作如下解释：P_2 增加，即负载转矩

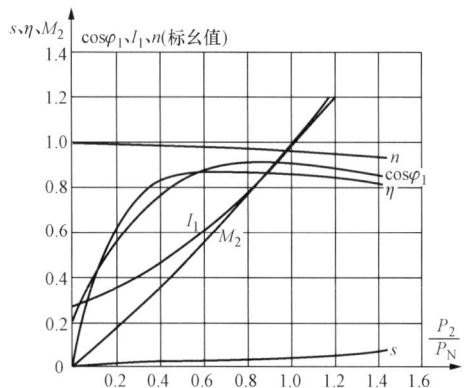

图 4.12　异步电动机的运行特性曲线

M_L 增大，由 $M=f(s)$ 曲线可知，M_L 增加会使电动机转差率 s 增大，即转速 n 下降。

2. 转矩特性 $M_2=f(P_2)$

异步电动机轴端的输出转矩 $M_2=\dfrac{P_2}{\Omega}=\dfrac{P_2}{2\pi n/60}$，由于在空载到额定负载这一正常范围内运行时，$n$ 变化很小，故 $M_2=f(P_2)$ 近似为一直线，但考虑 P_2 的增加将使 n 有所下降，则曲线稍微上翘。

3. 定子电流特性 $I_1=f(P_2)$

如图 4.12 所示，此特性为一上升并上翘的曲线。随着负载的增大，转子转速下降，转子电流增大，为了补偿转子电流的去磁作用，定子电流也相应增大，所以定子电流几乎随负载 P_2 成正比增加。

4. 功率因数特性 $\cos\varphi_1=f(P_2)$

功率因数是异步电动机的一个重要性能指标，功率因数特性曲线在额定负载附近有一极值点，如图 4.12 所示。

空载运行时，$P_2=0$，定子电流基本上是用来建立磁场的励磁电流 I_m，其主要分量是无功的磁化电流，这时 $\cos\varphi_1$ 很低，约为 0.2。

负载运行时，随着 P_2 增加，定子电流的有功分量增加，使 $\cos\varphi_1$ 上升；在额定负载附近 $\cos\varphi_1$ 值为最大，当负载超过额定值时，由于转差率 s 增大较多，致使转子额定频率 f_2 增大，转子的无功分量增大，因而使 $\cos\varphi_1$ 趋于下降。

5. 效率特性 $\eta=f(P_2)$

效率特性也是异步电动机的一个重要性能指标，效率等于输出功率 P_2 与输入功率 P_1 之比，即

$$\eta=\frac{P_2}{P_1}=\frac{P_2}{P_2+\sum p} \tag{4.4}$$

式中　$\sum p$——异步电动机总损耗。

效率特性曲线如图 4.12 所示，在额定负载附近有一极值点。异步电动机也是在可变损耗与不变损耗相等时 η 最高。考虑到异步电动机工作情况，通常中小型异步电动机负载在 $(0.75\sim1)\,P_N$ 时有最高效率 η_{max}。

$\cos\varphi_1=f(P_2)$ 和 $\eta=f(P_2)$ 是异步电动机的两个重要特性。它们表明，若要求电动机有满意的使用效果，则运行时 $\cos\varphi_1$ 和 η 值都要高，因此电动机额定容量 P_N 和负载容量 P_2 要相配合。选择过大额定容量的电动机，不仅造价高，而且由于运行中 $\cos\varphi_1$ 和 η 都低，使设备投资和运行费用高，很不经济；若选择的电动机额定容量过小，电动机超载运行，还会造成电动机过热影响寿命，甚至烧坏。

三、电源电压对电动机的影响

电动机在运行时，常遇到电压升高或降低的情况。假定在电源电压变动时，电源的频率和电机的负载力矩不变，来分析电压变动对电动机的影响。

1. 对磁通的影响

电动机铁芯中磁通的大小取决于电动势的大小。而在忽略定子绕组漏抗压降的前提下，电动势就等于电动机的电压。由于电动势和磁通成正比地变化，因此电压升高，磁通成正比地增大；电压降低，磁通成正比地减小。

2. 对转矩的影响

电动机的各种力矩都与电源电压的平方成正比。所以电压升高，电动机转矩加大；电压降低，电动机的转矩减小，这样会使电动机的起动时间增长。如果电压低于某一数值，电动机的力矩就会小于阻力矩，使电机停下来。

3. 对功率因数的影响

如前所述，磁通的变化随电源电压成正比地变化。如果电压降低，则磁通减小，励磁电流减小，功率因数会加大。

4. 对定子电流的影响

定子电流为空载电流和负载电流的相量和。其中负载电流实际上是与转子电流相对应的。负载电流的变化趋势与电压的变化相反，即电压升高，负载电流减小；电压降低，负载电流增加。而空载电流与电压变化趋势则相同，即电压升高，空载电流增大，这是因为空载电流随磁通的增大而增大。当电压降低时，定子负载电流增大，而空载电流减小。通常前者占优势，故当电压降低时，定子电流是增大的。

5. 对效率的影响

若电压降低，机械损耗实际上不变，则铁损耗差不多与电压平方成正比地减小，转子绕组的损耗和转子电流平方成正比，定子绕组的损耗取决于定子电流的增加或减少，而定子电流的大小又取决于负载电流和空载电流的相互关系。总的来说，电动机在负载小时，效率增加一些，然后开始很快地下降。

6. 对电机发热的影响

在电压变化范围不大的情况下，即电动机电压在额定值±5%的范围内变化时，电动机的容量仍可保持不变。铁损耗和铜损耗相互补偿，温度保持在允许范围内。但当电压降低超过5%时，就要限制电动机的出力，否则定子绕组发热。当电压升高超过10%时，由于磁通密度的增加，铁损耗增加，又由于定子电流增加，铜损耗也增加，故定子绕组温度可能超过允许值。

四、电源频率对电动机的影响

频率的偏差在额定频率的±1%以内时，电动机的运行情况是不会恶化的。其输出功率可以保持额定，在频率变动较大时，电动机的运行就会受到影响。

假定电源电压和电机的负载力矩不变，分析频率变动对电机的影响：

（1）电压不变时，磁通与频率成反比变化，即频率降低时，磁通增大；频率增高时，磁通减小。

（2）起动转矩与频率的立方近似成反比，最大转矩与频率的平方近似成正比，所以频率降低会使转矩增大。

（3）频率降低后，磁通会相应增加，这样励磁电流就增大，功率因数就会降低。

（4）定子电流中，负载电流分量的变化几乎与频率成正比，而空载电流分量的变化与频率成反比。频率降低，负载电流分量减小，而空载电流分量增大。在磁通增加得还不多，空载电流分量的增加是与它成比例的。当磁通增大很多时，定子电流开始略有减小，而后上升。不过如果空载电流分量数值较大，定子电流就可能在所有时间内都增加，而不是减小后上升。

（5）频率降低时，输出功率降低，所以效率会略为降低。

（6）由上述可知，频率的变化既影响电流、磁通，也影响转速，还影响机械损耗。所以频率对发热影响是一个比较复杂的问题，但总的来说是频率降低，发热稍有增加。

第四节　异步电动机的起动和调速

当异步电动机接通电源，转子从静止状态开始旋转，升速直到稳定运行于某一转速，这一过程称为起动。起动转矩大，将加速起动过程，起动时间就短，一般只经过数秒。但由于电动机起动时电流很大，会使电动机绕组有过热危险以及影响到电力系统中其他电动机和电气设备的正常运行。因此，起动性能好的电动机应当起动电流小、起动转矩大、起动时间短。此外采用的起动设备应比较简单、经济和可靠。

鼠笼式电动机起动方法，主要有直接起动和降压起动两种。

一、鼠笼式电动机的起动

1. 直接起动

直接起动是用普通开关（闸刀、铁壳开关、空气开关等）把电动机直接接入电力系统的起动方式。这时，电动机施加额定电压，故又称为全压起动。

直接起动时，起动电流大，对电动机本身及其所接电力系统都有可能产生不利影响。鼠笼式电动机起动时间不长，一般不至于因起动电流 I_{st} 过大而烧坏，这时主要考虑的是 I_{st} 过大对电力系统中所接的其他电气设备的影响。具体说，直接起动方法的使用受供电变压器容量的限制。供电变压器容量愈大，起动电流 I_{st} 在供电回路中引起的电压降愈小。一般来说，只要直接起动电流在电力系统中引起的电压降不超过 $10\% \sim 15\% U_N$（对于经常起动的电动机取 10%），就可以采用直接起动。

直接起动操作简单，起动设备的投资和维修费较少，在可能的情况下应优先采用。若供电变压器的容量不够大，则应采用降压起动。

2. 降压起动

降压起动是使电动机起动时定子绕组上所加的电压低于额定电压，从而减小起动电流 I_{st}。常用的降压起动方法有如下几种：

（1）定子回路串电抗器起动。定子回路串电抗器起动原理接线图如图 4.13 所示，起动时，在异步电动机定子回路中串入电抗器，该电抗器对电源电压起分压作用。电动机定子绕组所加的电压降低，故减小了起动电流 I_{st}。起动完毕，切除电抗器，电动机进入正常运行。

用这种方法起动，如果电动机所加电压降至 U_N/k（$k>1$），则降压后起动电流 I_{st} 将是全压起动电流的 $1/k$ 倍，由于起动转矩与电压的平方成正比，因此起动转矩也将是全压起动转矩的 $1/k^2$ 倍。

（2）用自耦变压器降压起动。用自耦变压器降压起动的原理接线图如图 4.14 所示。起动时，合上电源开关 K_1，把 K_2 接至"起动"位置，异步电动机定子回路中串入自耦变压器，降低了电动机定子绕组所加的电压。起动完毕，开关 K_2 接至"运行"位置，切除自耦变压器，电动机进入正常运行。

对这种降压起动方法的起动性能分析如下：设自耦变压器变比为 k_z（$k_z>1$），开关 K_2 置于"起动"位置，电动机端电压为 U_N/k_z，电动机内流过的起动电流 I_{2st} 是全压起动电流

I_{st} 的 $1/k_z$ 倍，即 $I_{2st} = I_{st}/k_z$。要注意到，I_{2st} 是自耦变压器的二次电流，而电源供给的起动电流 I_{1st} 在自耦变压器的一次侧，即

$$I_{1st} = \frac{1}{k_z} I_{2st} = \frac{1}{k_z^2} I_{st} \qquad (4.5)$$

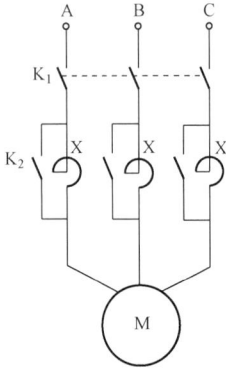

图 4.13　定子回路串电
抗器起动原理接线图

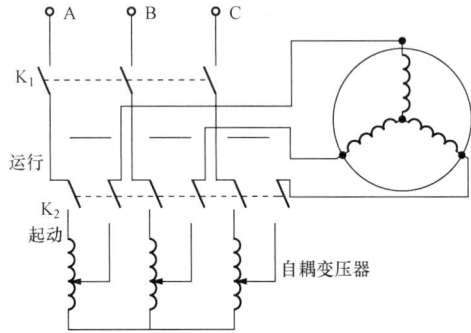

图 4.14　用自耦变压器降压
起动的原理接线图

　　式（4.5）说明，用这种方法起动，电动机端电压降至 U_N/k_z 时，由于自耦变压器的变流作用，降压后起动电流减小到全压起动电流的 $1/k_z^2$ 倍。由于起动转矩与电压的平方成正比，因此，起动转矩也将减小到全压起动电流的 $1/k_z^2$ 倍。显然，与串入电抗器降压起动相比较，相同起动转矩下，采用自耦变压器降压起动的起动电流要小。

　　实用中，由自耦变压器构成的起动设备称为补偿器。它设有几个抽头可调 k_z 值，因此，可根据电源容量和负载情况灵活地选用自耦变压器的不同抽头。采用补偿器起动的缺点是设备投资较大，且较易损坏。

　　（3）星形—三角形换接起动（Y—△起动）。这是用改变电动机定子绕组的接法来实现降压起动的方法，其原理接线图如图 4.15（a）所示。电动机正常运行时为△接法，起动时为 Y 接法。起动时开关 K_1 闭合，开关 K_2 接至"起动"位置为 Y 接法，起动完毕，开关 K_2 接至"运行"位置为△接法时正常运行。

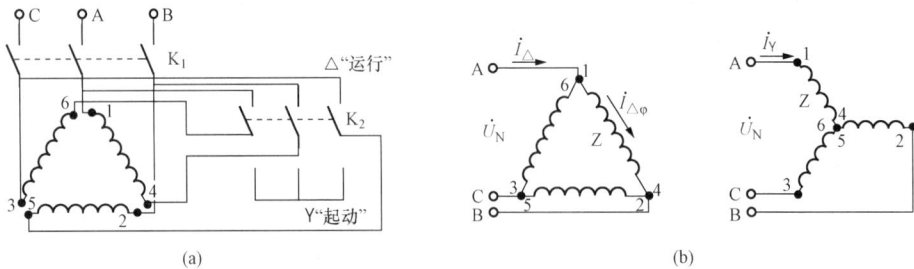

(a)　　　　　　　　　　　　　　　(b)

图 4.15　Y—△起动

(a) 原理接线图；(b) Y—△接法的原理图

　　如图 4.15（b）所示，设电源电压为 U_N，定子绕组每相阻抗为 Z，则 Y 和△接法下，起动电流分别为 $I_\triangle$ 和 I_Y，可知

$$I_Y = \frac{U_N}{\sqrt{3}Z} \tag{4.6}$$

$$I_\triangle = \sqrt{3}I_{\triangle\varphi} = \sqrt{3}\frac{U_N}{Z} \tag{4.7}$$

式中　$I_{\triangle\varphi}$——△接法起动时的相电流。

比较式（4.6）和式（4.7）得

$$\frac{I_Y}{I_\triangle} = \frac{1}{3} \tag{4.8}$$

可见，Y 接法起动时，由电源供给的起动电流减小到只有原来用△接法直接起动时的 1/3。同理，由于起动转矩与电压的平方成正比，因此 Y 接法起动时的起动转矩也减小到只有△接法时的 $\left(\frac{1}{\sqrt{3}}\right)^2 = \frac{1}{3}$，即 $\frac{M_{Yst}}{M_{\triangle st}} = \frac{1}{3}$。

上述三种降压起动方法，用自耦变压器降压起动和 Y—△起动的性能优于串电抗器降压起动。Y—△降压起动，使用设备简单可靠，起动性能也较好，在生产中使用较多。但它只能用于正常运行时△接法的小容量异步电动机。因不能抽头调压，使用灵活性比用自耦变压器差。

异步电动机各种降压起动方法，在减小起动电流 I_{st} 的同时，也减小了起动转矩 M_{st}，所以只适用于电动机轻载和空载起动的场合。在重负载起动时，较为常用的是绕线式电动机转子回路串电阻起动以及用深槽式和双鼠笼式电动机。

二、深槽式和双鼠笼式电动机

与普通鼠笼式异步电动机相比，深槽式和双鼠笼式电动机具有较大的起动转矩和较小的起动电流，它们具有随电动机起动过程自动改变转子电阻的性能，在需要较大起动转矩的大容量电动机中得到了广泛使用。

1. 深槽式电动机

图 4.16 所示为深槽式电动机的转子结构图，它的转子导条截面窄而深。图 4.17（a）所示为导条流过电流时槽漏磁通分布图。如果把整个转子导条看作由上、下部的若干导体并联而成，导条下部所交链的磁通远比上部导体的要多，则下部导体漏抗大，上部导体漏抗小。起动时，由于转子频率高（$f_1 = f_2$），转子导条的漏抗比电阻大得多，这时转子导条中电流的分配主要取决于漏抗。因此，导条的下部漏抗大、电流小，上部导体漏抗小、电流大。电流密度的分布如图 4.17（b）所示，这种现象称为"集肤效应"，其效果相当于减小

图 4.16　深槽式电动机的转子结构图

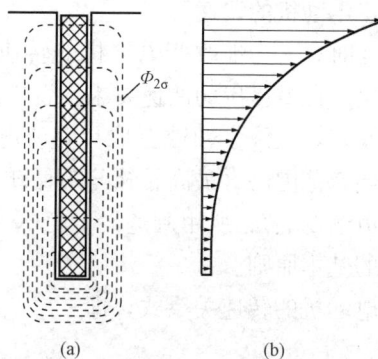

图 4.17　深槽式转子导条中漏磁通及电流分布
（a）槽形及槽漏磁通分布；（b）电流密度的分布

了导条的高度和截面，使导条等效电阻 r 增大，减小了起动电流，而起动转矩与 r 成正比，即增大了起动转矩，改善了起动性能。

正常运行时转子导体中电流频率很低，转子导体的漏抗比电阻小得多，"集肤效应"消失，电流将近似于均匀分布，转子导条截面增大，使 r 自动变小。电动机仍具有良好的运行性能。

2. 双鼠笼式电动机

双鼠笼式电动机与深槽式电动机的差别在于把转子导条分成了上、下两部分，如图 4.18 所示，上部分称为上鼠笼，下部分称为下鼠笼，上、下鼠笼导条都由端环短接构成双鼠笼绕组。上鼠笼采用电阻系数较大的材料（黄铜或青铜）制成，且截面较小；下鼠笼采用电阻系数较小的材料（紫铜）制成，且截面较大。双鼠笼式转子导条截面及槽形如图 4.19 所示。上、下鼠笼导条间有一窄缝，其作用是使主磁通与下鼠笼交链以及改变槽漏磁通分布，使下鼠笼漏抗大、上鼠笼漏抗小。

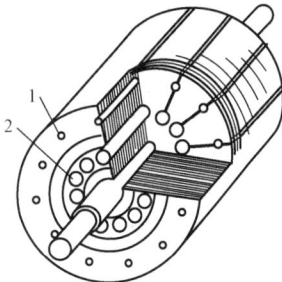

图 4.18　双鼠笼式电动机转子
1—上鼠笼；2—下鼠笼

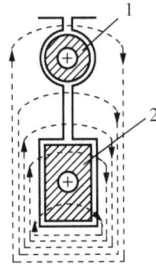

图 4.19　双鼠笼式转子导条截面及槽形
1—上鼠笼；2—下鼠笼

双鼠笼式与深槽式电动机起动原理相似。起动时，由于"集肤效应"，转子电流流过电阻系数较大、截面较小的上鼠笼，使 r 增大，从而减小起动电流，增大起动转矩，改善了起动性能。正常运行时，转子电流流过电阻系数较小、截面较大的下鼠笼，使 r 减小，电动机仍具有良好的运行性能。

起动时上鼠笼起主要作用，又称为起动笼。正常运行时下鼠笼起主要作用，又称为运行笼。

双鼠笼式与深槽式电动机也有一些缺点，如转子漏抗比普通鼠笼式电动机要大，这使电动机的功率因数、过载能力比普通鼠笼式电动机稍差。

三、异步电动机的调速

负载不变时，人为地改变电动机的转速，称为调速。电动机作为拖动生产机械的原动机，应满足生产机械提出的调速要求。近年来，随着电力电子技术的发展，异步电动机的调速性能大有改善，在许多领域有取代直流电动机调速系统的趋势。调速性能好的异步电动机，应当是调速范围广（最高转速与最低转速之比大）、调速平滑性好（转速不是分级跃变的，而是平滑渐变的）、所用调速设备简单、调速中损耗小。这些要求也正是选择异步电动机调速方法的基本原则。

由异步电动机的转速关系式，即

$$n = n_1(1-s) = \frac{60 f_1}{p}(1-s) \tag{4.9}$$

可知，异步电动机的调速方法有变极调速、改变转差率调速和变频调速。

1. 变极调速

变极调速是通过改变鼠笼式电动机定子绕组的极对数，使电动机同步转速改变来实现调速的。显然，这种调速是分级的，平滑性差。由于电动机只有在定、转子绕组极对数相同时才能正常运行，故这种调速方法不适用于转子极对数固定的绕线式电动机，仅适用于鼠笼式电动机。

2. 改变转差率调速

改变转差率调速可通过改变定子电压和改变转子电阻来实现。改变定子电压和转子电阻调速特性曲线如图4.20所示，定子电压下降后，$M=f(s)$ 曲线1变为曲线2，转差率由 s_1 增至 s_2，故实现了调速。但这种调速方法转差率变化不大，还减小了最大转矩 M_{max}，实际调速效果较差。如果增加转子电阻，则 $M=f(s)$ 曲线1变为曲线3，重负载下转差率 s 变化较多，而最大转矩 M_{max} 并未减小，容易实现平滑的调速。

由于转子电阻增加，且调速电阻长期流过转子负载电流，将增加功率损耗，使效率降低，不过这种调速方法优点也很明显。

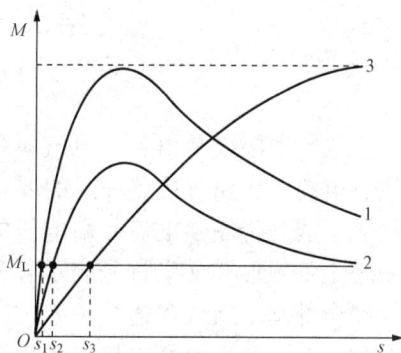

图 4.20　改变定子电压和
转子电阻调速特性曲线

3. 变频调速

变频调速是一种改变定子磁场转速 n_1 来达到改变转子转速的调速方法。近年来，由于可控硅技术发展较快，为获得变频电源提供了新的途径，促进了变频调速的发展。

变频调速时，要保持气隙磁通 ϕ 不变。因为如果 ϕ 过大，将引起磁路过度饱和而励磁电流增加，功率因数降低；如果 ϕ 太小，将使电动机容量不能得到充分利用，所以实用的变频调速是恒磁通变频。即

$$\frac{U_1}{f} = 4.44 N_1 k_{w1} \phi = 常数 \qquad (4.10)$$

可见在恒磁通变频调速时，频率和电压必须同时改变，才能保证 $\frac{U_1}{f_1}=$常数。

变频调速的缺点是必须有一套专用的变频电源，设备投资费用较高，一般远超过电动机本身的价格，因此它的应用受到很大限制。

思　考　题

4.1　简述三相异步电动机的基本工作原理。

4.2　说明怎样改变三相异步电动机的转向，并简述理由。

4.3　异步电动机的铭牌为 220/380V，△/Y 接线，当电源电压为 220V 时应采用什么接线方式？当电源电压为 380V 时又应采用什么接线方式？

4.4　如果三相异步电动机的机械负载增大，电动机的转速、定子电流和转子电流如何变化？为什么？

4.5　电源电压和频率对电动机运行有何影响？

4.6　如何反映电动机起动性能的好坏？鼠笼式电动机常用的起动方法有哪些？

4.7　鼠笼式电动机可以采用哪几种方法调速？

第二篇 发电厂电气部分

第五章 电气主接线

电气主接线是由各种电气设备如发电机、变压器、断路器、隔离开关、互感器、母线、电缆、线路等按照一定的要求和顺序连接起来，完成电能的输送和分配的电路。电气主接线是传输强电流、高电压的网络，故又称为一次接线或电气主系统。采用国家统一规定的图形和文字符号表示各种电气设备，并按工作顺序排列，详细地表示电气主接线的全部基本组成和连接关系的接线图，称为主接线图。因三相交流电路一般情况下是对称电路，所以电气主接线图是单线图，某些局部因三相结构不同处用三相表示（电流互感器、阻波器等）。

在绘制主接线图时，对电气设备应采用国家标准规定的统一符号表示。

第一节 对电气主接线的基本要求

电气主接线代表了发电厂或变电所电气部分主体结构，是电力系统网络结构的重要组成部分。它直接影响运行的可靠性、灵活性，并对电器选择、配电装置布置、继电保护、自动装置和控制方式的拟定都有决定性的作用。电气主接线的确定必须综合考虑各方面的因素，经过技术、经济论证比较后，方可确定。

根据电力工业设计经验的积累和发电厂、变电所实际运行的经验，为满足电力系统的需要，对电气主接线提出了以下几项基本要求：

（1）保证对用户供电必要的可靠性；

（2）接线应力求简单、清晰、操作简便；

（3）运行灵活，设备投切方便，检修隔离维护方便；

（4）投资少、运行费用低；

（5）有扩建的可能性。

对电气主接线的基本要求，概括地说应包括主要的三个方面，即可靠性、灵活性和经济性。其次应考虑发展和扩建的可能性。

第二节 电气主接线的形式、运行及操作

电气主接线的基本组成是电气设备，基本环节是电源（发电机或变压器）、母线和出线（馈线）。当电源数和出线数不相等时，为了便于电能的汇集和分配，采用母线作为中间环节，可使接线简单清晰，运行方便，有利于扩建。但加装母线后，配电装置占地面积增大，使用断路器等设备增多。若不要汇流母线，则电气主接线的占地面积及断路器数量会减少，

投资也小，但其只适用于进、出线回路少，不需再扩建的发电厂或变电所。

电气主接线的基本接线形式可依据是否采用母线，分为有母线和无母线两大类。有母线类如单母线及单母线分段接线、双母线及双母线分段接线、单母线或双母线带旁路接线、一个半断路器接线等。无母线类如多角形接线、桥形接线、发电机—变压器单元接线、发电机—变压器—线路组单元接线等。

一、有母线类接线

有母线类接线中，电源回路及出线回路的开关电器的配置组合是一回路（支路）一台断路器，断路器两侧（一侧）配置隔离开关。

断路器有完善的灭弧装置，其功能有如下两个方面：

（1）正常情况下接通及断开电路；

（2）事故情况下自动切除故障。

隔离开关没有灭弧装置，其功能是对检修的电气设备实施检修隔离及实现倒闸操作。

在有母线类接线中，为了减少母线中功率及电压的损耗，应合理地布置出线和电源的位置，减少功率在母线上的传输。

（一）单母线接线

1. 单母线不分段

图 5.1 所示为单母线接线。

（1）接线特点。只有一条汇流母线处于电源进线和馈线之间，发电机或变压器的电源回路（进线）通过一组开关电器并接于母线上，母线起到汇集电能的作用；出线（馈线）由一组开关电器连接在母线上，将功率输出。在每一回路中，断路器母线侧应配置隔离开关，称为母线侧隔离开关，如图 5.1 中的 QS2；出线侧配置的隔离开关，称为线路侧隔离开关，如图中的 QS3。若出线对侧没有电源，则断路器出线侧可不加隔离开关 QS3。因隔离开关的投资不大，也可加装，加装后可防止过电压的侵入，使运行更加安全。电源回路中，断路器母线侧隔离开关为 QS1，断路器发电机侧可不加隔离开关，因为其断路器必定在停机状态下检修；对于断路器变压器侧的隔离开关的加装，应根据该回路停电后是否需隔离电源来确定。

（2）运行说明及原则性操作步骤。根据断路器和隔离开关的性能，电路的原则性操作步骤为：接通电路时应先闭合断路器两侧的隔离开关，再闭合断路器；切断电路时，应先断开断路器，再断开两侧的隔离开关。例如图 5.1 中 L1 出线回路送电时的操作顺序为先闭合 QS2、QS3，再闭合 QF2；停电时反顺序，先断开 QF2，再断开 QS3、QS2。

实际运行中需严格遵守操作顺序，否则会出现误操作引发事故。为了防止误操作，除了严格执行操作票（见附录）制度外，在断路器和隔离开关之间，应加装闭锁装置。图 5.1 中 QS4 称为接地开关，其作用是在电路或设备检修时合上，作为安全接地线之用。

（3）优、缺点分析。单母线接线的优点是简单清晰、设备少、投资少、运行操作方便，且有利于扩建。缺点是母线

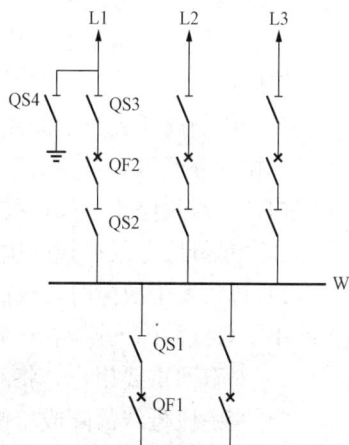

图 5.1　单母线接线

QF—断路器；QS—隔离开关；

W—母线；L—线路

和母线侧隔离开关检修期间和母线短路时，会造成整个配电装置停电；出线回路断路器检修时，该回路要停电。

（4）适用范围。因单母线接线可靠性和灵活性差，这种接线只适用于 6～220kV 系统中只有一个电源且出现回路少的小型发电厂或多数箱式变电所中。

2. 单母线分段

为了提高供电的可靠性和灵活性，采用加装分段断路器 QF1 将单母线进行分段，如图 5.2 所示。

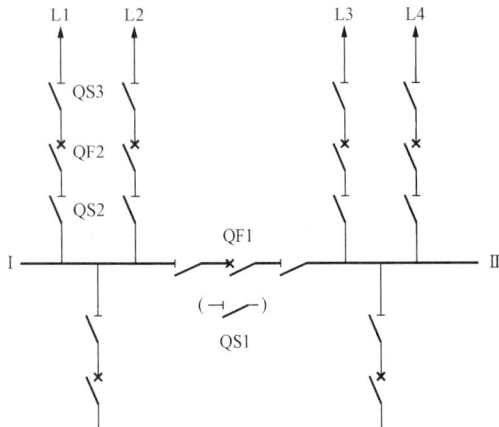

图 5.2 单母线分段

（1）接线特点。母线按电源的数目和功率、电网的接线及运行方式分段，通常以 2～3 段为宜。段数分得越多，故障时停电范围越小，但使用断路器的数量也越多，配电装置和运行也越复杂。各出线回路输出功率不一定相等，但应尽可能使负荷均衡地分配在母线上，以减少功率在母线上的传输。采用双回供电线路引接于不同的分段上，由两个电源供电，以提高供电的可靠性和灵活性。在可靠性要求不高时，为减少一台分段断路器的投资可用隔离开关 QS1 分段。

（2）运行说明及原则性操作。该接线的原则性操作步骤与单母线是一样的，主要是保证断路器与隔离开关的操作顺序。分段断路器可接通运行，也可断开运行（有特殊要求时）。当分段断路器接通运行时，任意一段母线发生故障时，分段断路器在继电保护装置的作用下，自动跳开，将故障段隔离，保证非故障段的继续运行。两段母线同时故障的机率很小，不到亿分之一，因此，全部停电的情况可以不予考虑。

分段断路器断开运行时，分段断路器除装有继电保护装置外，还应装有备用电源自动投入装置。当任一电源故障时，电源断路器自动断开，而分段断路器 QF1 可以自动投入，保证由另一分段电源给全部出线供电。分段断路器 QF1 断开运行时，还可以起到限制短路电流的作用。

对于用隔离开关分段的接线，任一母线故障仍会造成全部停电，其好处在于停电判别故障后，拉开分段隔离开关 QS1，完好段即可恢复运行。另外，可以在不同的时间内进行检修或清扫，这时只停止一段母线运行，另一段母线和电源可以继续运行。

（3）单母线分段接线的优、缺点分析。

1）母线发生故障时，仅故障母线段停止工作，非故障段仍可继续运行，相比单母线接线缩小了母线故障的影响范围。

2）对双回重要用户，将双回线路分别接于不同的分段上，以保证对重要用户的供电。

3）当一段母线故障或检修时，将使该母线段电源、出线全部停电，减少了系统的发电量，该段单回出线用户停电。

4）任一出线的断路器检修时，该回路必须停电。

（4）适用范围。一般来说单母线分段接线应用在电压等级为 6～10kV、出线在 6 回及以上时，每段所接容量不宜超过 25MW；电压等级为 35～60kV 时，出线数不超过 8 回；电压等级 110～220kV 时，出线数不宜超过 4 回。

3. 单母线分段带旁路母线

断路器经过长期运行和切除一定次数短路电流后需要进行检修。一些重要用户，要求不停电检修断路器，实际中其解决的办法是加装旁路母线。

图 5.3 所示为单母线分段带旁路母线的接线。

（1）接线特点。在出线隔离开关外侧，加装一条旁路母线 W3，每一回出线通过一旁路隔离开关 QSp 与旁母相连；在每段汇流母线与旁母之间加装一台断路器 QFp，组成专设旁路断路器的接线，如图 5.3 所示。

图 5.3 中虚线表示旁路母线系统也可用于检修电源回路中的断路器，但这样接线比较复杂，不便于配电装置的布置，且增加了投资，实际中一般不采用。

带有专用旁路断路器的接线，多装了断路器增加了投资，当供电有特殊要求或出线数目过多、整个出线断路器的检修时间较长时采用。

当出线回路较少时，常采用图 5.4 所示的用分段断路器兼作旁路断路器的接线方式。

（2）运行说明及原则性操作步骤。正常情况下，旁路母线不带电，旁路断路器 QFp 及其两侧的隔离开关处于断开运行。

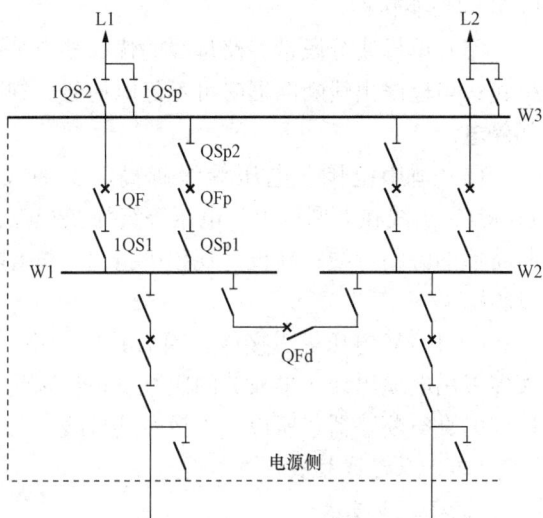

图 5.3　单母线分段带旁路母线的接线

当检修任一出线断路器时，通过倒闸操作实现不停电检修该断路器。

如图 5.3 所示，出线 L1 断路器 1QF 检修时的原则性操作步骤如下：

1）接通 QFp 两侧的隔离开关 QSp1、QSp2，接通断路器 QFp，给旁路母线充电，检验旁路母线有无故障，若旁母 W3 有故障，则断路器 QFp 立即跳开；若旁母完好，则 QFp 合好。

2）这时虽然线路 L1 与旁母相连的隔离开关 1QSp 两侧处于等电位，但不是绝对等电位。从安全的角度出发，现场不采用直接合上 1QSp，而是采用先拉开旁路断路器 QFp，合上隔离开关 1QSp，再合上旁路断路器的操作步骤。

3）断开欲检修断路器 1QF，断开其两侧的隔离开关 1QS2、1QS1，这样用旁路断路器替代检修断路器运行。这时向出线 L1 送电的电路为母线、旁路断路器 1QFp 回路、旁母 W3、旁路隔离开关 1QSp。

断路器 1QF 检修完毕后，恢复供电的操作步骤如下：

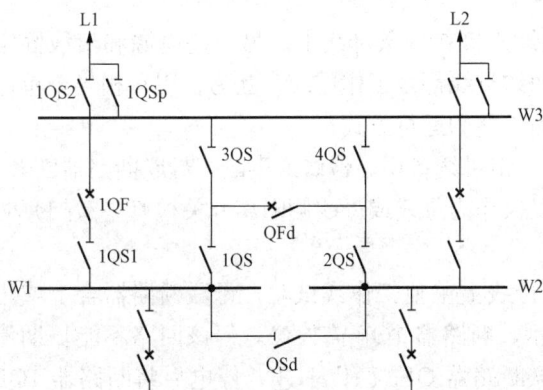

图 5.4　分段断路器兼作旁路断路器的接线

1）先接通断路器 1QF 两侧的隔离开关

1QS1、1QS2，再接通断路器 1QF。

2）断开旁路断路器 QFp，再断开其两侧隔离开关 QSp2、QSp1。

3）断开出线 L1 与旁母相连的隔离开关 1QSp。

对于用分段断路器兼作旁路断路器的单母线分段接线，正常情况下，旁母侧的隔离开关 3QS、4QS 断开，隔离开关 1QS、2QS 及断路器 QFd 接通，QFd 是分段断路器。例如当要检修 W1 段母线上的出线断路器时，用隔离开关 1QS、4QS 与断路器 QFd 连接成为旁路回路，这时两段汇流母线不能并列运行。对于两汇流母线必须并列运行的情况下，可利用分段隔离开关 QSd，在分段断路器连接于两汇流母线时，先合上 QSd，然后才能进行断路器 QFd 的功能转换。

（3）单母线分段带旁路母线的优、缺点分析。优点是接线简单、清晰，操作方便、易于扩建；当检修出线断路器时可不停电检修。缺点是当汇流母线检修或故障时，该段母线将全部停电。

（4）适用范围。电压等级越高，少油式断路器检修所需的时间越长。电压等级为 110kV、出线在 6 回以上，电压等级为 220kV、出线在 4 回及以上时，一般采用带专用旁路断路器的旁路母线；新设计规程中指出："当断路器为六氟化硫（SF_6）型时，可不设旁路设施"。

6～10kV 电压等级接线，因为其负荷小、供电距离短，容易取得备用电源；并且出线大多采用电缆出线，事故分闸次数少；特别是目前采用成套配电装置，加上采用灭弧室不需检修的真空断路器，所以，不设旁路母线。

（二）双母线接线

1. 双母线接线

对于单母线接线方式，工作母线检修及事故时停电时间较长，当电源容量大、单回供电回路数多时，单母线接线不能保证供电的可靠性，此时宜采用双母线接线。双母线接线如图 5.5 所示。

（1）接线特点。在电源进线和出线之间设置两条母线 W1、W2，每一回路设一台断路器，通过两组母线侧隔离开关分别与两组母线连接；两组母线之间通过一母线联络断路器（以下简称母联断路器）QFc 连接。

（2）运行说明及操作。正常情况下，任一回路只能通过一把隔离开关和一条母线相接。

实际中采用的运行方式有如下几种：

1）固定连接方式：一些电源和出线固定地连接在一条母线上，另一些电源和出线固定地连接在另一母线上，母联断路器闭合，即两组母线都是工作母线，互为备用，相当于单母线分段运行。这种方式可靠性较高，一般作为长期的运行方式。

2）特殊运行方式：采用一组母线工作，一组母线备用、检修或事故，母联断路器断开。这种方式相当于单母线运行，可靠性差。所以仅作为母线或母线侧隔离开关检修（清扫）时采用。

3）在特殊需要时，将个别回路接在备用母线上单独工作或试验，母联断路器合上或用母联断路器替代该回路断路器。如图 5.6 所示，断路器 1QF 需检修，但该回路不能长期停电，可将该回路单独接在备用母线上，用母联断路器 QFc 替代 1QF，停电后将断路器 1QF 两侧接线端拆开，并用"跨条"将缺口接通。

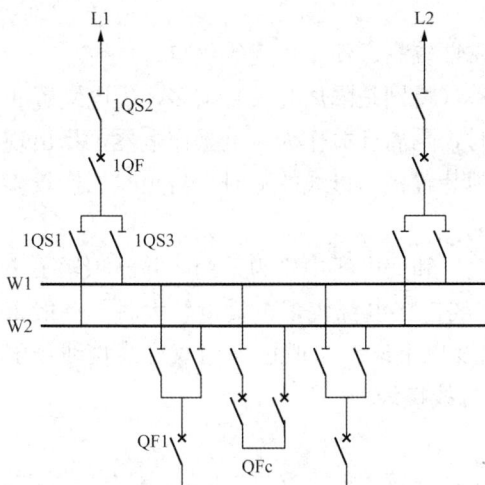

图 5.5　双母线接线

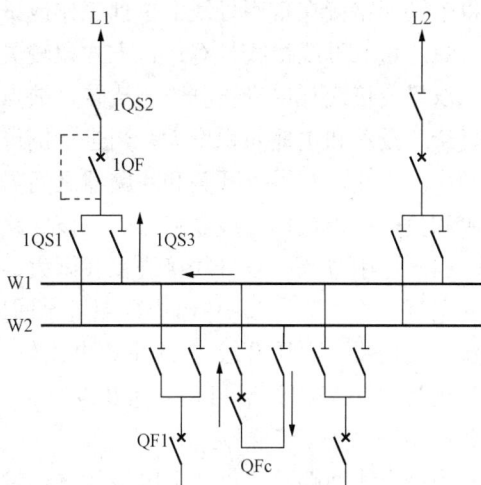

图 5.6　用母联断路器代替出线断路器时电流的路径

任一电源或出线回路由工作母线切换到备用母线，或各种运行方式之间转换的基本操作是倒母线，通过倒母线操作，任一回路将不会停电。

倒母线操作的基本原则如下：

1）母联断路器一定要合上，并取下母联断路器的操作保险，使其成为一"死开关"，以保证操作中两条母线始终并列为等电位，从而实现隔离开关的等电位切换。

2）必须先依次合上所有回路与备用母线相连的隔离开关，再依次断开与工作母线相连的隔离开关。这里隔离开关的"先合后断"也是为了保证隔离开关在等电位下进行操作，以保证不会产生电弧。

例如在一条母线为工作母线、另一条母线专作备用的情况下，进行倒母线。原则性步骤如下：

1）合上母联断路器两侧的隔离开关、母联断路器，给备用母线充电，以检验备用母线是否完好；

2）在充电成功的条件下，取下母联断路器的操作保险；

3）依次合上所有回路与备用母线相连的隔离开关，再依次断开与工作母线相连的隔离开关；

4）给上母联断路器的操作保险，断开母联断路器、断开母联断路器两侧的隔离开关；

5）若停电母线需要进行检修，则还需对停电母线验电，无电的情况下，合上母线接地刀闸或挂上接地线，布置好安全措施等工作。

当工作母线或工作母线侧隔离开关故障时，母联断路器及该母线上的电源回路断路器在继电保护的作用下，将全部跳开。这时，只要断开故障母线上各出线断路器和各回路母线侧隔离开关，拉开母联断路器两侧的隔离开关，接通各回路的备用母线侧的隔离开关，再接通各电源和出线的断路器。这样故障母线上各回路便迅速在备用母线上恢复运行。

（3）优、缺点分析。双母线接线与单母线分段相比较，优点是：采用一条母线工作，另一母线可实现不停电检修；任一回路母线隔离开关检修时，通过倒母线使该回路单独在备用母线上停电检修；母线故障时，所有回路能迅速切换到非故障母线上运行；在特殊情况下，可将个别回路接在备用母线上单独工作或试验。

总之，双母线接线具有运行方式比较灵活、可靠性较高、便于扩建等优点。

双母线接线与单母线分段相比较，缺点是：设备（特别是隔离开关）增多，配电装置布置复杂，投资和占地面积增大；当进行倒母线操作时，隔离开关作为带电操作电器，易出现误操作。为此，在隔离开关和断路器之间需加装闭锁装置；当母线故障时，需短时切换较多电源和负荷；当检修出线断路器时，该回路仍会停电。

（4）适用范围。双母线接线在我国大、中型发电厂和变电所中广为采用，并已积累了丰富的运行经验。35～60kV 出线数超过 8 回以上时，或连接电源较多、负荷较大时，一般采用双母线接线；电压等级为 110kV 出线数目为 5 回及以上时，一般也采用双母线接线；电压等级为 220kV 出线数目在 3 回及以上时，采用双母线接线。

2. 双母线分段

当进出线回路数或母线上电源较多、输送和通过功率较大时，在 6～10kV 配电装置中，短路电流较大，为选择轻型设备、限制短路电流、提高接线的可靠性，常采用双母线三分段接线，并在分段处加装母线电抗器 L，如图 5.7 所示。这种接线具有很高的可靠性和灵活性，但增加了母联断路器和分段断路器的数量，配电装置投资较大，35kV 以上很少采用。

3. 双母线带旁路母线

双母线接线与单母线相比提高了供电的可靠性，但在检修出线断路器时，该出线将会停电，若加装旁路母线，则可避免检修断路器时造成的短时停电。

（1）接线特点。在汇流母线与旁母之间加装一台断路器 QFa，组成专设旁路断路器的接线，如图 5.8 所示。图中旁路母线系统因带有专用旁路断路器的接线，多装了断路器，增加了投资，当供电有特殊要求或出线数目过多时，整个出线断路器的检修时间较长时采用。

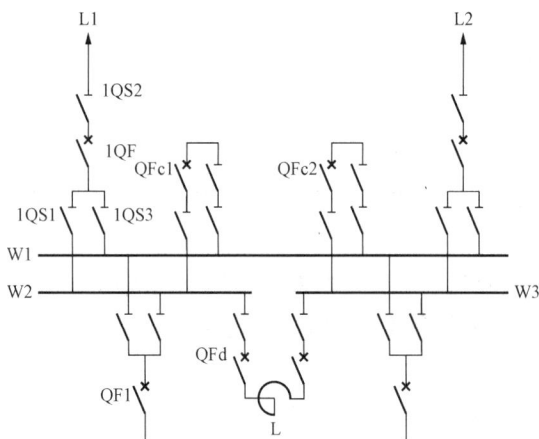

图 5.7　双母线分段

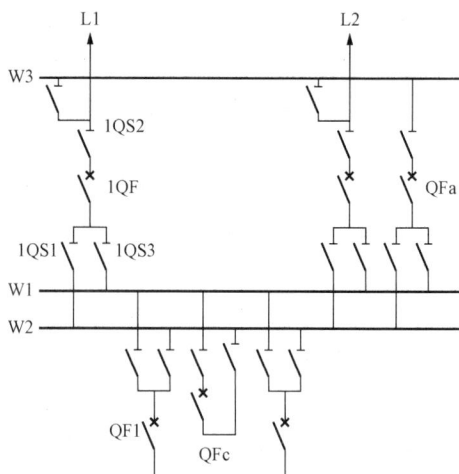

图 5.8　双母线带旁路

（2）运行说明及操作。具有专用旁路断路器的旁路母线操作与单母线带旁路母线的接线基本一样。

（3）优、缺点分析。采用专设旁路断路器接线，避免了检修断路器时造成的短时停电。这种接线运行操作方便，不影响双母线正常运行，但多装一台断路器，增加了投资和配电装置的占地面积；且旁路断路器的继电保护为适应各回出线的要求，其整定较为复杂。

二、一台半断路器接线

一台半断路器接线如图 5.9 所示。每两个回路用三台断路器接在两组母线上，在两断路器之间引接回路，形成每一回路经一台断路器接至一组母线，两个回路间设一联络断路器，形成一个"串"，这样两回路共用三台断路器，故又称二分之三断路器接线。

在一台半断路器接线中，一般采用交叉配置原则，电源线宜与引出线配合成串；为了进一步提高供电的可靠性，同名回路配置在不同串内，避免当联络断路器故障时，同时切除两个电源线；此外，同名回路还不宜接在同侧的母线上。

（1）运行与操作原则说明。正常运行时，所有断路器都是接通的，两组母线同时工作。操作上注意隔离开关与断路器的操作顺序。

（2）优、缺点分析。任一组母线检修或任何一台断路器检修时，各回路仍按原接线方式运行，不需要切换任何回路，避免了利用隔离开关进行大量倒闸操作，因而十分方便。母线故障时，只是与故障母线相连的断路器自动分闸，任何回路不会停电，甚至在一组母线检修、一组母线故障的情况下，功率仍能继续输送；只有在联络断路器发生故障时，与其相连的两回路才短时停电。所以，这种接线操作简单、运行灵活、有较高的供电可靠性。但这种接线投资较大，继电保护比较复杂。

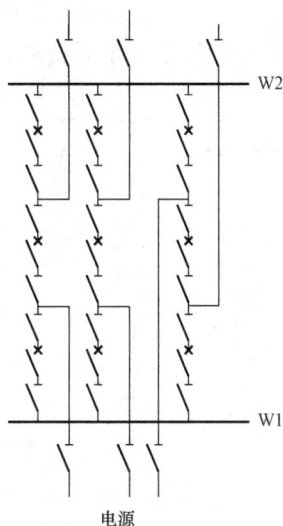

图 5.9 一台半断路器接线

（3）适用范围。一台半断路器接线，目前在国内广泛地用于大型发电厂和变电所的500kV超高压配电装置中，一般进出线数在 6 回及以上宜于采用。

三、无母线类接线

无母线类接线的特点，是在电源与引出线之间或接线中各元件之间，没有母线连接。常见的有桥形接线、多角形接线和单元接线。

1. 单元接线

这种接线是几个元件直接单独连接，其间没有任何横向的联系（母线）。这样不仅使配电装置结构简化和造价降低，同时大大减小了故障的可能性。单元接线的类型有：发电机—变压器单元接线；发电机—变压器—线路单元接线及扩大单元接线。

（1）发电机—变压器单元接线的接线特点。图 5.10（a）所示为发电机—双绕组变压器单元接线。发电机和变压器容量相同，必须同时工作，所以在发电机与变压器之间可不装断路器。特别是 200MW 及以上的机组，由于发电机回路额定电流或短路电流过大，使得选择出口断路器时，受到制造条件或价格甚高等原因的影响，发电机与变压器之间是不装断路器的，采用分相封闭母线以减少发电机回路故障的概率。由于采用封闭母线，不宜装隔离开关，但为了发电机调试方便装有可拆的连接点。

图 5.10（b）、（c）所示为发电机—自耦变压器单元接线和发电机—三绕组变压器单元接线。因发电机停止工作时，变压器高压和中压侧仍能保持联系，故在发电机与变压器之间应装设断路器。但对大容量机组，断路器的选择困难，而且采用分相封闭母线后安装也较复杂，故目前 200MW 及以上的大机组中极少采用这种接线。

（2）发电机—变压器—线路单元接线和变压器—线路单元接线。发电机—变压器—线路单元接线如图 5.10（d）所示。当只有一台发电机、一台变压器、一条线路的发电厂，可采用此接线。这种接线最简单，设备最少，不需要高压配电装置。

（3）扩大单元接线。如图 5.11 所示。为了减少变压器台数和高压侧断路器数目，并节约配电装置占地面积，在系统允许时将两台发电机与一台变压器相连接，组成扩大单元接线。图 5.11（a）所示为发电机—变压器扩大单元接线。图 5.11（b）所示为发电机—分裂绕组变压器扩大单元接线。扩大单元接线在中小型水电厂中得到广泛利用。

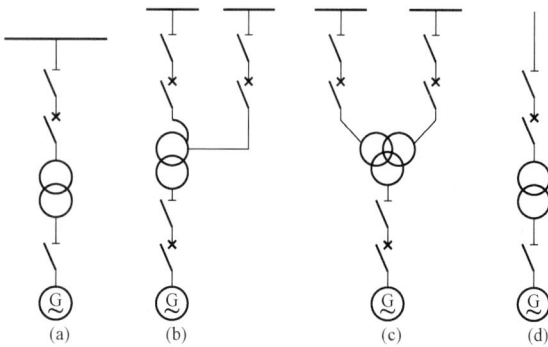

图 5.10　单元接线

（a）发电机—双绕组变压器单元接线；（b）发电机—自耦
变压器单元接线；（c）发电机—三绕组变压器单元
接线；（d）发电机—变压器—线路单元接线

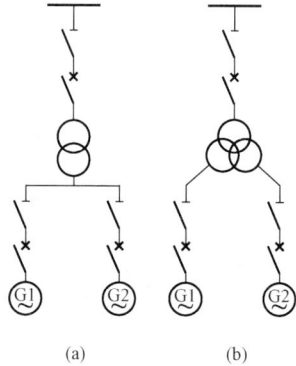

图 5.11　扩大单元接线

（a）发电机—变压器扩大单元接线；（b）发电机—
分裂绕组变压器扩大单元接线

2. 桥形接线

当仅有两台变压器和两条线路时，采用桥形接线，如图 5.12 所示。桥形接线仅用三台断路器 QF1、QF2 和 QF3，断路器数目最少。根据桥连断路器的位置，可分为内桥接线和外桥接线。

（1）内桥接线。内桥接线如图 5.12（a）所示，桥断路器 QF3 接在变压器侧，断路器 QF1、QF2 接在引出线上。

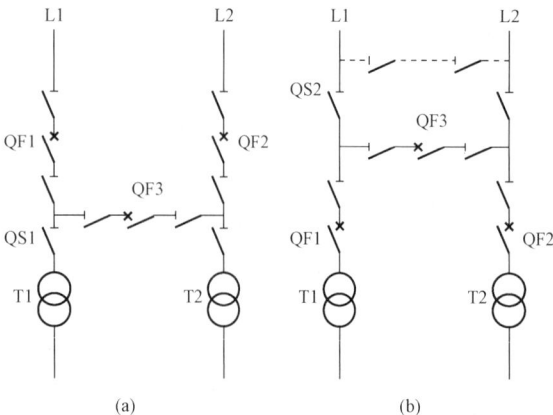

图 5.12　桥形接线

（a）内桥接线；（b）外桥接线

内桥接线的主要运行特点如下：

1）正常运行时，桥连断路器处于闭合状态，线路投入和切除时操作方便，但在需要切除变压器 T1 时，必须首先断开 QF1 和 QF3 以及变压器低压侧断路器，然后断开隔离开关 QS1 后，再合上 QF1、QF3 恢复线路 L1 的供电，因此变压器正常投切时，断路器的操作相对较复杂。

2）当线路故障时，仅故障线路侧的断路器自动分闸，其余三条回路可继续工作。

3）当变压器 T1 故障时，QF1 和 QF3 自动分闸，未故障线路 L1 受到停电影响。需将隔离开关 QS1 断开，将故障变压器隔离后，再接通 QF1 和 QF3，方可恢复 L1 线路的供电。

因此，内桥接线一般仅适用于线路较长、变压器不需要经常切换操作的情况。

（2）外桥接线。外桥接线如图 5.12（b）所示，桥连断路器接在线路侧，断路器 QF1、QF2 接在变压器回路之中。

外桥接线的主要运行特点如下：

1）正常运行时，桥连断路器 QF3 处于闭合状态，其运行特点与内桥接线相反。当切除变压器 T1 时，只需断开断路器 QF1。但是线路的投切操作较复杂，例如线路 L1 需停电时，首先需断开断路器 QF1、QF3，拉开隔离开关 QS2 后，再合上 QF1、QF3 才能恢复 L1 的供电。

2）当线路 L1 故障时，断路器 QF1、QF3 自动分闸，变压器 T1 运行受到影响，只有断开隔离开关 QS2，再合上断路器 QF1、QF3 才能恢复变压器 T1 的供电。

3）变压器故障时，断路器 QF1 和变压器低压侧断路器自动断开，切除故障变压器。

因此，外桥接线一般适用于线路较短、变压器需要经常切换操作的情况。当系统中有穿越功率通过发电厂或变电所高压配电装置时，或当双回线接入环形电网时，也可采用外桥接线，因为这时穿越功率仅通过一台桥连断路器。此时如采用内桥接线，穿越功率需通过三台断路器，其中任一台断路器故障或检修时，将影响系统穿越功率的通过或迫使环形电网开环运行。采用桥式接线时，为了避免在检修桥连断路器时使环网开环，可在桥断路器外侧加一跨条，如图 5.12（b）中虚线所示。

（3）桥形接线的适用范围。桥形接线简单，使用断路器数量和占地面积少，建造费用低，并易于发展成为单母线分段和双母线接线。在发电厂和变电所建设初期，当负荷小、出线少时，可先采用桥形接线，预留位置；当负荷增大、出线数目增多时，再发展成为单母线分段或双母线接线。

第三节　典型主接线的举例分析

前面介绍的主接线基本形式，从原则上讲它们分别适用于各种发电厂。但是，由于发电厂的类型、容量、地理位置以及在电力系统中的地位、作用、出线数目、输电距离的远近以及自动化程度等因素，对不同发电厂要求各不相同，所采用的主接线形式也就各异。下面仅对不同类型发电厂的主接线特点作一简单介绍。

1. 具有地方负荷的火力发电厂的电气主接线

火力发电厂的能源主要是以煤炭作为燃料，所生产的电能除直接供电给地方负荷使用之外，其余的电能都将通过升高电压送往电力系统。目前我国的中型发电厂，一般指总容量在 200～1000MW，单机容量为 50～200MW，煤炭主要来源于就近的一些地方煤矿。发电厂一般建设在中小城市附近或工业中心，电能大部分都用发电机电压直接送到地方用户，只将剩余的电能通过升高电压送往电力系统。这类电厂最具代表性的接线形式为热电厂的电气主接线。热电厂与凝汽式发电厂不同之处在于它不仅生产电能还兼供热能，为工业和民用提供蒸汽和热水形成热力网，可提高发电厂的热效率。由于受供热距离的限制，一般热电厂的单机容量多为中小型机组。无论是凝汽式火电厂还是热电厂，它们的电气主接线应包括发电机电压接线形式及 1～2 级升高电压级接线形式的完整接线，且与电力系统相连。

　　发电机电压侧的接线，根据发电机容量及出线多少，可采用单母线分段、双母线或双母线分段接线。为了限制短路电流，可在母线分段回路中或引出线上安装电抗器。升高电压侧，应根据情况具体分析，采用适当的接线。

　　图 5.13 所示为一热电厂的电气主接线。发电机电压采用双母线分段接线，主要供电给地区负荷。为了限制短路电流，在电缆出线回路中，装有出线电抗器，用来限制在电抗器以外短路时的短路电流；在母线分段处装设有母线电抗器，主要用来限制发电厂内部的短路电流，正常工作时，10kV 母线各段之间，通过分段断路器相联系，分段断路器合上运行，分段上的负荷应分配均衡；各母线之间，通过母联断路器相互联系，以提高供电的可靠性和灵活性。在满足 10kV 地区负荷供电的前提下，将发电机 G1、G2 剩余功率通过变压器 T1、T2 升高电压后，送往电网。

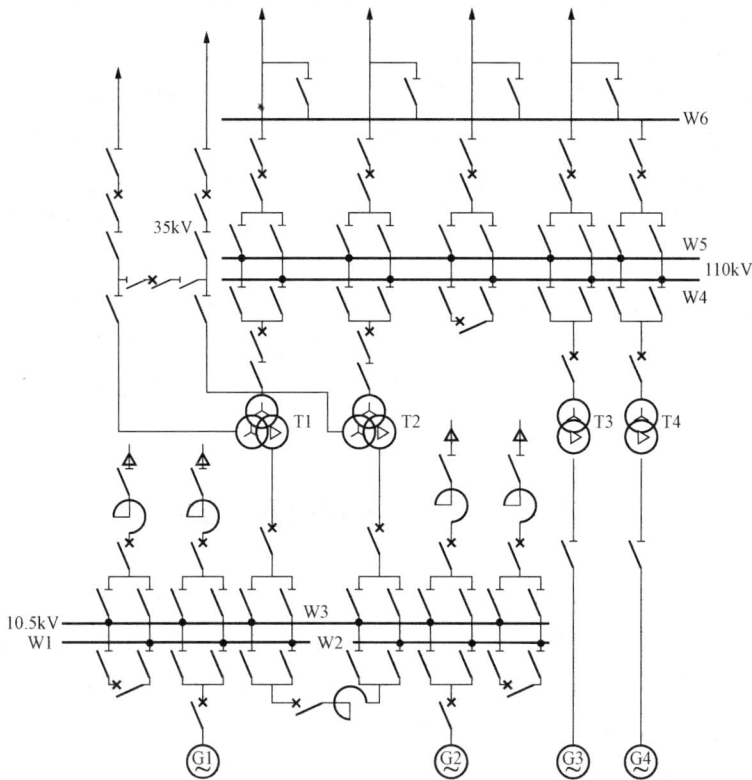

图 5.13　热电厂的电气主接线

　　该厂升高电压有 35kV 和 110kV 两种电压等级。变压器 T1 和 T2 采用三绕组变压器，将 10kV 母线上剩余电能按负荷分配送往两级电压系统。由于采用三绕组变压器，当任一侧故障或检修时，其余两级电压之间仍可维持联系，保证可靠供电。35kV 侧仅有两回出线，故采用内桥接线形式；110kV 电压等级由于较为重要，出线较多，采用双母线带旁路母线的接线，并设有专用旁路断路器，其旁路母线只与各出线相连，以便不停电检修断路器。而进线断路器一般故障率较低，未接入旁路。正常运行时，110kV 接线大多采用双母线按固定连接方式并联运行。

2. 大型火力发电厂的电气主接线

大型发电厂一般是指总容量在 1000MW 及以上，安装的单机容量为 200MW 及以上大型机组的发电厂。大型发电厂都建在动力资源丰富的地方，一般为坑口电厂。大型发电厂一般距负荷中心较远，全部电能用 110kV 以上的高压或超高压线路输送至远方，故又称为区域性电厂。大型发电厂在系统中占有重要地位，担负着系统的基本负荷，其工作情况对系统影响较大，所以要求电气主接线要有较高的可靠性。

图 5.14 所示为一区域性 4×300MW 大机组的凝汽式发电厂的电气主接线。发电机与变压器采用容量配套的单元接线形式，在发电机与变压器之间及厂用分支，采用分相封闭母线，主回路及厂用分支回路均未装隔离开关和断路器。厂用高压变压器采用低压分裂绕组变压器。该发电厂升高电压级有 220kV 和 500kV 两种电压级。500kV 采用一台半断路器接线；220kV 采用双母线带旁路母线的接线，并且变压器进线回路亦接入旁路母线。两种升高电压之间设有联络变压器 T5。联络变压器 T5 选用三绕组自耦变压器，其低压侧作为厂用备用电源和启动电源。

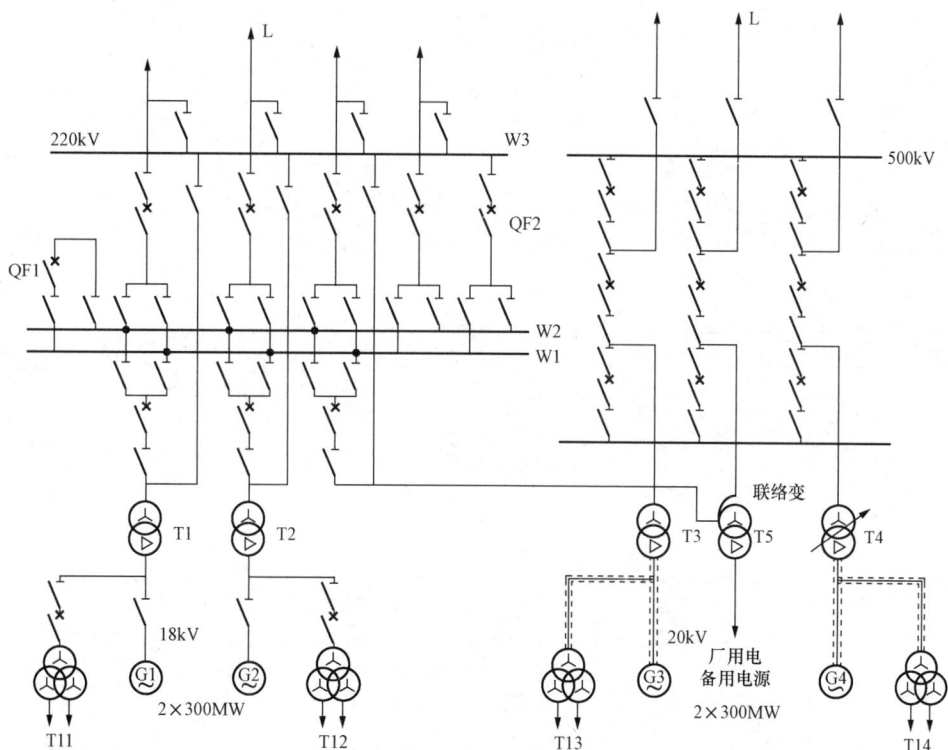

图 5.14 凝汽式发电厂主接线

思 考 题

5.1 对电气主接线有哪些基本要求？为什么说可靠性不是绝对的？

5.2 有母线类接线和无母线类接线都包括哪些基本接线形式？

5.3 主母线和旁路母线的作用是什么？回路中断路器和隔离开关的作用是什么？

5.4 给用户送电和停电时线路的操作步骤是什么？为什么必须这样操作？不这样操作会发生什么问题？

5.5 在图 5.4 所示的分段断路器兼作旁路断路器接线中，当需要检修出线断路器时如何操作？

5.6 在图 5.5 所示的双母线接线中，检修母线 W1 的操作步骤是什么？

5.7 一台半断路器接线有什么优点？

5.8 在图 5.12 所示的桥形接线中，当变压器需停电检修时，内桥和外桥接线各如何操作？内桥和外桥接线的应用条件是什么？

5.9 为什么发电机—双绕组变压器单元接线中，发电机与变压器之间可不装断路器，而发电机—三绕组变压器单元接线却要装断路器？

5.10 热电厂和大型火电厂的电气主接线各有什么特点？

第六章 发 电 厂 厂 用 电

现代发电厂尤其是火力发电厂（以下简称火电厂）生产过程机械化、自动化程度相当高，需要许多辅助机械为发电厂的主设备（如锅炉、汽轮机、发电机）服务，以保证机组安全可靠运行。这些以电动机拖动的厂用机械的用电、发电厂照明用电，以及试验、检修、整流电源等，总称为厂用电。

厂用机械的重要性决定了厂用电的重要程度。厂用电是发电厂最重要的负荷，应高度保证供电的可靠性和连续性。

本章以火电厂为重点，讲述厂用电负荷的分类、厂用电压确定、厂用电源的取得以及各种类型发电厂的厂用电接线特点。

第一节 火力发电厂厂用电负荷的分类

一、火力发电厂主要厂用电负荷

发电厂中由电动机拖动工作的厂用机械及照明、试验、检修、整流电源等，即为厂用电负荷。发电厂的类型不同，厂用电负荷有所不同，现分述如下：

（1）输煤部分：煤场抓煤机、除铁器、输煤皮带、碎煤机、筛煤机等。

（2）锅炉部分：磨煤机、给粉机、吸风机、送风机、排粉机、炉水循环泵、乏气风机、一次风机、密封风机、火焰冷却风机等。

（3）汽机部分：凝结水泵、循环水泵、电动给水泵、闭冷水泵、定子冷却水泵、密封油泵、润滑油泵、盘车、顶轴油泵、真空泵、疏水泵等。

（4）除灰部分：冲灰水泵、灰浆泵、高低压清水泵、电除尘等。

（5）电气部分：变压器冷却风机、变压器强油导向循环冷却电源、蓄电池组及浮充电源、UPS 系统电源、备用励磁电源等。

（6）其他公用部分：工业水泵、除盐水泵、消防水泵、生水泵、空压机、制氢站，化学水处理设备，起重机械、照明等。

二、厂用电负荷的分类

根据厂用电负荷在生产过程中的作用及突然供电中断时，对人身、设备、生产的影响，即它在电厂生产过程中的重要性，可将厂用电负荷分为如下 5 类。

1. Ⅰ类负荷

Ⅰ类负荷指短时停电时，会影响人身安全、造成贵重设备损坏、使生产停顿或发电量大量下降等严重后果的自用负荷。例如火电厂中的电动给水泵、凝结水泵、循环水泵、送风机、吸风机、通风机、主变压器强油风冷电源、硅整流装置、给粉机等；水电厂中水轮发电机组的调速器、压油泵、润滑油泵、空气压缩机等。

Ⅰ类负荷应由两个独立电源供电，并保证当一个电源消失后，另一个电源能立即自动投入继续供电。所以Ⅰ类负荷的电源要求应配置备用电源自动投入装置。除此之外，还应保证

Ⅰ类负荷的电动机能可靠自启动。对于特别重要的负荷例如原子能电站的主循环泵还应有第三电源。

2.Ⅱ类负荷

Ⅱ类负荷指允许短时停电（几秒至几分钟），经人工操作恢复供电后，不会造成生产紊乱的自用负荷。例如火电厂的浮充电装置、输煤设备机械、工业水泵、疏水泵、灰浆泵、输煤系统、化学水处理设备等；水电厂中绝大多数厂用电动机都属于厂用Ⅱ类负荷。

Ⅱ类负荷应由两个独立电源供电，一般备用电源可以采用手动切换方式投入。

3.Ⅲ类负荷

Ⅲ类负荷指较长时间（一般是几小时）停电，也不会直接影响发电厂生产的负荷。例如中央修配厂、修理间、试验室、油处理设备等。对于Ⅲ类负荷，一般由一个电源供电。如果经济许可，也可以采用两个电源供电。

4. 不停电负荷（"0Ⅰ"类负荷）

不停电负荷指机组起动、运行到停机全过程中以及停机后的一段时间内，需要进行连续供电的负荷。例如实时控制用计算机、调度通信和远程通信设备等负荷。

对于不停电负荷供电的备用电源而言，首先要求它具备快速切换特性，其次要求正常运行时不停电电源与电网隔离，并且有恒频恒压特性。一般采用由蓄电池组经逆变装置供电。

5. 事故保安负荷

事故保安负荷是指发生全厂停电时，需要继续供电的负荷。这些负荷一般是为了保证机炉的安全停运、事故过后能很快地重新启动，或者为了防止危及人身安全等原因而设置的。按事故保安负荷对供电电源的不同要求，可分为以下两类：

（1）直流保安负荷（"0Ⅱ"类负荷）。直流保安负荷主要有发电机氢密封直流油泵、汽轮机直流润滑油泵、事故照明等。直流保安负荷一般由蓄电池组供电。

（2）交流保安负荷（"0Ⅲ"类负荷）。交流保安负荷主要有各种辅机的润滑油泵、交流润滑油泵、顶轴油泵、功率为200MW及以上机组的汽机盘车电动机、回转式空气预热器的电动盘车装置等。交流保安负荷平时由交流厂用电供电，一旦失去交流厂用电时，要求由交流保安电源供电。为保证它的供电可靠性，交流保安电源一般从系统中专门引接一条专线，即外部独立电源来供电。现在也还有采用快速起动的柴油发电机组供电方式。

三、厂用电率

发电厂在一定时间（一个月或者一年）内，厂用电所消耗的电能占同一时期内发电厂总发电量的百分数，称为发电厂的厂用电率 $K_{cy}\%$，其计算式为

$$K_{cy}\% = \frac{A_{cy}}{A_G} \times 100$$

式中　A_{cy}——发电厂的厂用电量，kW·h；

A_G——发电厂的总发电量，kW·h。

厂用电率是衡量发电厂经济效益的主要指标之一。原则上要求尽量降低厂用电量，增加对系统的供电量，以提高发电厂的经济效益。发电厂类型不同，自用负荷的大小也不一样，一般热电厂比水电厂大得多，水电厂的厂用电率为0.5%～2.0%，热电厂的厂用电率为8%～10%，凝汽式火电厂的厂用电率为5%～8%。

第二节 火力发电厂的厂用电接线

一、厂用电供电电压的确定

发电厂的厂用电负荷主要有电动机和照明两大类。厂用电负荷的供电电压，主要取决于发电机的额定容量、额定电压、机炉附属设备所使用电动机的容量和数量等诸多因素。由于各种厂用电负荷的容量相差极大（例如大功率电动机可达 1000kW 以上，而小功率电动机不足 1kW），因此厂用电一般采用高压和低压两种电压供电。

经技术经济比较，我国有关设计技术规定指出厂用电压的确定原则如下：

发电厂可采用 3、6、10kV 作为高压厂用电电压。发电机容量为 60MW 及以下的机组，发电机电压为 10.5kV 时，高压厂用电电压可采用 3kV；发电机容量为 100～300MW 的机组，宜采用 6kV；发电机容量为 600MW 的机组，可根据工程具体条件采用 6kV 一种或 3、10kV 两种高压厂用电电压。

低压厂用电动力系统电压采用 380V 为宜。发电机容量为 60MW 及以上的机组，主厂房内的低压厂用电系统采用动力与照明分开的方式供电。动力系统的电压宜采用 380V 电压。

厂用电除交流电源外，还有直流电源。220V 直流电源对直流事故照明、交流 UPS 电源、直流电动机及其他动力负荷供电，110V 直流主要是对控制、保护、测量、信号及其他控制负荷电源供电。

二、厂用供电电源及其引接方式

在发电厂中，为了保证厂用电供电的可靠性，一般除了需要设置工作电源外，同时还要设置备用电源、起动电源和事故保安电源。下面分别介绍各种电源及其引接方式。

1. 厂用电工作电源及其引接方式

（1）设有发电机机端电压母线的引接。高压工作电源由对应的发电机所接发电机电压母线段上引接，供给接在本段母线上的机组厂用电负荷，接线如图 6.1（a）所示。若发电机电压与高压厂用母线电压为同一电压等级，则应由发电机电压母线经电抗器引接到高压厂用母线，见图 6.1（a）中虚线所示。这种方式适用于中、小容量的发电厂。

（2）发电机额定功率为 125kW 及以下时，采用单元接线的引接。高压工作电源一般由主变压器低压侧引接，供给本机组作为自用负荷。如图 6.1（b）所示，一般在厂用分支母线上装设断路器。也可采用满足动稳定要求的隔离开关或连接片的接线方式。

（3）发电机额定功率为 200MW 及以上时，一般采用单元接线的引接。这时厂用电源一般从发电机出口或主变压器低压侧引接，如图 6.1（c）所示。由于发电机容量为 200MW 及以上的发电机组引出线及厂用分支采用封闭母线，封闭母线发生相间短路故障的机会很少，因此厂用分支可不装设断路器，但应有可拆连接点以便满足检修调试要求。

低压自用工作电源采用 380/220V 电压等级，一般由高压自用母线上通过低压自用变压器取得。为了限制 380/220V 网络中的短路电流，低压自用变压器单台容量限制在 2000kV·A 范围内。

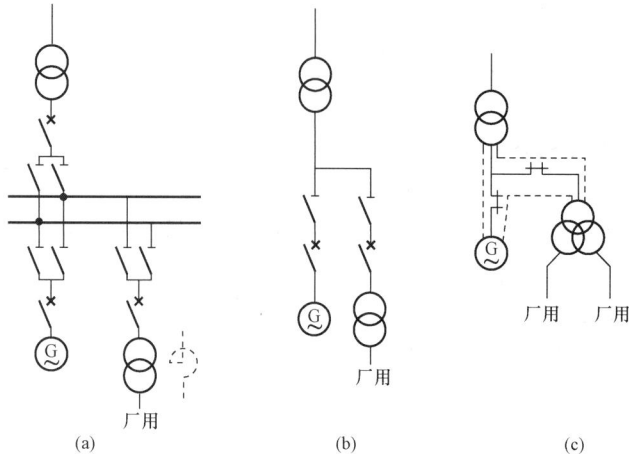

图 6.1　厂用电源引接方式

2. 起动/备用电源的取得

当工作电源故障时，应由备用电源继续向厂用电负荷供电。起动电源是厂用工作电源完全消失时，保证机组重新起动的厂用电源。一般容量在 200MW 及以上机组需设置起动电源。为充分利用起动电源，通常起动电源也兼作备用电源，故称其为起动/备用电源。容量为 125MW 及以下机组的厂用备用变压器主要作为事故备用电源，并兼作机炉检修、起动或停用时的电源。高压厂用备用变压器或起动/备用电源的引接应遵照以下原则：

（1）当设有发电机机端电压母线时，可由与工作电源不同的分段上引出。

（2）当无发电机机端电压母线时，由与电力系统连接可靠的最低一级电压母线上引出，或由联络变压器的第三（低压）绕组引出，并应保证在发电厂全停的情况下，能从外部电力系统取得足够的电源。

（3）有两个及以上备用电源时，应分别由两个相对独立的电源引出。

（4）在技术、经济条件许可下，可由外部电网接一条专用线路供电。

3. 交流保安电源与交流不停电电源

（1）交流保安电源。为保证事故情况下保安负荷的安全供电，对 200MW 及以上的发电机组应设置交流保安电源。交流保安电源宜采用快速启动的柴油发电机组。交流保安电源可不再设置备用电源。

（2）不停电电源。为保证不停电负荷的安全供电，对 200MW 及以上的发电机组应设置交流不停电电源。交流不停电电源宜采用蓄电池供电的电动发电机组或静态逆变装置。

三、厂用母线的接线方式

厂用电一般采用可靠性高的成套配电装置，这种成套配电装置发生故障的可能性很小。所以，厂用母线的接线方式大都采用单母线不分段或者单母线分段形式接线。这样既可满足供电的要求，同时接线简单、清晰，设备少，运行、操作方便。

1. 火电厂的厂用母线

在火电厂中因锅炉辅机多、用电量大，为提高自用电系统的供电可靠性及厂用电的单元性，按机、炉对应原则设置母线。通常每台炉设置 1～2 段高压母线段。这样可以使得当一处发生故障时只影响一机一炉，不会造成多台机组停电。当锅炉容量为 220t/h 级时，每台锅炉可由一段母线供电；当锅炉容量为 400～1000t/h 级时，每台锅炉应由两段母线供电，并将双套附属机械的电动机分别接在两段母线上，两段母线可由一台变压器供电；当每台锅炉容量为 1000t/h 级以上时，每一种高压厂用电压的母线应设 4 段。

2. 火电厂厂用电负荷的分配原则

（1）同一锅炉和汽轮发电机组所使用的电动机，应分别连接到与其相对应的母线段上。对于额定功率为 60MW 及以下的机组中互为备用的重要附属设备（如凝结水泵等），也可采用交叉方式供电，以提高供电可靠性。

（2）每台炉设有两段厂用母线时，应将双套附属设备的电动机分别接在两段母线上。对于在生产上、工艺上有连锁要求的Ⅰ类负荷电动机，应该接在同一电源通道上，以保证供电的同时性，提高机组整体的供电可靠性。

（3）当无公用母线段时，全厂公用性负荷应根据负荷容量和对可靠性的要求，分别接在各段厂用母线上，但要适当集中。当设有公用母线段时，考虑到公用母线发生故障后，为避免影响几台机组或者造成全厂停电，应将相同的Ⅰ类公用负荷电动机分别接在不同的母线段上。

（4）从生产过程中看，大容量机组的给水泵是固定为某一单元服务的。因此，无汽动给水泵的 200MW 机组，各电动给水泵应接自本机组的厂用工作母线段。公用给水泵可跨接于本机组的第二段母线上；有汽动给水泵的 300MW 及以上的机组，其备用的电动给水泵也应该由本机组的厂用工作母线段供电。

火电厂按机、炉分段有以下几个优点：

（1）一段母线如发生故障，仅影响一台锅炉的运行。

（2）利用锅炉大修或小修机会，可以同时对该段母线进行停电检修。

（3）便于设备的管理和停送电操作。

对于不能按炉分段的公用负荷，可以设立公用负荷段。

第三节　火力发电厂厂用电接线举例

一、热电厂的自用电接线举例

图 6.2 所示为某中型热电厂的自用电接线。该电厂使用两台 2×50MW 汽轮发电机组和三台 220t/h 锅炉；发电机出口母线采用双母线经电抗器分段接线；用两台主变压器与系统电源相联系；自用电采用 3kV 和 380/220V 两级电压供电；每台锅炉设置一段高压母线；每段高压自用电由一台高压自用变压器单独供电；高压自用变压器采用明备用方式，即用 00T 作为高压备用自用变压器。一般单台机组容量小于 100MW，高压自用变压器的数量在 6 台及以上时，增设第二台备用变压器。该厂的发电机单机容量为 50MW，高压厂用变压器台数为 3 台故不设置第二台备用变压器。

为提高厂用电源的可靠性，平时发电机电压母线采用双母线同时运行方式运行，高压备用变压器♯00T 和主变压器♯01T 都置于备用主母线上；两台发电机和三台高压工作自用变压器分别接在工作母线的两个半段上，这样的运行方式使高压自用备用变压器与系统联系更紧密，而且能减少主母线故障的影响。当发电机电压母线故障时仍可保证高压备用厂用变压器有电，即提高了它的供电可靠性。正常运行时，♯01T、♯02T、♯03T 分别向 3kV 厂用

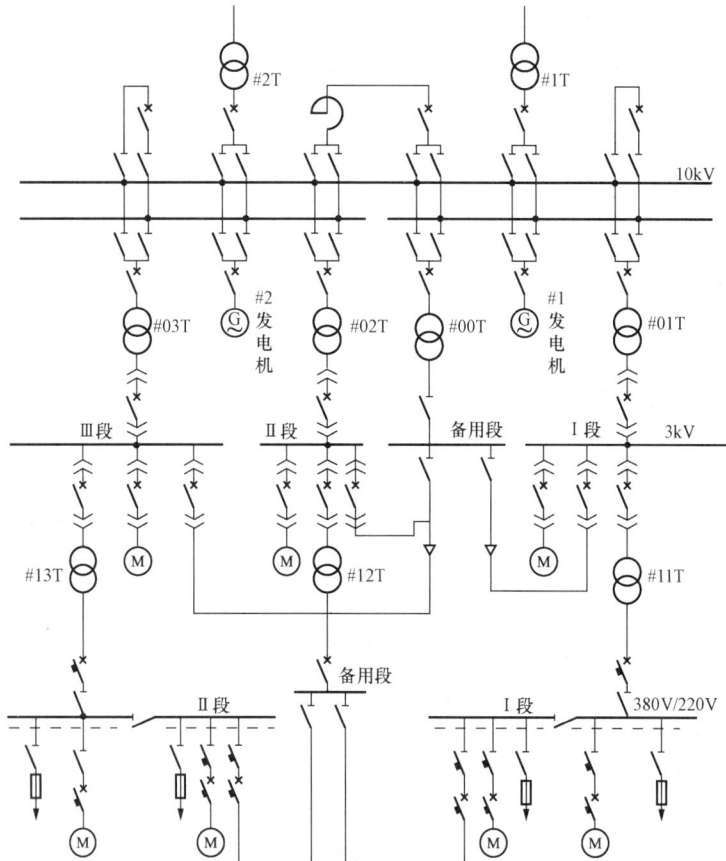

图 6.2 某中型热电厂厂用电接线

电的 Ⅰ、Ⅱ、Ⅲ 段母线供电。一旦某台高压工作变压器发生故障退出运行，则备用电源自动投入装置会立即投入备用变压器，恢复该段母线供电。

由于高压厂用电采用成套配电装置，其供电可靠性较高，因此高压厂用电动机由高压断路器控制。

低压设有两段母线，每一段用隔离开关分为两个半段，电压采用 380/220V。实行动力照明混合供电方式，和高压段一样也采用明备用方式，设有备用段及备用电源自动投入装置。设置中央屏和车间配电盘，采用分级供电方式供电。

二、火力发电厂厂用电系统接线举例

1. 125MW 机组厂用电系统接线举例

图 6.3 所示为 6×125MW 机组的厂用电系统接线。

图 6.3 中，每台机组都有一台高压厂用变压器、一台低压厂用变压器、两段 6kV 工作母线和两段 380V 工作母线。高压厂用变压器的工作电源由发变组单元接线的主变压器低压侧取得，分别向各自的两段 6kV 工作母线供电；低压厂用变压器工作电源从对应机组的高压工作母线上取得，向对应的两段 380V 主工作母线供电；全厂公用负荷接在 1 号机组高压工作母线上，由公用变压器供电；输煤变压器接在 2 号机组的高压工作母线上，向输煤系统供电。

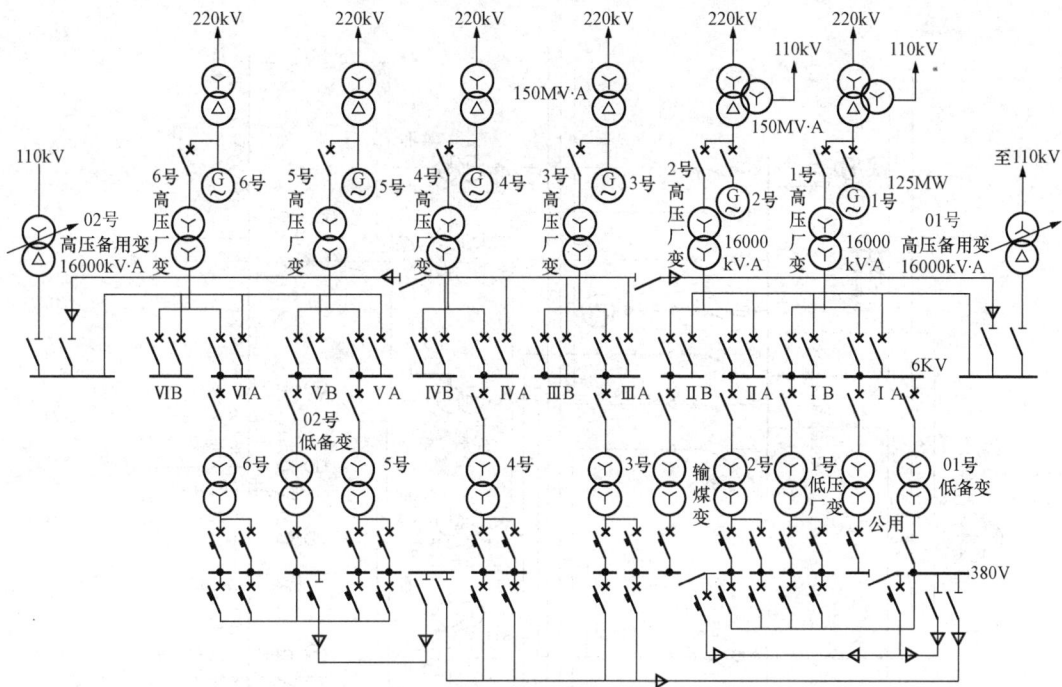

图 6.3　6×125MW 机组厂用电系统接线

为防止高压和低压厂用工作电源中断，6 台机组公用两台高压备用变压器和两台低压备用变压器。01 号和 02 号高压备用变压器均从 110kV 系统取得电源，作为 6kV 各段工作母线的备用电源。1 号和 2 号低压备用变压器分别从 1 号和 5 号机组的 6kV 工作母线上取得电源，作为 380V 各段工作母线的备用电源。

2. 300MW 机组厂用电系统接线举例

（1）高压厂用电系统。图 6.4 所示 300MW 机组厂用电接线图。每台发电机组从发电机出口引接一台容量为 50MV·A 的分裂绕组变压器作为该机组厂用工作电源。采用分裂绕组变压器可有效地限制厂用电低压侧短路电流，以便于选用轻型设备并减小电缆截面。当低压侧一段母线故障时，可使另一段母线电压保持一定水平，不致影响重要厂用负荷运行。

6.3kV（或 6kV）厂用电采用单母线分段接线，每台单元机组厂用电设两母线段，分别从分裂绕组变压器低压侧引出，这样可提高重要双套厂用机械、6.3kV 电动机和 6.3/0.4kV 厂用变压器供电的可靠性，同时也可使每台发电机辅助设备与锅炉检修同时进行，便于管理。

6.3kV 设有公用母线段接线。全厂起动/备用变压器采用有载调压的分裂绕组变压器，高压侧接于 220kV 母线，低压侧采用共箱母线接入 6.3kV 公用段。全厂公用负荷（包括输煤变压器、化学水处理变压器、低压公用变压器、备用变压器等）正常时分接在两段公用母线段上，由 1 号或 2 号机组高压厂用变压器供电。每台机组正常时，各带一公用/备用母线段。装设 61W 快速切换装置，在出现任何故障情况下，一旦工作厂用电源故障，快速切换至公用/备用变压器上，由公用/备用提供厂用电。在这里高压公用/备用变压器兼作机组的起动电源。

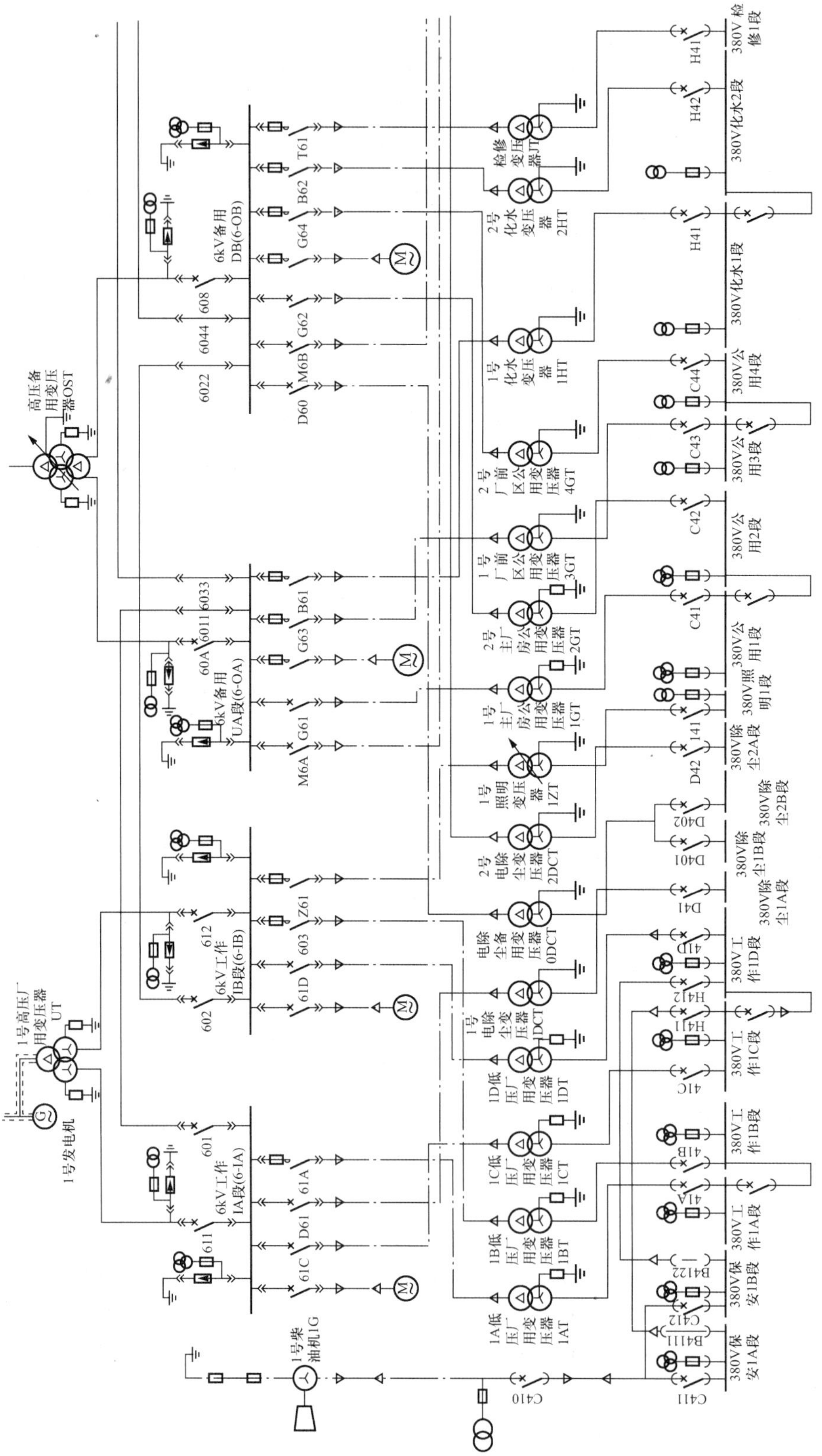

图 6.4　300MW 机组厂用电接线图

　　6.3kV 两公用母线段分别与两台机组的两工作母线段联系，实现工作电源与起动/备用电源间的联系。

　　（2）低压厂用电系统。低压厂用电电压为 380/220V，低压厂用母线采用单母线分段接线。

　　低压厂用工作变压器、低压公用变压器均成对设置，采用互为备用方式，不另设专用的备用变压器，即每台机组各段 4 台低压工作变压器，两台互为备用，供给本机组机炉负荷。每台机组设两台除尘变压器，分别接在 6kV 高压 A、B 母线上；每台机组设一台照明变压器，接在 6kV 工作 A 段上，两台机组设一检修变压器，接在 6kV 公用 B 段上，与照明变压器备用。每段一台低压公用变压器供给机组公用负荷，每两台公用变压器互为备用，厂区输煤变压器、化水变压器、除尘变压器、厂前区变压器、综合水泵房变压器、循环水变压器均成对设置，采用互为备用方式。

　　低压 380V 母线采用分段式，正常情况下由对应的低压厂用工作变压器供电，联络断路器处于断开状态，低压厂用工作变压器与低压备用变压器是不允许长期并联运行的（并联运行时，其一环流会烧坏变压器，其二短路电流将过大）。A、B 互为备用，C、D 互为备用。A、B 或 C、D 的变压器高压侧接自不同的 6.3kV 母线段，便于保证供电的可靠性。

　　（3）事故保安电源。为了保证在全厂事故停电时能安全、可靠地停机，避免电厂设备损坏，因此在每台发电机 400V 低压厂用电系统中安装一套 500kW 应急柴油发电机作为事故保安电源。每台发电机组保安负荷分别接在两段保安段上，正常时由低压厂用工作变压器供电，当正常工作电源消失时，快速自动起动柴油发电机供电。

　　（4）厂用电负荷的供电电压。200kW 以上电动机由 6.3kV 电压母线供电，200kW 以下电动机由 400V 电压母线供电。

　　3. 600MW 机组厂用电系统接线举例

　　图 6.5 所示为 600MW 机组厂用电接线图。

　　（1）高压厂用电系统。每台机组出口接有两台 20/10.5/3.15kV、40/25/15MV·A 的三绕组高压厂用变压器（1 号、2 号）。高压厂用电系统采用 10.5kV 和 3.15kV 两级电压，每一级电压均设有两段母线。两台机组共设置两台 220/10.5/3.15kV、40/25/15MVA 三绕组有载调压变压器（1 号、2 号）作为备用，高压厂用备用变压器由 220kV 系统供电。1、2 号备用变压器，分别作为 10.5kV、3.15kV 1A1 段、10.5kV 1B1、3.15kV 1B1 段的联动备用电源。

　　每台机组设有 3.15kV 公用母线 12A1、12B1 两段，由引接于本机组 10.5kV 1A1、1B1 段的两公用变压器分别供电，两公用变压器互为备用（暗备用），公用母线分段断路器断开联动备用。

　　（2）低压厂用电系统。两台低压厂用变压器从 10.5kV 1A1 段取得电源，分别向 400V 汽轮机房动力中心 1A3、1A4 段供电；两台低压厂用变压器从 10.5kV 1B1 段取得电源，分别向 400V 汽轮机房动力中心 1B3、1B4 段供电。1A3 与 1B3 段的低压厂用变压器和 1A4、1B4 段的低压厂用变压器互为备用，400V 母线 1A3 与 1B3 之间的分段断路器、1A4 与 1B4 之间的分段断路器均断开联动备用。

　　两台低压厂用变压器从 10.5kV 1A1 段取得电源，分别向 400V 除尘动力中心 1A5、1A6 段供电；两台低压厂用变压器从 10.5kV 1B1 段取得电源，分别向 400V 除尘动力中心 1B5、1B6 段供电；1A5 与 1B5 段的低压厂用变压器之间互为联动备用，1A6 与 1B6 段的低

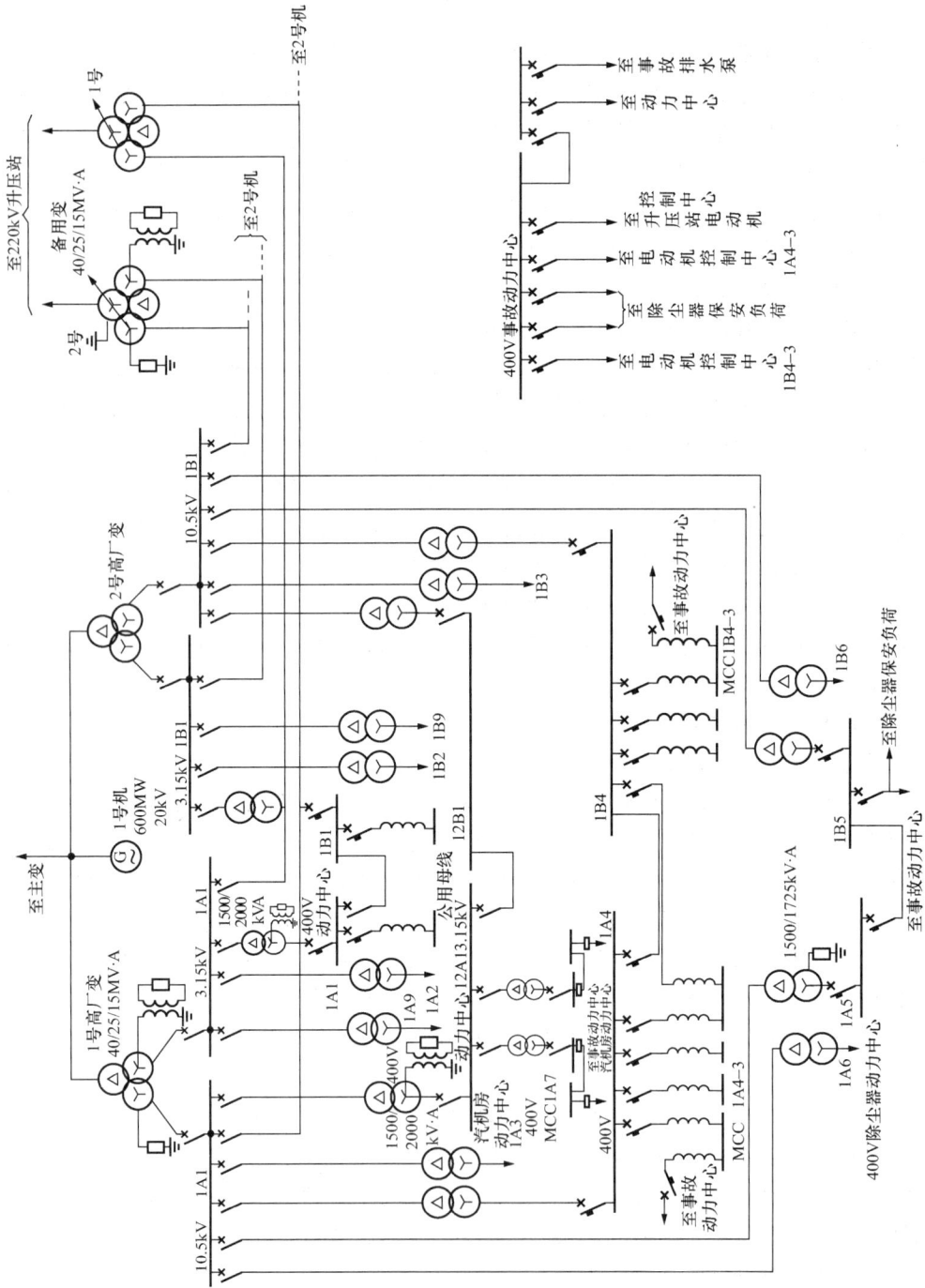

图 6.5 600MW 机组厂用电接线图

压厂用变压器之间互为联动备用。

同理，三台低压厂用变压器从 3.15kV 1A1 取得电源，分别向 400V 动力中心 1A1、1A2、1A9 段供电，另三台低压厂用变压器从 3.15kV 1B1 段取得电源，分别向 400V 动力中心 1B1、1B2、1B9 段供电，其他与上述相似。

(3) 负荷的供电电压。1800kW 及以上电动机由 10.5kV 电压母线供电；200～1800kW 以下电动机由 3.15kV 电压母线供电，200kW 以下电动机由 400V 电压母线供电。其中 75kW 以上电动机及 150～650kW 静态负荷连接在动力中心配电屏上，而 75kW 以下电动机及杂用负荷则连接在电动机控制中心配电屏上。从电动机控制中心又接出车间就地配电屏，给小容量杂散负荷供电。

思 考 题

6.1 什么是厂用电？什么是厂用电率？

6.2 厂用电负荷按其重要性分为几类？各类厂用电负荷对供电电源有何要求？

6.3 厂用电供电电压有哪几级？高压厂用电压级是怎样确定的？

6.4 什么是厂用工作电源、备用电源、启动电源、保安电源和不停电电源？

6.5 火电厂自用工作电源和备用电源是怎么引接的？

6.6 厂用高、低压母线及厂用电负荷连接采用什么形式？这种接线形式在火电厂中与锅炉容量有何关系？

6.7 发电厂低压厂用工作变压器与低压备用变压器能否长期并列运行？为什么？

第七章　开　关　电　器

电力系统中，发电机、变压器以及线路等元件，由于改变运行方式或发生故障，需将它们接入或退出时，要求可靠而灵活地进行切换操作。例如，在电路发生故障情况下，须能迅速切断故障电流，把事故限制在局部地区并使未发生故障部分继续运行，以提高供电的可靠性；在检修设备时，隔离带电部分，以保证工作人员的安全等。为了完成上述操作，在电力系统中必须装设开关电器。

第一节　开关电器的电弧产生及灭弧

开关电器是由动、静触头来接通或断开电气设备的。在触头接通或触头分离时，触头间可能出现电弧。电弧是一种气体放电，即气体在某种条件下，气体分子分解成正离子、负离子而导电的现象。所以，开关的触头虽然已分开，但触头间只要有电弧存在，电路就没有断开，电流仍然存在。电弧的温度极高，可能烧坏触头及触头附近的其他附件。如果电弧长久不能熄灭，将会引起电器被毁坏甚至爆炸，危及电力系统的安全运行，造成生命财产的极大损失。所以在切断电路时，必须尽快地使电弧熄灭。要使电弧能尽快熄灭，首先应了解电弧的形成过程。

一、电弧的产生

在断路器触头分离时，由于触头间接触压力不断下降，接触面积不断减小，使接触电阻迅速增大，接触处的温度将急剧升高。另一方面，触头开始分离时，由于触头间的距离很小，即使触头间的电压很低，只有几百伏甚至只有几十伏，但电场强度却很大。如间隙距离为 10^{-5} cm 时，电场强度可达 $10^5 \sim 10^6$ V/cm。由于上述两个原因，阴极表面就可能向外发射出电子，这种现象称为热电子发射或和强电场发射。从阴极表面发射出来的电子，在电场力的作用下向阳极作加速运动，并不断与中性质点碰撞。如果电场足够强，电子所受的力足够大，而两次碰撞的自由行程足够大，电子积累的能量足够多，则发生碰撞时就可能使中性质点发生游离，产生新的自由电子和正离子。电场碰撞游离如图 7.1 所示。新产生的电子又和原来的电子一起以极高的速度向阳极运动，当它们和其他中性质点碰撞时，又会产生碰撞游离。碰撞游离连续不断地发生，使触头间充满了电子和正离子，介质中带电质点大量增加，使触头间形成很大的电导。在外加电压下，大量电子向阳极运动，形成电流，这就是所说的介质被击穿而产生的电弧。触头间形成电弧后，产生很大的热量，使介质温度急剧升高，在高温作用下中性质点由于高温而产生强烈的热运动。它们之间不断碰撞的结果，又可能发生游离，即热游离，使电弧维持和发展。

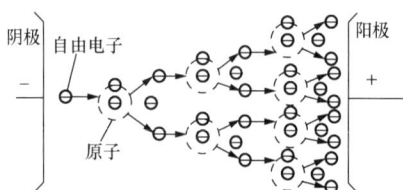

图 7.1　电场碰撞游离

二、电弧的熄灭

在电弧中，介质因游离而产生大量的带电粒子的同时，还发生带电粒子消失的相反过程，称为去游离。如果带电粒子消失的速度比产生的速度快，电弧电流将减小而使电弧熄灭。带电粒子的消失是由复合和扩散两种物理现象造成的。

异性带电质点的电荷彼此中和成为中性质点的现象称为复合。电子与正离子的速度相差太大，所以电子与正离子直接复合的机率小；通常是电子先附在原子上形成负离子，再与正离子复合。间接的空间复合过程如图 7.2 所示。

弧柱中的带电质点，由于热运动而从弧柱内部逸出，进入周围介质的现象称为扩散。

开关电器的灭弧原理就是在断路器触头分开同时，利用液体或气体吹弧，或将电弧拉入绝缘冷壁做成的窄缝中，迅速地冷却电弧，减小离子的运动速度。同时，增加气体的压力和气体密度，使离子间自由行程缩短，使复合的机率增加、碰撞游离和热游离的机率减小。另外，还可以使电弧中的高温离子密度大的空间向密度小、温度低的介质周围方向扩散，电弧和周围介质的温度及离子浓度差愈大，扩散作用越强。

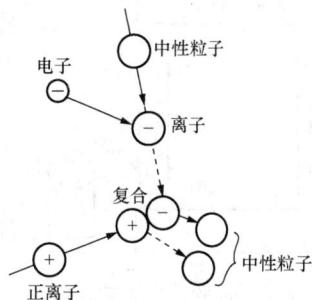

图 7.2 间接的空间复合过程

扩散出来的离子，因冷却而相互结合成为中性质点。总之，在断路器开断电路时，强迫冷却电弧的内部和表面，增强离子的复合速度，尽快恢复介质的绝缘强度，使电弧很快熄灭。

三、交流电弧的特性与熄灭

在交流电路中，电流的瞬时值不断地随时间变化，并且从一个半周到下一个半周过程中，电流要过零一次。在电流过零前的几百微秒，由于电流减小，输入弧隙的能量也减小，弧隙温度剧烈下降，弧隙的游离程度下降，介质绝缘能力恢复，弧隙电阻增大。当电流过零时，电源停止向弧隙输入能量，电弧熄灭。此时，由于弧隙不断散出热量，温度继续下降，去游离作用进一步加强，使弧隙介质强度逐渐恢复。同时，随着弧隙电阻的增大，电源加在断口上的恢复电压也在逐渐增加，当弧隙的介质强度的恢复速度大于电源恢复电压的速度时，电弧就会熄灭；反之，电弧会重燃。

综上所述，在电流过零后，人为地采取有效措施加强弧隙的冷却，使弧隙介质强度恢复到不会被弧隙外施电压击穿的程度，则在过零后的下半周，电弧就不会重燃而最终熄灭。开关电器中的灭弧装置就是基于这一理论而产生的。加强弧隙的去游离使介质强度恢复速度加大，或减小弧隙上的电压恢复速率，都可使电弧熄灭。为此，现代高压开关电器中常用的灭弧方法，归纳起来有以下几种：

（1）利用油或气体吹动电弧。

（2）采用多断口灭弧：由于加在每个断口上的电压降低，使弧隙的恢复电压降低，因此灭弧性能更好。

（3）将触头置于真空中。

第二节 高 压 断 路 器

高压断路器具有完善的灭弧装置和高速的传动机构，它能接通和断开各种状态下高压电路中的电流,用以完成运行方式的改变和尽快切除故障电路。所以它是发电厂和变电所中最重要的电气设备之一。

一、高压断路器的基本机构和技术参数

1. 高压断路器的基本结构

高压断路器的种类繁多,具体构造也不相同,但就其基本结构而言,可分为电路通断元件、操动机构、传动机构、绝缘支撑元件、基座几部分,如图 7.3 所示。

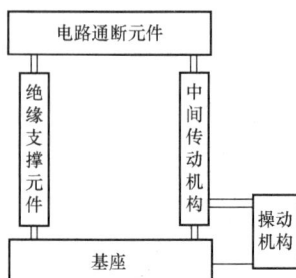

图 7.3 断路器的基本结构

(1) 电路通断元件:即导电、熄弧系统。由接线端子、导电杆、触头、灭弧室等组成。承担着接通和断开电路以及熄灭电弧的任务,是高压断路器的关键部件。

(2) 操动机构:为通断元件提供操作能量。根据能量形式的不同有电磁、弹簧、液压、气动及手动等类型。

(3) 传动机构:给通断元件传递操作命令和操作力,由连杆、齿轮、拐臂、液压系统等元件组成。

(4) 绝缘支撑元件:支撑和固定通断元件,并确保其对地绝缘。

(5) 基座:整台开关的支撑和安装基础。

2. 高压断路器的主要技术参数及意义

技术参数表示高压断路器的基本工作性能。

(1) 额定电压:额定电压是表征断路器绝缘强度的参数。

(2) 额定电流:表征开关的导电系统长期通过电流的能力,由开关导体及绝缘材料的长期允许发热决定,即断路器允许连续长期通过的最大电流。

(3) 额定开断电流:表征断路器开断能力的参数。在额定电压下,断路器能保证可靠开断的最大短路电流,称为额定开断电流。

(4) 热稳定电流:也是表征断路器通过短时电流能力的参数,但它反映断路器承受短路电流热效应的能力。

(5) 动稳定电流:表征断路器通过短时电流能力的参数,它反映断路器承受短路电流电动力效应的能力。

3. 断路器以灭弧介质和绝缘介质分类

(1) 多油断路器:利用绝缘油作为灭弧介质、载流部分相间及相对地绝缘介质,见图 7.4 (a)。户外多油断路器型号常用 DW 表示。

(2) 少油断路器:油只作为断路器断口间的绝缘和灭弧介质。载流部分是借空气和陶器绝缘材料或有机绝缘材料来绝缘的,灭弧方式多为横向吹动电弧,见图 7.4 (b)。少油式断路器户外型号常用 SW 表示;户内型号常用 SN 表示。

(3) 空气断路器:压缩空气作为断路器断口间的绝缘和灭弧,压缩空气还给断路器提供分、合闸动能。

(4) SF_6 断路器:用 SF_6 气体作断口间的绝缘和灭弧介质,见图 7.4 (c)。国产户外 SF_6 断路器型号常用 LW 表示,户内型号用 LN 表示。

(5) 磁吹式断路器:当电弧电流通过吹弧线圈时产生磁束来吹弧及消弧。

(6) 真空断路器:利用真空灭弧和绝缘,灭弧时间一般只有半个周波,见图 7.4 (d),

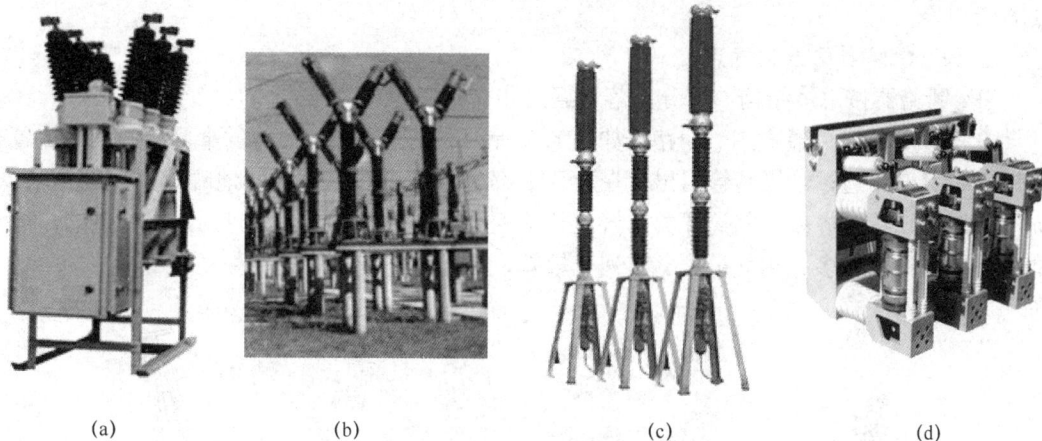

图 7.4 断路器外形

(a) 35kV 多油断路器；(b) 220kV 少油断路器；(c) 220kVSF₆ 断路器；(d) 10kV 真空断路器

国产户外真空断路器其型号常用 ZW，户内型号用 ZN 表示。

压缩空气断路器在我国已不生产，多油式断路器早年被少油断路器替代。目前我国 110kV 及以上电力系统广泛采用 SF₆ 断路器，10～35kV 系统多采用真空断路器。

二、SF₆ 断路器

1. SF₆ 气体的性质

（1）物理性质：常态下，纯净的 SF₆ 气体为无色、无味、无毒、不燃的惰性气体；SF₆ 气体的比重大，在空气中扩散慢，不能维持生命；容易液化，液化温度与压力有关，压力升高液化温度也增高，如在常压（0.1MPa）下，液化温度为 −63.8℃；在 1.2MPa 压力下，0℃时液化。为此在 SF₆ 断路器中，SF₆ 气体都不采用过高的压力，以使其保持气态。单压式 SF₆ 断路器灭弧室气体压力为 0.3～0.6MPa，断路器还装有加热器，根据温度和压力确定投入时间，防止气体液化。

（2）SF₆ 气体的电气性质。SF₆ 气体具有很强的负电性〔指 SF₆ 气体中的自由电子可以直接被 SF₆ 气体吸附成为负离子（$SF_6+e \rightarrow SF_6^-$）〕，正、负离子很容易复合成中性质点或原子，这种负电性是一般气体所没有的，因此，SF₆ 气体在电弧电流处于接近零值状态时，具有较强的灭弧能力。

此外，SF₆ 气体在 0.294MPa 压力下，SF₆ 气体的绝缘强度与普通变压器油的绝缘强度相当，其灭弧能力为空气的 100 倍。

SF₆ 气体优良的绝缘性能与灭弧性能使其应用于断路器并得到发展，目前在发电厂中，SF₆ 断路器在 110kV 及以上的升压站中广泛采用，在高压厂用电中也有使用。

（3）化学物质。一般来说 SF₆ 化学性质非常稳定，在电气设备的允许运行温度范围内，SF₆ 气体对电气设备中常用的铜、钢、铝等金属材料不起化学作用。

在电弧高温作用下，很少量的 SF₆ 气体会分解为 SOF₂、SO₂F₂、SF₄、SOF₄ 等，但在电弧过零值后，很快又再结合为 SF₆。因此，长期密封使用 SF₆ 气体做灭弧介质的断路器，虽经多次开断灭弧，SF₆ 气体也不会减少或变质。电弧的分解物的多少与 SF₆ 气体中所含水分有关，试验证明，SOF₂、SOF₄、SO₂F₂ 具有一定的毒性，对人的呼吸器官有刺激。

因此，SF₆ 断路器中常用活性氧化物或活性碳、合成沸石等吸附剂，以清除水分和电弧分解产物。

2. SF$_6$断路器的结构特点

SF$_6$断路器按总体结构，可分为落地罐式和支柱瓷套式两种。

(1) 落地罐式。罐式SF$_6$断路器如图7.5所示，在充有SF$_6$气体的金属罐内水平放置有灭弧室，引出线通过绝缘套管引出，在套管下部装有电流互感器。落地罐式断路器重心低，抗震性能好，特别容易与隔离开关、接地开关和电流互感器等组合成封闭式组合电器。缺点是罐体耗用材料较多、用气量大、系列化较差，因此价格较高。

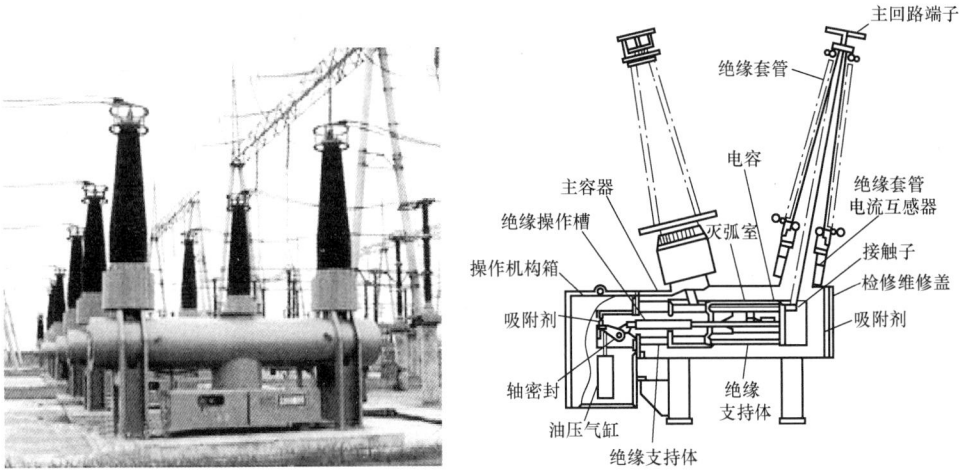

图 7.5　罐式 SF$_6$ 断路器

(2) 支柱瓷套式。国产LW10B—252型SF$_6$断路器一相外形图如图7.6所示，该型断路器为三相分装结构，每相一个断口，断路器整体呈"I"形布置，图7.7所示为灭弧室结构图。

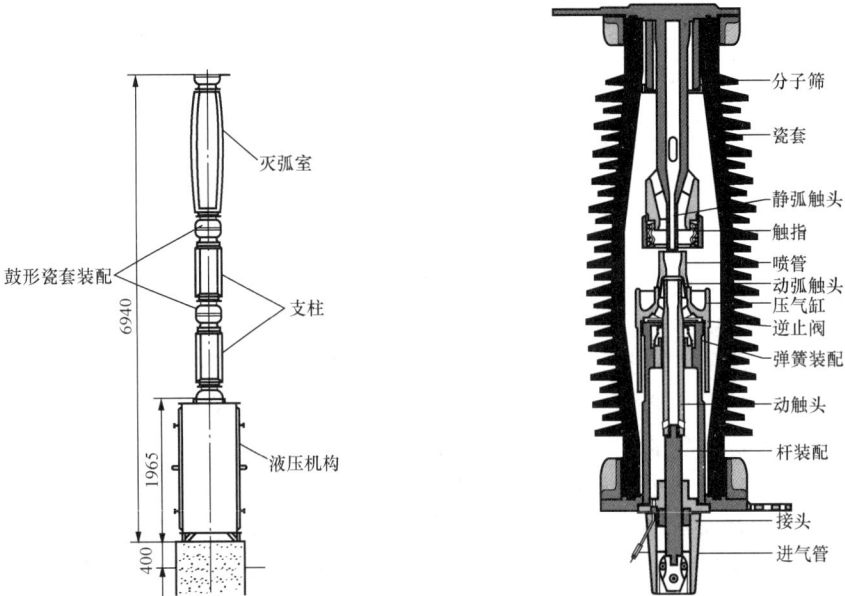

图 7.6　一相外形图

图 7.7　灭弧室结构图

断路器每相配置一台液压操作机构和一台控制柜，可进行单相操动或三相联动。断路器本体置于液压机构箱上方，灭弧室和绝缘瓷柱内腔相通，当环境温度为20℃时，灭弧室SF_6气体压力为0.6MPa。在控制柜中，装有密度继电器和压力表进行控制和监视。

瓷柱式SF_6断路器结构简单、运动部件少、系列性好，且瓷柱式断路器中SF_6气体的容积比罐式断路器小得多，用气量少，从而降低了费用。虽然由于它的重心高、抗震能力较差，使用场所受到一定限制，但瓷柱式断路器还是得到普遍使用。

3. 压气式SF_6断路器开断过程

SF_6断路器的灭弧室为单压力压气式结构，即断路器内充有0.3～0.6MPa的SF6气体，它是依靠压气作用实现气吹来灭弧的。图7.8所示为压气式SF_6断路器开断过程示意图。

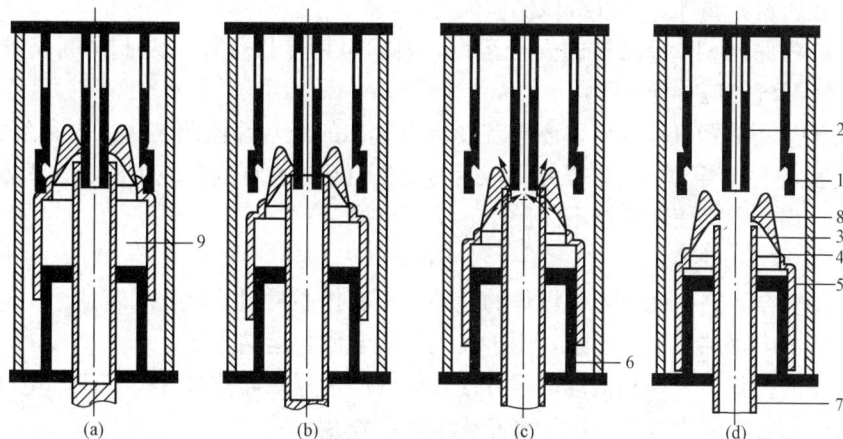

图7.8 压气式SF_6断路器开断过程示意图
（a）合闸位置；（b）触头分离；（c）气吹电弧；（d）分闸位置
1—静主触头；2—静弧触头；3—动弧触头；4—动主触头；5—压气缸；
6—活塞；7—动触头杆；8—喷嘴；9—压气室

（1）合闸时电流通路。当接线方式为高进低出时，电流由上端子进入，经触头支座、触座、触指、动触头、滑动触指、触座、缸体及下接线端子引出。当接线方式为低进高出时，电流方向与此相反。

（2）分闸。分闸时，操作拉杆带动动触头系统（包括喷嘴、动触头、可动气缸）迅速向下移动，首先静主触指和动主触头脱离接触，然后动、静弧触头分离。在动触头系统向下运动过程中，逆止阀关闭，压气缸内腔的SF_6气体被压缩，气压增大，动静弧触头分离后，SF_6气体经喷嘴向电弧区喷吹，使电弧冷却和去游离而熄灭，并使断口间的介质强度迅速恢复，以达到开断额定电流及各种故障电流的目的。例如：LW10B—252型断路器的动触头总行程（200±1）mm，主触头开距（158±4）mm，弧触头超行程（47±4）mm。

（3）合闸。图7.8（d）所示位置为分闸位置，当断路器合闸时，操作拉杆带动动触头系统向上移动，运动到一定位置时，静弧触头首先插入动弧触头中，即弧触头首先合闸，紧接着动触头的前端即主触头插入主触指中，直到完成合闸动作。由于静止的活塞上装有逆止阀，在压气缸快速向上移动的同时阀片打开，使灭弧室内SF_6气体迅速进入汽缸内，合闸时的压力差非常小。

4. 自能吹弧式SF_6断路器

自能吹弧式SF_6断路器是在压气式基础上发展起来的，又称第三代SF_6断路器。它利用电弧能量建立灭弧所需的压力差，因此固定活塞的截面积比压气式小得多。它的出现不仅使断路器的结构简化，而且相应的操动机构的操作功也可减小，有的甚至只有压气式断路器的20%，使较高等级的断路器，如220kV的断路器，可用弹簧操动机构。

5. 影响SF₆断路器安全运行的因素

对运行中的SF₆断路器，应定期测量SF₆气体的含水量。当温度低于0℃时，SF₆气体的沿面放电电压几乎与干燥状态相同，这说明水分在绝缘子表面结霜不影响其沿面放电特性。当温度超过0℃时，霜转化为水，其沿面放电电压则下降，下降程度与SF₆气体中水分含量多少有关。当温度上升超过露点之后，因凝结水开始蒸发，SF₆气体中的沿面放电电压又升高，严格控制SF₆断路器内部的水分含量对运行安全至关重要，水分与酸性杂质在一起，还会使金属材料腐蚀，导致机械操作失灵。

运行中，为保证SF₆断路器的安全运行，要求采用专用仪器定期监测断路器SF₆气体泄漏情况，年漏气体应小于1%。

为保证SF₆断路器可靠工作，还应装设绝缘气体的经常性监测装置。这种经常性装置，在规定的温度之下，当SF₆气体压力或密度的变化值超过允许变化范围时，自动发出报警信号，并装有闭锁装置，使断路器不能操作。

6. SF₆断路器的优点

（1）使用安全可靠，无火灾和爆炸的危险，不必担心材料的氧化和腐蚀。

（2）减小了电器的体积和质量，便于在工厂中装配，运输方便。

（3）设备的操作、维护和检修都很方便，全封闭电器只需监视SF₆气压，电气触头检修周期长，载流部分不受大气的影响，可减少维护工作量。

（4）无噪声和无线电干扰。

（5）冷却特性好。

（6）有利于电器设备的紧凑布置。

总之，由于SF₆气体的电气性能好，SF₆断路器的断口电压较高，在电压等级相同、开断电流和其他性能接近的情况下，SF₆断路器串联断口数较少。如220kV空气断路器和少油断路器断口为2~4个，SF₆断路器只有一个断口，开断能力超过40kA。

三、真空断路器

真空断路器是以真空作为灭弧和绝缘介质的。真空断路器目前在我国6~10kV高压厂用成套配电装置（高压厂用电开关柜）中得到了广泛应用。

1. 真空中的电弧

所谓的真空是相对而言的，指的是绝对压力低于1个大气压的气体稀薄的空间。由于真空中几乎没有什么气体分子可供游离导电，且弧隙中少量导电粒子很容易向周围真空扩散，因此真空的绝缘强度比变压器油及在大气压下的SF₆气体或空气等绝缘强度高得多。图7.9所示为不同介质的绝缘间隙击穿电压比较。

在真空中，由于气体的分子数量非常少，发生碰撞的机会很小，因此碰撞游离不是真空间隙被击穿而产生电弧的主要因素。真空中的电弧是在触头分离时，触头电极蒸发出来的金属蒸气中形成的。当触头分离时，电极表面即使有微小的突起部分，也将会引起电场能量集中而发射电子，在极小的面积上，电流密度可达10^5~10^6A/mm²，使金属发热、熔融，蒸发出来的金属蒸汽发生电离而形成电弧。因此，真空中金属蒸汽电弧的特性，主要取决于触头材料的性质及其表面情况。

电弧中的离子和粒子,与周围高真空比较起来,形成局部的高压力和高密度,因而电弧中的离子和粒子迅速向周围扩散。当电弧电流到达零值时,由于电流减少,从而向电弧供给的能量减少,电极的温度随之降低。当触头间的粒子因扩散而消失的数量超过产生的数量时,电弧因不能维持而熄灭,燃弧时间一般在 0.01s 左右。

真空断路器弧隙绝缘恢复极快,其恢复速度取决于粒子的扩散速度,但是它受到开断电流、磁场、触头面积及触头材料等的影响极大。

2. 真空灭弧室和断路器的结构

真空灭弧室是真空断路器的核心部分,外壳大多采用玻璃和陶瓷两种。真空灭弧室如图 7.10 所示,在密封并抽成真空的玻璃或陶瓷容器内,装有静触头、动触头、电弧屏蔽罩、波纹管。动、静触头连接导电杆,与大气连接,在不破坏真空的情况下,通过波纹管完成触头部分的分、合动作。波纹管一般由不锈钢制成。

图 7.9 不同介质的绝缘间隙击穿电压比较

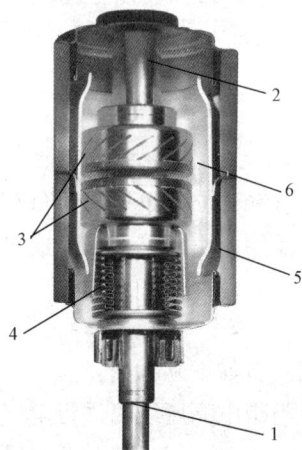

真空灭弧室的外壳作灭弧室的固定件并兼有绝缘作用。在触头外面四周装有金属屏蔽罩,可以防止因燃弧产生的金属蒸气附着在绝缘外壳的内壁而使绝缘强度降低,同时它又是金属蒸气的有效凝聚面,能够提高灭弧室的开断性能。屏蔽罩使用的材料有 Ni、Cu、Fe、不锈钢等。

真空灭弧室的真空处理是通过专门的抽气方式进行的,真空度一般达到 $1.33\times10^{-3}\sim1.33\times10^{-7}$Pa。

真空开关电器的应用主要取决于真空灭弧室的技术性能。目前世界上在中压等级的设备中,随着真空灭弧室技术的不断完善和改进,电极的形状、触头的材料、支撑的方式都有了很大的提高,真空开关在使用中占有相当大的优势。从整体形式看,对陶瓷式真空灭弧室应用较多,尤其是开断电流在 20kA 及以上的真空开关电器,具有更多的优势。

图 7.11 为 VD4-12 型真空断路器的外形图。断路器为手车式,由框架、操动机构及灭弧室组成。断路器三相联动。断路器分闸靠分闸弹簧的储能提供动能。其开断电流为 31.5~40kA。将断路器手车置于高压开关柜中,作为成套配电装置。适用于发电厂高压厂用 6.3kV 负荷的控制与保护,尤其适用于频繁操作的场所。

3. 真空断路器的特点

真空断路器具有体积小、无噪声、无污染、寿命长、可以频繁操作、不需要经常检修等优点,因此特别适合配电系统使用。此外,真空断路器灭弧介质或绝缘介质不用油,没有火灾和爆炸的危险。触头部分为完全密封结构,不会因潮气、灰尘、有害气体等影响而降低其性能,工作

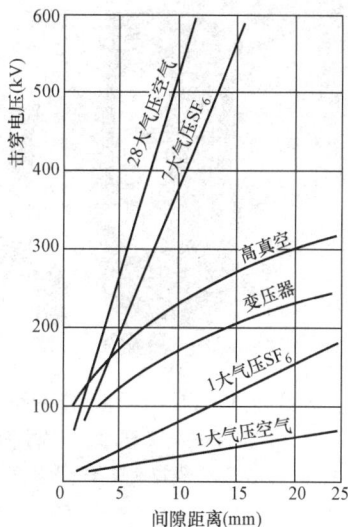

图 7.10 真空灭弧室

1—动触头导电杆;2—静触头导电杆;
3—动、静触头;4—波纹管;
5—玻璃外壳;6—电弧屏蔽罩

图 7.11   VD4-12 型真空断路器外形图
1—上部接线端子；2—下部接线端子；
3—陶瓷外壳真空灭弧室；
4—弹簧操动机构

可靠，通断性能稳定。灭弧室作为独立的元件，安装调试简单方便。由于它开断能力强、开断时间短，还可以用作其他特殊用途的断路器。

四、操动机构

断路器在工作过程中的合、分闸动作是由操动系统来完成的。操动系统由相互联系的操动机构和传动机构组成。后者常归入断路器的组成部分。操动机构的工作性能和质量对断路器的工作性能和可靠性影响很大。

根据正常操动合闸所直接利用的动能形式的不同，操动机构分为电磁型、弹簧型、液压型、电动型、气动型等多种类型。它们均为自动操动机构。其中，电磁型和电动型需直接依靠合闸电源提供操动功率，液压型、弹簧型、气动型则只需间接利用电能，并经转换设备和储能装置用非电能形式操动合闸，故短时失去电源后可由储能装置提供操动功率，因而减少了对电源的依赖程度。

目前断路器常用的操动机构是弹簧操动机构和液压操动机构。

弹簧操动机构利用已储能的弹簧为动力使断路器动作。弹簧储能通常由电动机通过减速装置来完成。对于某些操作功不大的弹簧操动机构，为了简化结构、降低成本，也可用手力来储能。弹簧操动机构的优点是不需要大功率的直流电源、电动机功率小（几百瓦到几千瓦）、交直流两用、机械寿命可达数万次；缺点是结构比较复杂、零件数量多、加工要求高，另外随着机构操作功的增大，重量显著增加。弹簧操动机构一般只用于操作 126kV 及以下的断路器，弹簧储能为几百焦耳到几千焦耳。

液压操动机构的工作压力高，一般在 20～30MPa 之间。因此，在不大的结构尺寸下就可以获得几吨或几十吨的操作力，而且控制比较方便。特别适合用于 126kV 以上的高压和超高压断路器。

第三节   隔 离 开 关

隔离开关是一种没有灭弧装置的开关设备。它一般只用来关合和开断有电压、无负荷的线路，而不能用以开断负荷电流和短路电流，需要与断路器配合使用，由断路器来完成带负荷线路的关合、开断任务。

一、隔离开关的用途与要求

作为电力系统中使用得最多的一种电器，隔离开关的主要用途有如下几方面：

（1）在分闸位置，对被检修的高压母线、断路器等电气设备与带电高压线路进行电气隔离，以形成安全的电气设备检修断口，建立可靠的绝缘回路。

（2）分合电压互感器和避雷器。

（3）双母线接线中倒母线操作。

（4）也可用于接通或分断很小的电容电流和电感电流。

二、隔离开关的典型结构

按安装地点的不同，隔离开关可划分为户内、户外两种。户内隔离开关的型号常用 GN 表示，一般用于 35kV 电压等级及以下的配电装置中。户外隔离开关的型号则用 GW 表示，对这类隔离开关考虑到其触头直接暴露于大气中，因此要适应各种恶劣的气候条件。

隔离开关的结构形式很多，这里仅介绍其中有代表性的典型结构。

1. 户内隔离开关

户内隔离开关有三极式和单极式两种，一般为刀闸隔离开关。图 7.12 所示为 GNl9-10/400、600 型隔离开关，其每相导电部分通过两个支柱绝缘子固定在底架上，三相平行安装。每相闸刀中间均有拉杆瓷瓶，拉杆瓷瓶与安装在底架上的主轴相连。主轴通过拐臂与连杆和操动机构相连接，以操动隔离开关。主轴两端伸出底座，任何一端均可与操动机构相连。

导电部分主要由闸刀与静触头组成。静触头装在两端的支柱绝缘子上，每相闸刀由两片槽形铜片组成。它不仅增大了闸刀的散热面积，对降低温升有利，而且提高了闸刀的机械强度，使开关的动稳定性提高。闸刀的一端通过轴销（螺栓）安装在静触头上，转动闸刀另一端与静触头部分连接，而闸刀接触压力靠两端接触弹簧来维持。

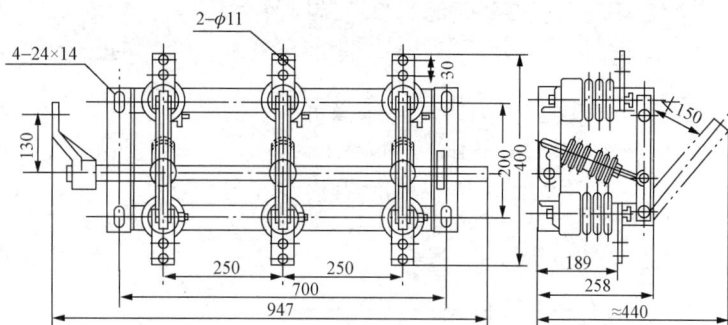

图 7.12　GN19-10/400、600 型隔离开关

容量较大的隔离开关在接触处安装有磁锁压板。当很大的短路电流通过时，加强了两槽形触刀之间的吸引力，增加了接触压力，因而提高了开关的动、热稳定性。

2. 户外隔离开关

户外隔离开关有单柱式、双柱式和三柱式三种。由于其工作条件比户内隔离开关差，受到外界气象变化的影响，因而其绝缘强度和机械强度要求较高。

图 7.13 所示为 GW4-110/1000 型双柱式隔离开关。它的主闸刀固定在绝缘瓷柱顶部的活动出线座上，触头为矩形，外装防护罩，以防雨、冰和雪、灰尘等。图 7.13 中闸刀位于合闸位置。分合闸操作时，操动机构的交叉连杆带动两个支柱绝缘子向相反方向转动 91°，从而完成操作。这种开关不占上部空间，可采用手动操作或电动操作。

图 7.14 所示为国产新型 GW5-35D 型 V 形双柱式隔离开关，其底座较小，目前在发电厂、变电所中应用较为广泛。开关刀闸分成两半，可动触头成楔形连接。操作时，两个棒式绝缘子以相同速度反向转动 90°，使隔离开关开断或接通，有手动、电动两种操动机构。同时为保证检修工作的安全，设置了接地刀闸。

图 7.15 所示为 GW7-330D 型三柱式隔离开关，它为水平开启式双断口结构。每相有三个瓷柱，边上两个瓷柱 3 是静止不动的，其顶上各有一个静触头 5；中间瓷柱 7 用来支持主刀闸 6，同时是一个操作瓷柱，可在水平面上转动 70°。操作时，操动机构通过底座 1 上的传动杆带动中间瓷柱转动，实现分闸或合闸。

图 7.16 所示为 GW6-220GW 型单柱式隔离开关。这类开关的静触头被独立地安装在架

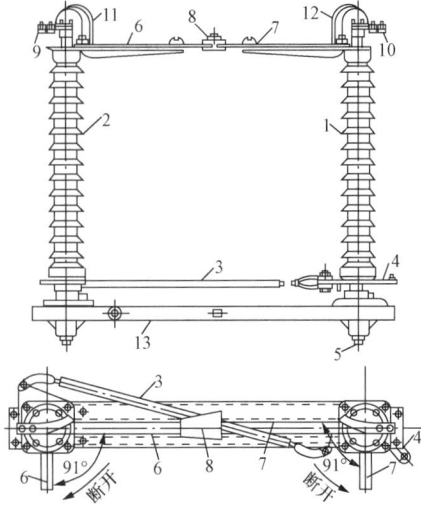

空母线上。刀闸安装在瓷柱顶部由操动机构通过传动机构带动,像剪刀一样向上运动。使用该类隔离开关可以显著减少变电所占地面积,但因结构较复杂,一般只用于 220kV 及以上的电压等级中。

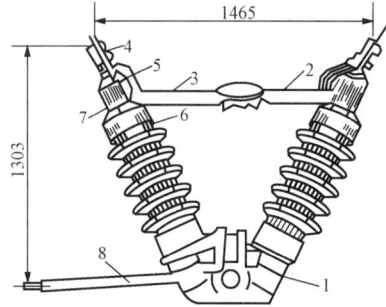

图 7.13　GW4-110/1000 型双柱式隔离开关

1、2—支柱绝缘子;3—连杆;4—操动机构的
牵引杆;5—支柱绝缘子的轴;6、7—刀闸;
8—触头;9、10—接线端子;11、12—
挠性导体;13—底座

图 7.14　国产新型 GW5-35D 型
V 形双柱式隔离开关

1—底座;2、3—刀闸;4—接线端子;
5—软连接导体;6—支持磁柱;
7—支承座;8—接地开关

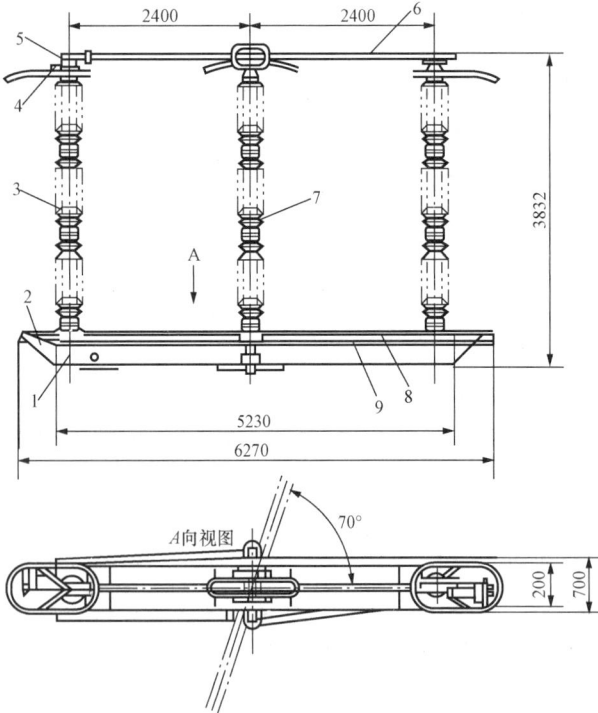

图 7.15　GW7-330D 型三柱式隔离开关

1—底座;2—接地刀支架;3—支持瓷柱;4—
均压环;5—静触头;6—主刀闸;7—操作
瓷柱;8—接地刀闸;9—拉杆

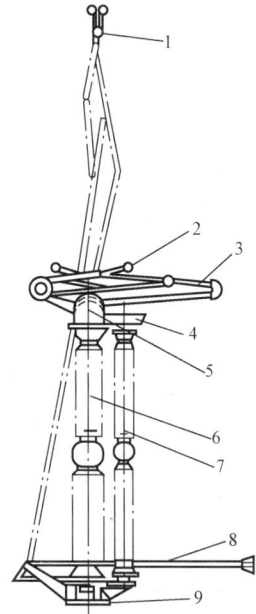

图 7.16　GW6-220GW 型单柱式隔离开关

1—静触头;2—动触头;3—导电折架;
4—传动瓷柱;5—接线板;6—支持
瓷柱;7—操动瓷柱;8—接地
开关;9—底座

第四节　高压限流熔断器与真空接触器组合开关（F-C）

一、F-C 开关的功能

F-C 开关即真空接触器加熔断器或 SF$_6$ 接触器加熔断器的组合。用限流熔断器加接触器来代替断路器，从本质上说就是将断路器身兼的两种功能分开，让其大量使用的控制功能由接触器来完成，而极少应用的保护功能由熔断器来完成。由于接触器和熔断器的制造技术要比大容量的断路器的制造工艺简单得多，材料用量及制造成本也低得多，再加上真空接触器（SF$_6$ 接触器）具有寿命长、宜频繁操作、体积小、质量轻、不爆炸、检修方便且开断性能良好等一系列经济技术上显而易见的优点，F-C 组合回路被广泛用于大型发电厂高压厂用 6.3kV 系统，以及电动机容量小于 1500kW 和低压厂用变压器容量小于 2000kV·A 的出线回路的远距离控制和频繁操作。

二、接触器的结构与基本工作

交流接触器的结构示意图如图 7.17 所示。当电磁铁线圈通电时，产生电磁力吸引衔铁，使动触头动作，然后动、静触头闭合。当电磁铁线圈断电后，由于激磁消失，衔铁在自身重量和返回弹簧的作用下，向下跌落，使动、静触头分开。

为了自动控制的需要，接触器除了有接通和断开主电路用的主触头外，还有为了实现自动控制而接在控制回路中的辅助触点。

三、熔断器与限流熔断器

1. 熔断器

熔断器主要由金属熔体、连接熔体的触头装置和外壳组成，如图 7.18 所示。金属熔体是熔断器的主要元件，熔体的材料一般有铜（熔点 1080℃）、银（熔点 960℃）、锌（熔点

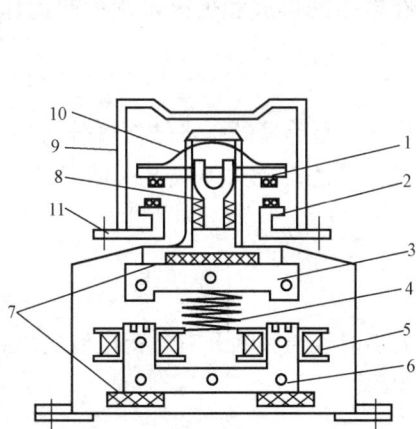

图 7.17　交流接触器的结构示意图
1—动触头；2—静触头；3—衔铁；4—缓冲弹簧；5—电磁铁；6—铁芯；7—垫毯；8—触点弹簧；9—灭弧罩；10—触点压力簧片；11—主电路接线端子

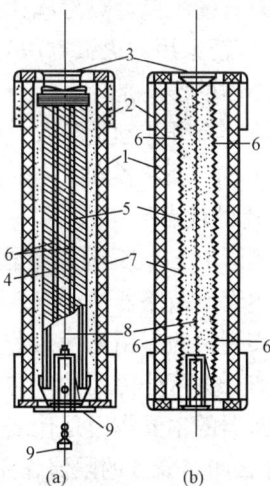

图 7.18　熔断器的熔丝管的结构图
（a）熔体绕于陶瓷芯；（b）具有螺旋形熔体
1—瓷质熔管；2—黄铜端盖；3—顶盖；4—陶瓷芯；5—熔体；6—小锡球；7—石英砂；8—细钢丝；9—熔断指示

420℃)、铅（熔点 327℃）和铅锡合金（熔点 200℃）等。熔体在正常工作时，仅通过不大于熔体额定电流值的负载电流，其正常发热温度不会使熔体熔断。当过载电流或短路电流通过熔体时，熔体因电阻发热而熔化断开。

高压熔断器要求有较大的分断电流能力。由于铜和银的电阻率小、热传导率较大，因此，铜或银熔体的截面积较小，熔断时产生的金属蒸汽也少，易于灭弧。但由于铜、银熔点较高，熔体不易熔断。为了克服这个缺点，最简单的办法是在铜、银熔体的表面焊接小锡球或小铅球，当熔体发热到锡或铅的熔点时，锡或铅的小球先熔化后渗入铜、银内部，形成合金，电阻加大，发热加剧，同时熔点降低，这种方法称为冶金效应法。

2. 限流熔断器

当流经熔丝的短路电流很大时，熔丝的温度可在短路电流上升到峰值前达到其熔点，此时被石英砂包围的熔丝立即在全长范围内熔化、蒸发，在狭小的空间中形成很高的压力，迫使金属蒸气向四周喷溅并深入到石英砂中，使短路电流被截断，限制了短路电流上升到最大值，体现出熔断器的限流作用。

厂用电回路发生短路故障时，短路电流的峰值一般发生在短路后 0.01s 处，由于 F-C 回路中熔断器动作速度极快（当短路电流为 40kA 时，熔断器全熔断时间仅为 0.005～0.008s），因此当回路发生短路时，短路电流离到达峰值很远点便被截断，于是在 F-C 后面的回路中流过一个较预期短路电流要小得多的电流，保护了厂用电气设备免遭大电流的危害。虽然熔断器熔体动作后就不能再用，但因其售价为数百元，加上回路短路的概率很小，所以由熔断器跳闸开断回路的费用不大。

思 考 题

7.1 何谓碰撞游离、热游离、去游离？它们在电弧的形成和熄灭过程中起何作用？现代开关电器中广泛采用的灭弧方法有哪几种？

7.2 断路器的作用是什么？分为几种类型？

7.3 断路器有哪些额定参数？它们的意义是什么？断路器的基本结构可分为哪几部分？

7.4 简述 SF_6 断路器和真空断路器的灭弧原理。简述自能灭弧式 SF_6 断路器与第二代 SF_6 断路器相比的优点。

7.5 简述影响 SF_6 断路器安全运行的因素。

7.6 简述真空断路器的特点。

7.7 隔离开关的作用是什么？为什么隔离开关不能接通和断开有负荷电流的电路？

7.8 隔离开关可分为几种？它们的基本结构如何？

7.9 熔断器的主要作用是什么？

7.10 什么叫熔断器的限流作用？

第八章 互 感 器

互感器是将电路中的大电流变为小电流，将高电压变为低电压的电气设备，作为测量仪表和继电器的交流电源。互感器可分为电压互感器（PT）和电流互感器（CT）两类，它们的基本原理与变压器相似，但又有其特殊性。互感器是一种特殊变压器。

第一节 互 感 器 的 作 用

一般来说，互感器有以下几个方面的作用：

（1）将高电压、大电流转变为仪表及有关装置所接受的低电压、小电流。

（2）互感器一、二次之间在电气上互相绝缘。

（3）将不同的高电压、大电流变换为相同的低电压、小电流。如 PT 的二次额定电压，一般为 100V 或 $100/\sqrt{3}V$；CT 的二次额定电流一般为 5A 或 1A。

（4）使设备布置简单、规范、安装方便，同时便于集中管理，实现远程控制。

为了确保人在接触测量仪表和继电器时的安全，互感器二次绕组必须接地。因为接地后，当一次绕组和二次绕组间的绝缘损坏时，可以防止仪表和继电器出现高电压，危及人身安全。

第二节 电流互感器（电磁式）

一、电磁式电流互感器的工作原理

电流互感器的工作原理与普通变压器相似，是按电磁感应原理工作的。电流互感器接线原理图如图 8.1 所示。

电流互感器一次额定电流 I_{1e} 与二次额定电流 I_{2e} 之比，称为变流比，用 k_i 表示，即

$$k_i = I_{1e}/I_{2e} \tag{8.1}$$

根据磁势平衡原理，忽略励磁电流时，可认为

$$k_i \approx N_2/N_1 = K_N \tag{8.2}$$

式中　N_1——一次绕组匝数；

　　　N_2——二次绕组匝数；

　　　K_N——匝数比。

电磁式电流互感器与变压器比较，其工作状态有如下几个特点：

（1）电流互感器一次绕组是串接在一次侧电路内，由于电流互感器一次绕组匝数少、阻抗小，因此串接在一次侧电路中对一次侧电路的电流没有影响。而变压器的一次电流是随二次电流变化的。

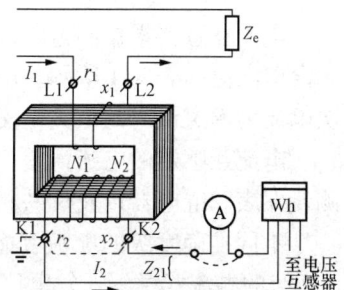

图 8.1　电流互感器接线原理图

(2) 电流互感器二次绕组串接的仪表和继电器电流线圈的阻抗很小,因此在正常运行时,相当于二次侧短路的变压器。

(3) 由于二次负荷阻抗很小,因此在一定范围内二次负荷的变化,对二次电流影响很小,可认为一次电流与二次负荷的变化无关。

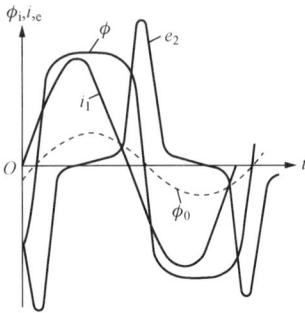

图 8.2 电流互感器二次开路时磁通和电动势波形

(4) 电流互感器运行时不允许二次绕组开路。这是因为在正常运行时,二次负荷产生的二次磁动势 $\dot{I}_2 N_2$, 对一次磁动势 $\dot{I}_1 N_1$ 有去磁作用,因此励磁磁动势 $\dot{I}_0 N_1$ 及铁芯中的合成磁通 Φ_0 很小,在二次绕组中感应的电动势不超过几十伏。当二次侧开路时,二次电流 $\dot{I}_2 = 0$, 二次侧的去磁磁动势也为零,而一次磁动势不变,全部用于激磁,励磁磁动势 $\dot{I}_0 N_1 = \dot{I}_1 N_1$, 合成磁通很大,使铁芯出现高度饱和,此时磁通 Φ 的波形接近平顶波,磁通曲线过零的 $\dfrac{d\Phi}{dt}$ 很大,因此二次绕组将感应几千伏的电动势 e_2, 如图 8.2 所示。

为了防止二次绕组开路,规定在二次侧回路中不允许装设熔断器。如果在运行中必须拆除测量仪表或继电器,则应先在断开处将二次绕组短路,再拆下仪表。

二、电磁式电流互感器的误差

由图 8.3 所示的电流互感器的等值电路可以看出,由于励磁电流 I_0 的影响,使一次电流 $\dot{I}_1$ 与 $-K_N \dot{I}_2$(即 $-\dot{I}'_2$)在数值上和相位上都有差异,因此测量结果有误差。通常,此误差是用电流误差和角误差来表示的。

1. 电流误差(比差)

电流误差,以电流互感器测出的电流 $K_N I_2$ 和实际电流 I_1 之差,对实际电流 I_1 的百分比表示,即

$$\Delta I\% = \frac{K_N I_2 - I_1}{I_1} \times 100\% \qquad (8.3)$$

2. 角误差(角差)

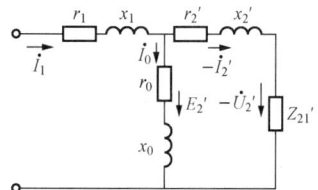

图 8.3 电流互感器的等值电路

角误差,以旋转 180°的二次电流相量 $-\dot{I}'_2$, 与一次电流相量 $\dot{I}_1$ 的夹角 δ_i 表示,并规定 $-\dot{I}'_2$ 超前 $\dot{I}_1$ 时, δ_i 为正值,反之为负值。

三、电磁式电流互感器的准确度级和额定容量

1. 电流互感器的准确度级

电流互感器根据测量时误差的大小而划分为不同的准确度级,我国电流互感器准确度级和误差限值如表 8.1 所示。由表 8.1 可知,准确度级是指在规定的二次负荷变化范围内,一次电流为额定值时的最大电流误差。

电流互感器的电流误差,能引起各种仪表和继电器产生测量误差,而角误差只对功率型测量仪表和继电器以及反映相位的继电保护装置有影响。

不同准确度级的电流互感器用于不同的场合。实验室内的精密测量,要求使用 0.1~0.2 级的电流互感器。发电厂、变电所的盘式仪表,可以使用 0.5~1 级的电流互感器,但是发电机、调相机、变压器、厂用电和引出线的计费用电度表,必须使用 0.2~0.5 级的电

流互感器。3 级的电流互感器用于一般测量和某些继电保护。

表 8.1　　　　　　　　　　　电流互感器准确度级和误差限值

准确度级	一次电流为额定电流的百分数（%）	误　差　限　值		二次负荷变化范围
		电流误差（±%）	相位差（±'）	
0.2	10	0.5	20	—
	20	0.35	15	
	100～120	0.2	10	
0.5	10	1	60	（0.25～1）S_{2N}
	20	0.75	45	
	100～120	0.5	30	
1	10	2	120	—
	20	1.5	90	
	100～120	1	60	
3	50～120	3	不规定	（0.5～1）S_{2N}

　　保护用电流互感器与测量用的工作条件有很大不同，测量用电流互感器是在回路正常时测量的电流量；而保护用电流互感器是在回路发生故障，通过的电流较正常值大几倍甚至几十倍的情况下工作。因此，对测量用的互感器主要要求其准确度高；而对保护用的，准确度的要求并不高，其主要要求如下：

　　（1）必须有足够的动、热稳定性。

　　（2）必须有足够大的过电流能力，即额定 10% 倍数（$K_{10}\%$）。

　　所谓额定 10% 倍数（$K_{10}\%$）是指在额定负荷（$\cos\varphi = 0.8$）下，电流互感器的电流误差为 −10% 时，所流过的一次电流 I_1 对一次额定电流 I_{1N} 的倍数，即

$$K_{10}\% = I_1/I_{1N} \tag{8.4}$$

　　对保护用电流互感器而言，$K_{10}\%$ 是一个很重要的技术参数。$K_{10}\%$ 越大，表示过电流能力越强。

　　2. 电流互感器的额定容量

　　电流互感器的额定容量 S_{2N} 是指电流互感器在二次额定电流 I_{2N} 和二次额定阻抗 Z_{2N} 下运行时，二次绕组输出的容量，即 $S_{2N} = I_{2N}^2 Z_{2N}$。由于电流互感器的二次额定电流为标准值（5A 或 1A），也为了便于计算，有的厂家常提供电流互感器的 Z_{2N} 值。

　　因电流互感器的误差和二次负荷有关，所以同一台电流互感器使用在不同准确度级时，会有不同的额定容量。

　　四、电磁式电流互感器的结构实例

　　1. 浇注式

　　浇注式广泛用于 10～20kV 级电流互感器。一次导杆和二次绕阻均浇注成一整体。先将一、二次绕组浇注成一体，然后再叠装铁芯。图 8.4 所示为浇注绝缘电流互感器结构（多匝贯穿式）。

　　图 8.5 所示为 LQJ-10 型电流互感器。LQJ-10 型电流互感器是目前常用于 10kV 高压开关柜中的户内线圈式环氧树脂浇注绝缘加强型电流互感器，有两个铁芯和两个二次绕组分别

为 0.5 级和 3 级。

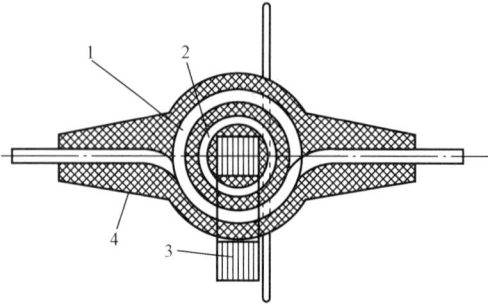
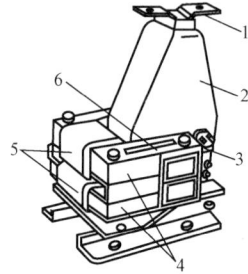

图 8.4　浇注绝缘电流互感器结构（多匝贯穿式）

1—一次绕组；2—二次绕组；3—铁芯；4—树脂混合料

图 8.5　LQJ-10 型电流互感器

1—一次接线端子；2—一次绕组；

3—二次接线端子；4—铁芯；

5—二次绕组；6—警示牌

2. 支柱绝缘电流互感器

图 8.6 所示为 LCW-110 型支柱绝缘电流互感器绕组结构图及外形图，它是多匝支柱式油浸瓷绝缘"8"字形绕组 110kV 户外电流互感器。

SF_6 电流互感器有两种结构形式：一种是与 SF_6 组合电器（GIS）配套用的；一种是可独立使用的，通常称为独立式 SF_6 电流互感器，这种互感器多做成倒置式结构，如图 8.7 所示。SF_6 气体的绝缘性能与其压力有关。这种互感器中气体压力一般选择 0.3～0.35MPa，所以要求其壳体和瓷套都能承受较高的压力。

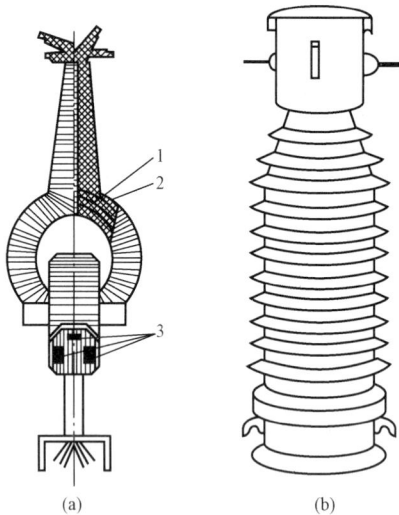
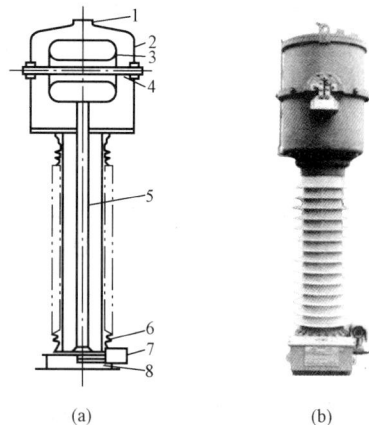

(a)　　　　　(b)

图 8.6　LCW-110 型支柱绝缘电流互感器

（a）绕组结构图；（b）外形图

1—一次绕组；2—一次绕组绝缘；

3—二次绕组及铁芯

(a)　　　　　(b)

图 8.7　倒置式 SF_6 气体绝缘电流

互感器结构及外形图

（a）结构图；（b）外形图

1—防爆片；2—外壳；3—铁芯外壳；4—一次

导管；5—引线导管；6—硅橡胶复合绝缘

套管；7—接线盒；8—底座

第三节　电压互感器（电磁式）

一、电磁式电压互感器的工作原理

电磁式电压互感器的工作原理和结构，与电力变压器相似，只是容量较小，通常只有几十伏安或几百伏安。电磁式电压互感器原理示意图如图 8.8 所示。

电压互感器的一次绕组和二次绕组的额定电压比，称为电压互感器的额定变压比，用 K_u 表示，并近似等于匝数之比，即

$$K_u = U_{1e}/U_{2e} \approx N_1/N_2 \approx K_N \tag{8.5}$$

电磁式电压互感器与变压器比较，其工作状态有如下几个特点：

（1）电压互感器的一次绕组并联于电网，二次绕组向并联的测量仪表和继电器的电压线圈供电。由于这些电压线圈的阻抗大、取用电流小，因此电压互感器工作在接近空载状态，而且二次负荷恒定不变。

（2）电压互感器的二次负荷不致影响一次电压，同时二次

图 8.8　电磁式电压互感器
原理示意图

电压接近于二次电势，并随一次电压的变动而变动。因此，电压互感器二次电压的大小，可以反映一次侧电网电压的大小。

二、电磁式电压互感器的误差

电压互感器的等值电路，与普通电力变压器相同。由于励磁电流漏阻抗和二次负荷电流的影响，使 $\dot{U}_2'$ 不等于 $\dot{U}_1$。电压互感器测量结果存在着两种误差，即电压误差和角误差。

1. 电压误差

电压误差为电压互感器测出的电压 $K_u U_2$ 与实际一次电压 U_1 之差，并以实际一次电压 U_1 的百分数表示，即

$$\Delta U\% = \frac{k_u U_2 - U_1}{U_1} \times 100\% \tag{8.6}$$

2. 角误差

角误差为旋转 180° 的二次电压相量 $-\dot{U}_2'$ 与一次侧电压相量 $\dot{U}_1$ 之间的夹角 δ_u，并规定 $-\dot{U}_2'$ 超前 $\dot{U}_1$ 时的角误差为正值，反之角误差为负值。

三、电磁式电压互感器的准确度级和额定容量

1. 准确度级

电压互感器的准确度级分为 0.2、0.5、1、3 级，各准确度级下误差的限值列于表 8.2 中。

准确度为 0.2 级的电压互感器，只用于实验室的精密测量；发电厂和变电所的盘式仪表，使用 0.5～1 级的电压互感器；发电机、调相机、变压器、厂用电和引出线上装设的电度表，以及用于计算电费的电度表，应采用 0.2～0.5 级的电压互感器；3 级电压互感器用于一般测量和某些继电保护。

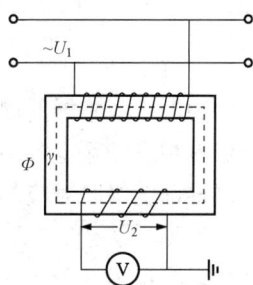

表 8.2 电压互感器准确度级和误差限值

准确度级	误 差 限 值		一次电压变化范围	频率、功率因数及二次负荷变化范围
	电压误差（±%）	相位差（±'）		
0.2	0.2	10		$(0.25\sim1)S_{2N}$
0.5	0.5	20	$(0.8\sim1.2)U_{1N}$	$\cos\varphi_2=0.8$
1	1.0	40		$f=f_N$
3	3.0	不规定		

2. 额定容量

因为电压互感器的误差与二次负荷的大小有关，所以电压互感器对应于每一准确度级，都规定有相应的额定容量，即二次负荷超过某准确度级的额定容量时，准确度级便下降。规定最高准确度级时对应的额定容量，为电压互感器的额定容量。例如，JDZ-10 型电压互感器，0.5 级时为 80V·A，1 级时为 120V·A，3 级时为 300V·A，最大容量为 500V·A，则其额定容量为 80V·A。电压互感器的最大容量是按发热条件规定的长期允许最大容量，只有在供给信号灯、分闸线圈、电压互感器的误差不影响仪表和继电器正常工作时，才允许将电压互感器用于最大容量。

四、电磁式电压互感器的注意事项

根据电磁式互感器（PT）的工作原理，电磁式 PT 在使用过程中除应满足额定电压、变比、容量、准确度级等要求外，还应注意以下几个方面：

（1）运行中的电压互感器在任何情况下，二次绕组不允许短路。一旦出现短路，由于阻抗仅为电磁式 PT 本身的漏阻抗，电流将会大大增加，以致烧坏设备。因此，电磁式 PT 二次侧可装保险或空气小开关，作为短路保护。

（2）电磁式电压互感器的二次侧必须有一端接地，以防止其一、二次绝缘击穿时，一次侧高压窜入二次侧危及人身及设备安全。

（3）电压互感器在连接时，应注意一、二次极性。

五、电磁式电压互感器的结构实例

1. 普通结构的油浸式

普通结构的油浸式电压互感器主要用在 35kV 及以下电压等级的系统，为过去使用最多

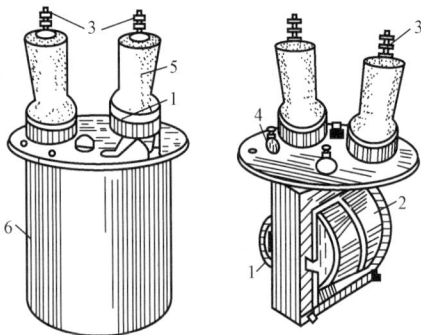

图 8.9　JDJ-10 型油浸自冷式
单相电压互感器

1—铁芯；2——一次绕组；3——一次绕组引出端；4—
二次绕组引出端子；5—套管绝缘子；6—外壳

的一种电磁式电压互感器。JDJ-10 型油浸自冷式单相电压互感器如图 8.9 所示，其结构与普通油浸式变压器相同，即绕组及铁芯置于油箱内，油箱中注入变压器油。与变压器不同的是这种电磁式电压互感器不需散热器等附件。但在室内，目前已广泛采用环氧树脂浇注型代替。

2. 浇注式

浇注式电压互感器主要用在 35kV 及以下电压等级的系统。图 8.10 所示的 JDZJ-10 型电压互感器，为环氧树脂浇注绝缘成型的干式电压互感器，多用于户内配电装置；6～35kV 户外多采用硅橡胶绝缘的干式电压互感器。它们具有干式电

器的一般优点，一般为单相结构，二次绕组根据需要可以是一组，也可以是两组。

3. 油浸串级式

油浸串级式电压互感器用于 110kV 及以上电压等级的系统。图 8.11 所示为单相串级式 JCC$_1$-110 型电压互感器的结构图［C（第二个字母）：单相串级式三绕组；C（第三个字母）：瓷绝缘］。电压互感器的铁芯和绕组装在充油的瓷外壳内，铁芯带电位，用支撑电木板固定在底座上。储油柜工作时带电，一次绕组首端自储油柜上引出，一次绕组末端和二次绕组出线端自底座引出。

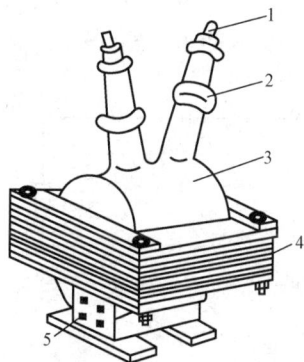

图 8.10　JDZJ-10 型电压互感器
1——次接线端；2—高压绝缘套管；3——、二次绕组及
环氧树脂浇注；4—铁芯；5—二次接线端

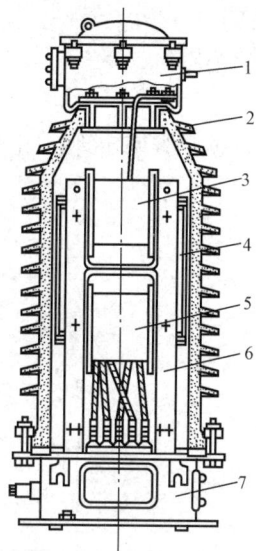

图 8.11　JCC$_1$-110 型串级电压
互感器结构图
1—油扩张器；2—瓷外壳；3—上柱
绕组；4—铁芯；5—下柱绕组；
6—支撑电木板；7—底座

第四节　电容式电压互感器

电容式电压互感器（简称为 CVT）在高压及超高压系统中应用十分广泛，主要用于变电所的线路出口处，目前已完全取代了电磁式电压互感器。随着技术水平的提高，再加之适当地选择设备，CVT 完全能取代母线用电磁式电压互感器。之所以在高压及超高压系统中极力推崇采用 CVT，是因为它具有一系列电磁式电压互感器无法比拟的优点，例如：

（1）设备结构简单，绝缘强度高，绝缘可靠性好。即使中间电磁单元故障，在短时间内也不致引起设备爆炸。

（2）不会产生与断路器断口电容相匹配的铁磁谐振，运行方式比较灵活。

（3）可兼作载波用的耦合电容器。

（4）运行维护简单，实现带电绝缘监视比较容易。

（5）价格便宜，电压等级愈高，效果愈明显。

同其他任何事物一样，电容式电压互感器也有它的缺点，如容量小、暂态响应特性差以及准确度低等。故 CVT 只是在 20 世纪 80 年代中期，技术工艺水平发展到一定程度，其不足之处逐渐得到改进的基础上，才获得了广泛应用。

　　下面简要介绍一下电容式电压互感器的工作原理。CVT 是由电容分压器逐步发展过来的。因此电容分压理论为其基础。

　　如图 8.12 所示，电容 C_1、C_2 组成电容分压器。如不考虑负载 Z，则有

$$U_1/U_2 = C_2/C_1 \tag{8.7}$$

分压比为

$$K = U/U_2 = (C_1 + C_2)/C_1 \tag{8.8}$$

　　根据戴维南定理，图 8.12（a）可变换为图 8.12（b），则有

$$\dot{U}_2 = \frac{\dot{U}}{K} - \dot{I}_2 Z_e \tag{8.9}$$

其中

$$Z_e = 1/\omega(C_1 + C_2) \qquad \text{（a,b 两点开路）}$$

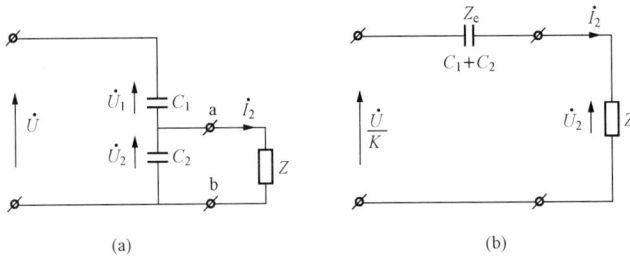

图 8.12　电容分压器
(a) 原理图；(b) 等值电路图

　　电容分压器作为电压互感器，将存在如下几点不足：

　　(1) 二次电压 $\dot{U}_2$ 将随着负载的变化而变化，并且误差很大。这是因为电容分压器的内阻抗 Z_e 很大，其上将会产生可观的电压降，从而使一、二次电压之间具有相当大的误差。此外，负载变化时，负载电流 $\dot{I}_2$ 随之而变，由式（8.9）可以看出，二次电压 $\dot{U}_2$ 将随之而变。

　　(2) 二次侧所获得的容量很小。单纯的电容分压器不能直接与测量、保护装置相连，必须在采取适当的改进措施后，才能成为具有实用价值的电容式电压互感器。

　　针对产生问题的原因，目前所采用的改进措施如下：

　　(1) 在回路中串入一电抗器，选择适当的参数，使回路实现串联谐振。这样便可将内阻抗 Z_e 降至最小（仅为电阻，电抗为零），使得二次负荷的变化基本不影响二次电压，并大大提高了准确度。该电抗器称为补偿电抗器。

　　(2) 提高 C_2 上所承受的电压。因 $Q_2 \propto U_2^2$，则提高 U_2 可大大提高二次侧所获取的容量 Q_2。因此需引入一个中间变压器，将 C_2 上的电压进一步降至低压标准电压（如 100V、$100/\sqrt{3}$V 等）。

　　这样，实用的 CVT 主要由电容分压器单元和电磁单元组成，其结构原理图如图 8.13 所示。

　　当电压互感器二次负荷增加时，负荷电流在补偿电抗器上形成的电压降，使电容器 C_2 上的电压高于由分压比所决定的电压，负荷电流越大，这一电压越高。为了防止负荷电流增

加引起 C_2 上电压增加，可在互感器二次侧并联电容 C_K，使互感器空载时，C_2 上电压略低于额定电压；而带有负荷时，则略高于额定电压。电容 C_K 还具有补偿电压互感器激磁电流和负荷电流中电感分量的作用，从而可减小互感器的误差。

当互感器（CVT）二次侧发生短路时，由于电阻 r 及剩余电抗（$X_L - X_C$）均很小，因此，短路电流将达到额定电流的几十倍，此电流在补偿电抗和 C_2 上引起很高的共振过电压，可能引起绝缘击穿。为了保护补偿电抗器和 C_2 在二次侧短路时不致损坏，在 C_2 两端需并联放电间隙 P1。

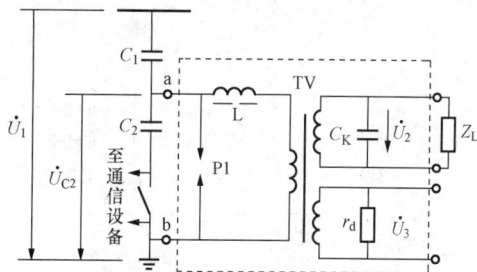

图 8.13 电容式电压互感器结构原理图

C_1—主电容；C_2—分压电容；C_K—补偿电容；
L—补偿电抗器；r_d—阻尼电阻；TV—中间
变压器；P1—放电间隙

第五节 互 感 器 的 配 置

一、电压互感器的配置

电压互感器的配置原则是应满足测量、保护、同期和自动装置的要求；保证在运行方式改变时，保护装置不失压、同期点两侧都能方便地取压。通常配置如下（如图 8.14 所示）：

（1）母线：6～220kV 电压级的每组主母线的三相上应装设电压互感器，旁路母线则视各回路出线外侧装设电压互感器的需要而确定。

（2）线路：当需要监视和检测线路断路器外侧有无电压、供同期和自动重合闸使用时，该侧装一台单相电压互感器。

（3）发电机：一般在出口处装两组。一组（Yy 接线）用于自动调整励磁装置；一组供测量仪表、同期和继电保护使用，该组电压互感器，接成 $Y_0/Y_0/\triangleright$ 接线，辅助绕组接成开口三角形，供绝缘监察用。200MW 及以上发电机中性点常还设一单相电压互感器，用于 100% 定子接地保护。

（4）330～500kV 电压级的电压互感器配置：双母线接线时，在每回出线和每组母线三相上装设。一台半断路器接线时，在每回出线三相上装设，主变压器进线和每组母线上则根据继电保护装置、自动装置和测量仪表的要求，在一相或三相上装设。线路与母线的电压互感器二次回路不切换。

二、电流互感器配置

电流互感器应按下列原则配置：

（1）每条支路的电源侧均应装设足够数量的电流互感器，供该支路测量、保护使用。此原则同于开关电器的配置原则，因此往往有断路器与电流互感器紧邻布置。

配置的电流互感器应满足下列要求：

1）一般应将保护与测量用的电流互感器分开；

2）尽可能将电能计量仪表互感器与一般测量用互感器分开，前者必须使用 0.5 级互感器，并应使正常工作电流在电流互感器额定电流的 2/3 左右；

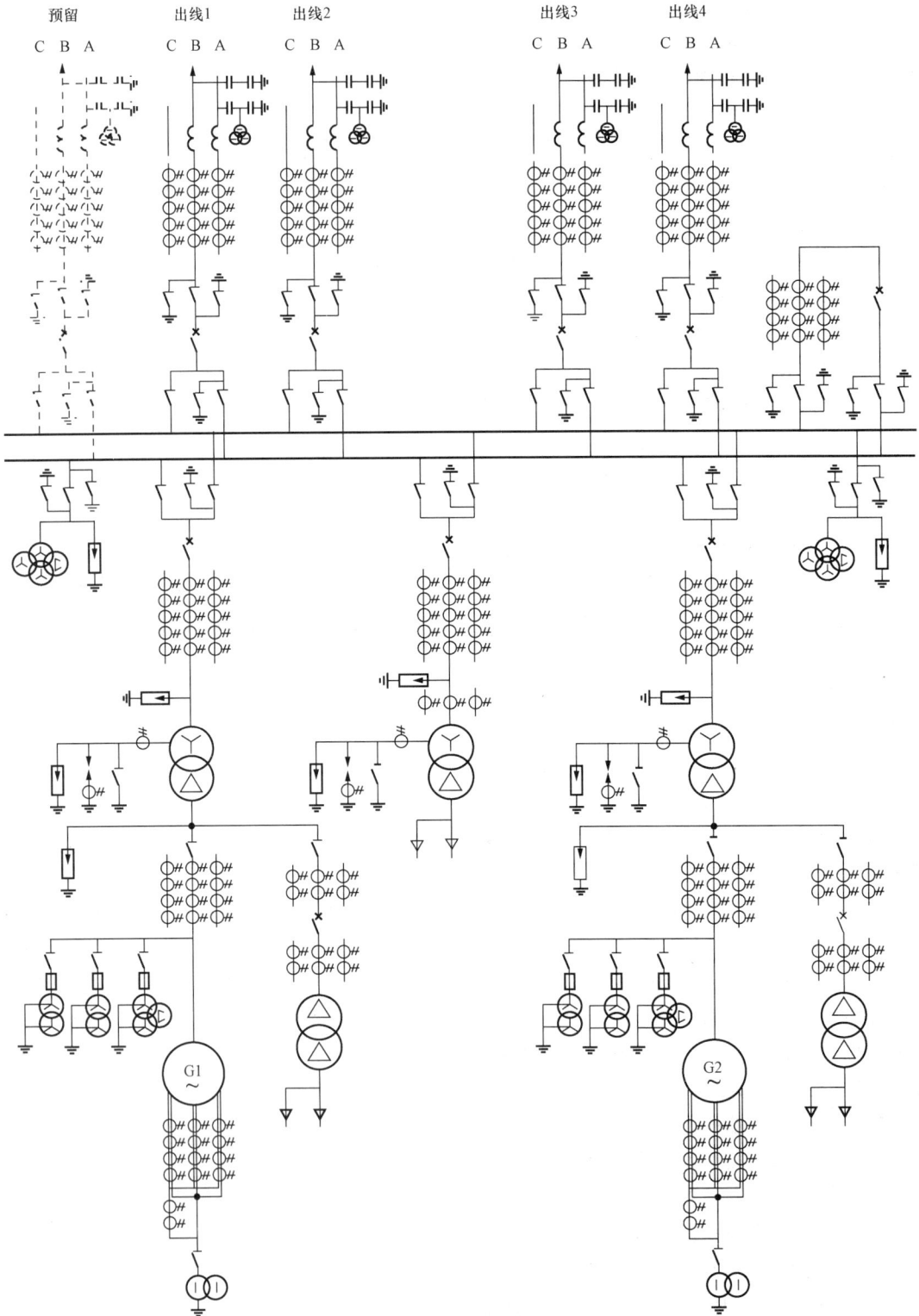

图 8.14 发电厂中互感器配置图

3）保护用互感器的安装位置应尽量扩大保护范围，尽量消除主保护的不保护区；

4）大接地电流系统一般三相配置以反映单相接地故障；小电流接地系统发电机、变压器支路也应三相配置以便监视不对称程度，其余支路一般配置于 A、C 两相。

（2）发电机出口配置一组电流互感器供发电机自动调节励磁装置使用，相数、变比、接线方式与自动调节励磁装置的要求相符合。

（3）配备差动保护的元件，应在元件各端口配置电流互感器。

思 考 题

8.1 电流互感器和电压互感器的作用是什么？它们在一次电路中如何连接？

8.2 电流互感器和电压互感器的基本工作原理，与电力变压器有什么相同的方面和不同的方面？

8.3 为什么电流互感器的二次电路在运行中不允许开路？电压互感器的二次电路在运行中不允许短路？

8.4 为什么互感器会有测量误差？有几种误差？如何表示？

8.5 简述电容式电压互感器的工作原理。

第九章 母 线

第一节 母 线

在发电厂和变电所的各级电压配电装置中，将发电机、变压器与各种电器连接的导线称为母线。母线是各级电压配电装置的中间环节，它的作用是汇集、分配和传送电能。

母线分两类：一类为软母线（多股铜绞线或钢芯铝线），应用于电压较高（35kV以上）的户外配电装置；另一类为硬母线，多应用于电压较低（20kV及以下）的户内外配电装置。

一、母线材料

（1）铜母线：具有电阻率低、机械强度高、抗腐蚀性强等特点，是很好的导电材料。但铜贮藏量小，在国防工业上应用很广，因此，在电力工业中应尽量以铝代铜，除技术上要求必须应用铜母线外，都应采用铝母线。

（2）铝母线：铝的电阻率稍高于铜，但储量大、质量轻、加工方便，且价格便宜，用铝母线较铜母线经济，因此，目前我国广泛采用铝母线。

（3）钢母线：钢的电阻率比铜大7倍多，用于交流时，有很强的集肤效应。优点是机械强度高和价格低廉。仅适用于高压小容量电路（如电压互感器）和电流在200A以下的低压及直流电路中。接地装置中的接地线多数采用钢母线。

二、母线的截面形状

发电厂变电所母线截面如图9.1、图9.2所示。

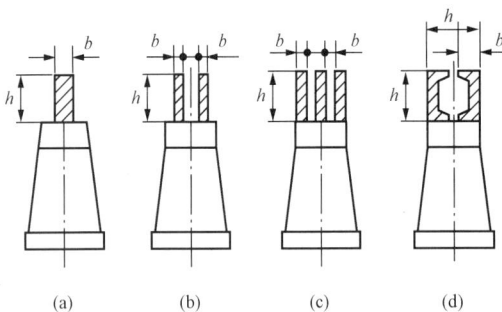

图9.1 矩形和槽形母线结构示意图
（a）每相1条矩形母线；（b）每相2条矩形母线；
（c）每相3条矩形母线；（d）槽形母线

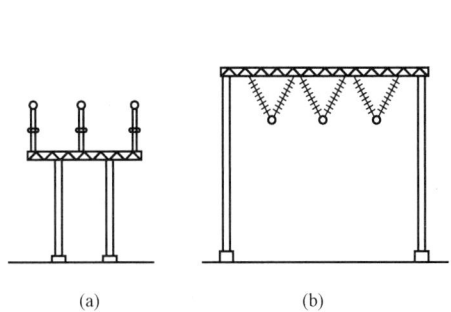

图9.2 管型母线结构示意图
（a）支持式；（b）悬挂式

（1）矩形截面：一般应用于35kV及以下的户内配电装置中。矩形截面母线的优点（与相同截面积的圆形母线比较）是散热条件较好、集肤效应较小、在容许发热温度下通过的允许工作电流大。

为增强散热条件和减小集肤效应的影响，宜采用厚度较小的矩形母线。但考虑到母线的机械强度，通常铜和铝的矩形截面母线的边长之比为 $1:5 \sim 1:12$，最大的截面积为 $10 \times 120 = 1200\text{mm}^2$。

但是，矩形母线的截面积增加时，散热面积并不是成比例地增加，所以，允许工作电流也不能成比例增加。因此，矩形母线的最大截面积受到限制。当工作电流很大、最大截面的矩形母线也不能满足要求时，可采用多条矩形母线并联使用，并间隔一定距离（一条母线的厚度）。矩形母线用在电压为 35kV 以上的场所，会出现电晕现象。

（2）圆形截面：在 35kV 以上的户外配电装置中，为了防止产生电晕，一般采用圆形截面母线。在 110kV 以上的户外配电装置中，采用钢芯铝绞线和管形母线；在 110kV 以上的户内配电装置中，都采用圆管形母线。

电压为 35kV 及以下的户外配电装置中，一般采用钢芯铝绞线，这样可使母线的结构简化，投资降低。

（3）槽形截面：当每相三条以上的矩形母线不能满足要求时，一般采用由槽形截面母线组成近似正方形的空心母线结构，矩形和槽形母线结构示意图如图 9.1 所示。这种结构的优点是邻近效应较小、冷却条件好、金属材料利用率较高。另外，为了加大槽形母线的截面系数，可将两条槽形母线每相隔一定距离，用连接片焊住，构成一个整体。槽形母线的工作电流可达 $10 \sim 12\text{kA}$。

三、大电流母线

对于大容量发电机，除采用多条矩形母线并联或槽形母线外，目前，国内还采用如下几种形式的母线。

1. 水内冷母线

水内冷母线是利用水热传导能力强的特点，使母线温升大大降低，以提高载流能力，减少金属消耗量。水内冷母线可用铜或铝做成的圆管形母线。由于铝母线容易腐蚀，因此一般采用铜材。图 9.3 所示为水内冷母线的一般布置和水冷系统的简图。水内冷母线的水冷系统与水内冷发电机共用。

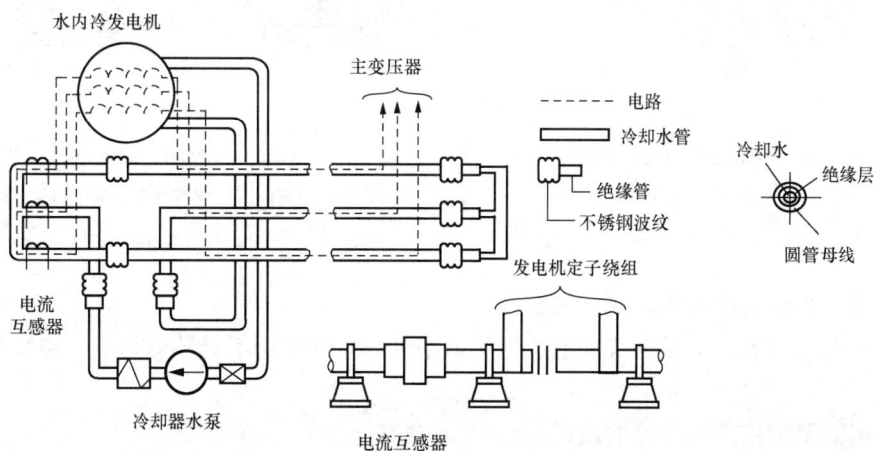

图 9.3 绝缘水内冷母线的一般布置和水内冷系统

2. 封闭母线

随着电力系统的迅速发展，单机容量不断增大，例如发电机有功额定出力为 668.52MW，额定电压为 20kV，额定功率因数为 0.9（滞后），发电机的额定电流达 21443A。这样大的电流通过发电机与变压器之间的连接母线时，将引起一系列问题，如母线短路时产生巨大电动力；母线本身发热及母线对附近钢构件的感应发热；母线故障对系统的影响。为解决上述问题，国内外已普遍采用封闭母线。

封闭母线是指将母线用非磁性金属材料（一般用铝合金）制成的外壳保护起来。图 9.4 所示的全连式分相封闭母线，是将每相每段外壳焊在一起，且三相外壳两端用短路板连接并接地，它允许母线外壳中流过轴向环流。它不仅密封性好，而且由于在三相外壳间存在环流，可对母线磁场进一步加以屏蔽，因而可使短路电流在母线导体上产生的电动力降低到裸母线时的 1/4 左右，附近钢构件的感应发热损耗也减少到微不足道的程度。由于外壳上的轴向电流与母线电流的大小几乎相等、方向相反（近于 180°），故外壳内的电能损失较大。

全连式分相封闭母线的屏蔽原理：由于同相外壳各段已焊成一体，且三相外壳间又用金属板短接，这好似 1∶1 的电流互感器二次绕组被短路一样。主母线的电流所产生的交变磁通作用于外壳，在外壳上产生感应电动势，此电动势在外壳的闭合回路中产生三相环流，由于外壳是采用低值电阻的铝合金制成的，因此外壳上的三相环流与母线电流基本上是方向相反、数值相等，使主母线在外壳外面所产生的磁通被抵消，这就是屏蔽作用。

全连式分相封闭母线由载流导体、支持绝缘子和保护外壳组成，如图 9.5 所示。载流导体用铝制成，形状可以是双槽、双半圆、圆管或方管；支柱绝缘子采用内胶装多棱边式；外壳用 5～8mm 厚的铝合金板制成圆筒形。为维护方便，在外壳上设有观察孔。封闭母线和外壳都有伸缩接头，以适应振动和温度的变化。

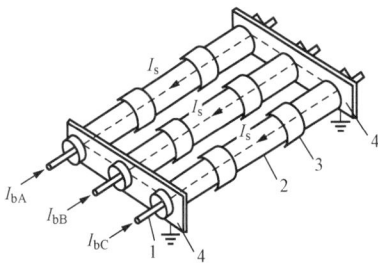

图 9.4　全连式分相封闭母线
1—母线；2—封闭外壳；
3—连接外壳；4—短路板

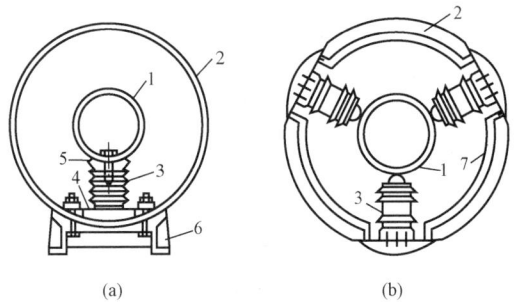

图 9.5　封闭母线断面图
1—载流导体；2—保护外壳；3—支柱绝缘子；
4—弹性板；5—垫圈；6—底座；7—加强圈

全连式分相封闭母线的优缺点如下：

（1）可提高供电的可靠性（杜绝了相间短路事故，绝缘子不受环境影响，接地故障机会很少）；

（2）消除了钢构件的严重发热；

（3）大大减小了母线间的电动力，并改善了其他电气设备的工作条件；

（4）运行安全、维护方便、日常维护工作量少；

（5）散热条件差、有色金属耗量大，以及外壳内的电能损耗较大。

目前单机容量在 20 万 kW 及以上的发电机—变压器单元的连接母线及高压厂用分支母

线都采用全连式分相封闭母线，这样大机组母线系列问题就圆满解决了。

四、矩形母线着色

母线着色可以增加辐射能力，有利于散热，因此母线着色后，允许负荷电流可提高 12%～15%。钢母线着色还能防锈蚀。同时，使工作人员便于识别相序或直流极性。一般母线着色标志如下：

直流：正级—红色；负极—蓝色。

交流：A相—黄色；B相—绿色；C相—红色。

中性线：不接地的中性线—白色；接地的中性线—紫色。

思 考 题

9.1　敞露式母线有哪几种？母线是如何实现绝缘的？用多条矩形母线时，每相为何最好不超过三条？

9.2　什么是封闭母线？主要优点是什么？适用哪些场所？

9.3　简述分相封闭母线的主要结构，其特点是什么？

9.4　母线为什么要涂漆？

第十章 防雷保护

第一节 概 述

一、过电压及其分类

正常运行时，电力系统电气设备的绝缘处于额定电压下，但是，由于雷击和操作等原因，电力系统中某些部分的电压可能升高，甚至会大大超过正常状态下的数值。这种对电气设备绝缘造成危险的电压升高，称为过电压。按照过电压的产生原因分为大气过电压和内部过电压两大类。

（1）大气过电压。由于雷云放电或雷电流引起的电力系统过电压，称为大气过电压，也叫雷过电压。它与电力系统本身运行无关，因此这种过电压又称为外部过电压。

（2）内部过电压。由于电力系统内部电磁能量的转换或传送引起的过电压，称为内部过电压。例如断路器分合、负荷剧变、线路断线、短路与接地等故障均会引起不同程度的过电压。这种内部过电压的过电压数值一般不是很大。

二、雷电特性

雷电作为一种无法抑制的、强大的自然力的爆发，不仅威胁着人类的生命安全，而且常使电力、航空、通信、建筑等许多部门遭到破坏。

1. 雷电的形成

雷电产生的原因很多，现象也比较复杂。大气中的水蒸气和地面的湿气受热上升，在高空冷、热气团相遇，凝结成水滴或冰晶，形成积云。积云运动，使电荷发生分离，即在上下气流的强烈摩擦和撞击下，形成带正、负不同电荷的积云，也称为雷云。云层中电荷越聚越多，就形成了正、负不同雷云间的强大电场。同时，由于静电感应，当带电的雷云临近地面时，对大地或电气设备也将感应出与雷云极性相反的电荷，二者之间形成了一个巨大的"电容器"。

雷云中电荷积聚到足够数量，即电场强度达到 $25\sim30\mathrm{kV/m}$ 时，就会使正、负雷云之间或雷云与大地之间的空气绝缘击穿，而发出先导放电，当先导放电到达另一雷云或大地时，就产生强烈的"中和"作用，出现强大的电流，其值可达数十至数百千安。该电流称为雷电流，这一过程称为主放电过程。

主放电的温度可达 $20000℃$，使周围的空气猛烈膨胀，并出现耀眼的光亮和巨响，即雷电，也就是通常所说的雷鸣和闪电。

主放电到达云端就已结束，然后，云中的残余电荷，经主放电通道下来与地上的电荷中和，这一过程称为余光放电过程。余光阶段的电流不大，但持续时间较长。由于云中可能同时存在几千电荷堆积中心，当第一个电荷中心的上述放电完成后，可能引起第二个、第三个中心向第一个通道放电，因此，雷电往往是多重性的（约占40%），放电的平均数约为三次，雷击总的持续时间一般不超过 0.5s。雷云放电的光学照片和放电过程中雷电流的变化情况如图 10.1 所示。

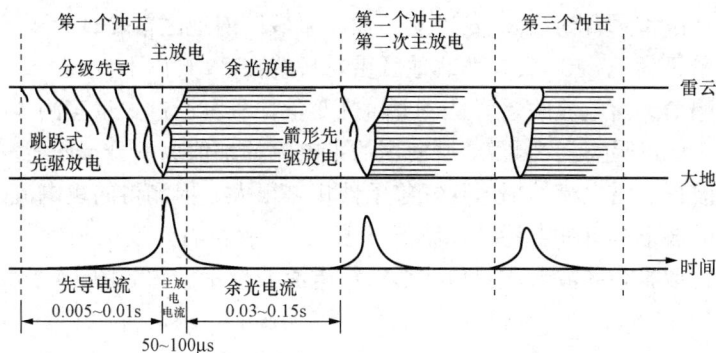

图 10.1 雷云放电的光学照片和放电过程中雷电流的变化情况

2. 大气过电压的形成

大气过电压可分为直接雷过电压、感应雷过电压、侵入波过电压三种基本形式。

(1) 直接雷过电压。雷云直接击中房屋、杆塔、电力装置等物体时，强大的雷电流流过该物体而泄入大地，在该物体上将产生很高的电压降，称为直接雷过电压。由于直接雷过电压幅值极高，是任何绝缘都无法直接承受的，因此必须采取有效的保护措施，通常用避雷针、避雷线、避雷带或避雷网进行防护。

(2) 感应雷过电压。雷击电气设备附近，由于电磁感应所引起的极性相反的过电压，称为感应雷过电压。感应雷主放电后示意图如图 10.2 所示。

若雷击线路附近，三相的感应过电压相等，则其大小与雷电流的大小、雷击点的距离、导线的高度、有无屏蔽线等有关。

根据理论分析与实测结果，相关规程建议：当雷击点与线路的垂直距离 $S > 65\text{m}$ 时，导线上的感应过电压最大值的计算式为

$$U_g = 25 \times \frac{I \times h_d}{S}$$

式中 I——雷电流峰值，kA；

h_d——导线平均悬挂高度，m；

S——雷击点与导线的距离，m。

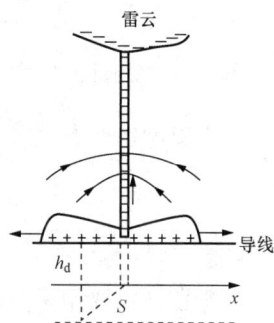

图 10.2 感应雷主放电后示意图

感应雷过电压的幅值在 500kV 以下，此感应过电压在线路上流动，会对送电线路造成很大的破坏。若这个过电压冲击波沿导线侵入发电厂、变电所的变压器绕组或侵入厂房内高压电动机定子绕组，则将造成变压器或高压电动机严重的绝缘损坏。

(3) 侵入波过电压。它是指由于架空线路或架空金属管道上遭受直接雷或感应雷而产生的高压冲击雷电荷，可能沿线路或管道侵入室内。据统计，在电力系统中，由于雷电波侵入而造成的雷害事故，约占雷害总数的一半以上。

3. 雷电参数

(1) 雷暴日。为了统计雷电活动的频繁度，我们采用雷暴日为单位，在一天内只要听到雷声就算一个雷暴日。全年雷暴日的总和叫雷暴日，我国把每年平均雷暴日不超过 15 日的地区叫少雷区，超过 40 日的叫多雷区，超过 90 日的叫强雷区。根据资料统计，广东省雷州半岛和海南岛一带是雷电活动最频繁地区，年平均雷暴日高达 100～130 日；广东、广西、

云南等省的部分地区雷暴日约在 80 日以上；长江流域以南地区雷暴日为 40～80 日；长江以北大部分地区雷暴日为 40～80 日；西北地区雷暴日约在 20 日以下。

（2）雷电流幅值。雷电流的幅值是一个随机变量，只有通过大量实测才能正确估计其概率分布规律。图 10.3 所示是我国目前所使用的雷电流的幅值概率分布曲线。

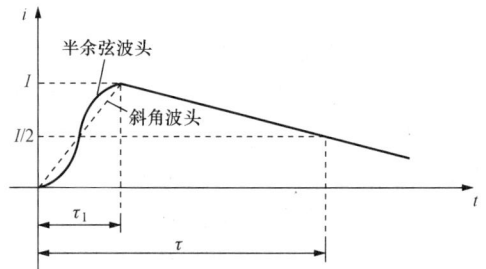

（3）雷电流波形。雷电流的幅值随气象条件相差很大，但测得的雷电流的波形却基本是一致的，雷电流的波形具有冲击特性，波长 τ 值在 40μs 左右。波头长度 τ_1 在 1～4μs 范围内，其波头波形可取半余弦波形或斜角波形。雷电流波形示意图如图 10.4 所示。

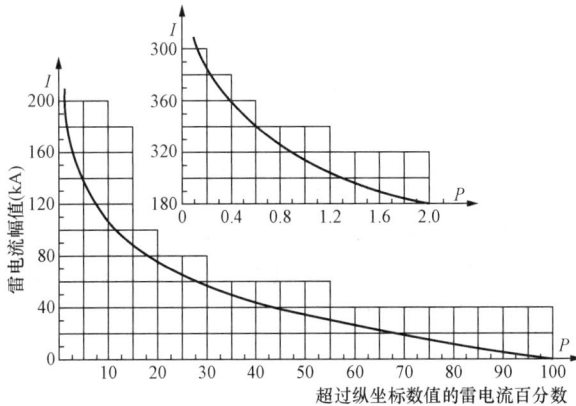

图 10.3　我国目前所使用的雷电流的幅值概率分布曲线　　　　图 10.4　雷电流波形示意图

雷电的极性有正有负，根据实测结果，负雷占 85% 左右。

第二节　避　雷　针

避雷针主要用于发电厂电气设备及建（构）筑物的直接雷防护。避雷针利用尖端放电原理，使其保护范围内所有电气设备或建筑物免遭直接雷的破坏。

一、避雷针的工作原理

避雷针是由接闪器（针尖）、接地引下线和接地装置三部分组成的。避雷针就其本质功能而言，并不是避雷，相反却是招雷或引雷。它是利用高耸空间的有利位置，当附近空中有雷电放射时，便不断地把雷电引向自身并将雷电流迅速地泄入大地消散，从而防止避雷针保护范围内的建（构）筑物或电气设备遭受直击雷的破坏。

二、单支避雷针的保护范围

单支避雷针的保护范围，像一个由它所支撑的锥形"帐篷"，当避雷针的高度为 h 时，"帐篷"的上半部空间从针顶向下作 45° 的斜线，在距地面 $h/2$ 处转折，与地面上距针底 1.5h 处的连线构成保护空间的下部，如图 10.5 所示。

避雷针在地面上的保护半径的计算式为

$$r = 1.5h \tag{10.1}$$

式中　r——保护半径，m；

　　　h——避雷针的高度，m。

在被保护物高度 h_x 水平面上的保护半径的确定方法如下：

当 $h_x \geqslant \dfrac{h}{2}$ 时，有

$$r_x = (h - h_x)P = h_a P \qquad (10.2)$$

式中　r_x——避雷针在 h_x 水平面上的保护半径，m；

　　　h_x——被保护物的高度，m；

　　　h_a——避雷针的有效高度，m；

　　　P——高度影响系数，$h \leqslant 30\text{m}$ 时，$P=1$；$30\text{m}<h$

　　　$\leqslant 120\text{m}$ 时，$P = \dfrac{5.5}{\sqrt{h}}$；$h>120\text{m}$ 时按 120m

　　　计算。

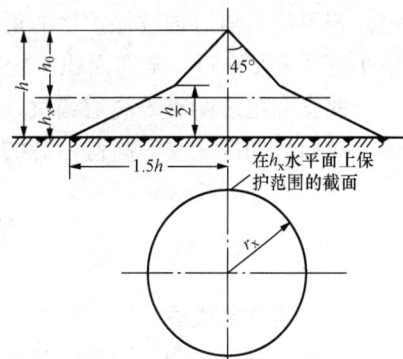

图 10.5　单支避雷针的保护范围

当 $h_x < \dfrac{h}{2}$ 时，有

$$r_x = (1.5h - 2h_x)P \qquad (10.3)$$

注意：当针高超过 30m 时，其保护范围不再随针高成正比例增加。一个有效扩大保护范围的做法是采用多支（等高或不等高）避雷针。

三、两支等高避雷针的保护范围

图 10.6 所示为两支等高避雷针的保护范围。两针间保护范围应按通过两针顶点及保护范围上部最低点 O 的圆弧确定，圆弧半径为 R_0，O 点的高度 h_0 的计算式为

$$h_0 = h - \dfrac{D}{7P} \qquad (10.4)$$

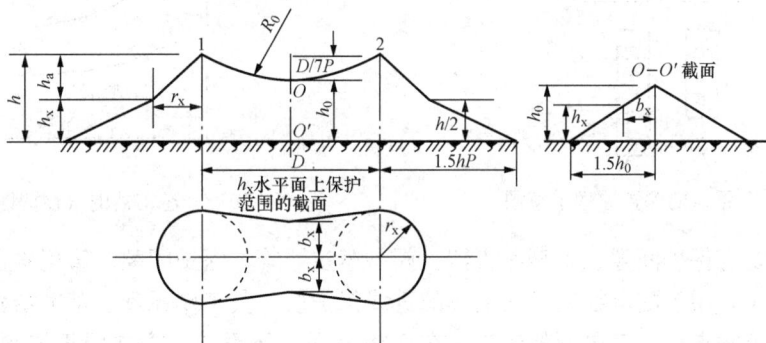

图 10.6　两支等高避雷针的保护范围

式中　h_0——两针间保护范围上部边缘最低点高度，m；

　　　D——两避雷针间的距离，m。

若两针间被保护物体的高度为 h_x，水平面上保护范围的一侧最小宽度 b_x 的计算式为

$$b_x = 1.5(h_0 - h_x) \qquad (10.5)$$

式中　b_x——保护范围一侧最小宽度，m。

b_x 位于两针连线的中点，已知 b_x 后，则在平面上可得到 $(D/2, b_x)$，由该点向半径为 r_x 的圆作切线，便可得到保护范围。

保护配电装置的避雷针，两针间距离与针高之比，即 D/h 不宜大于 5。

四、多支等高避雷针的保护范围

三支等高避雷针所形成的三角形外侧保护范围，应分别按两支等高避雷针的计算方法确

定。若可使三角形内被保护物的最大高度在 h_x 水平面上，各相邻避雷针间保护范围一侧的最小宽度 $b_x \geqslant 0$ 时，全部面积就能够受到保护。

四支和超过四支等高避雷针所形成的四角形或多角形，可先将其分成两个或几个三角形，然后分别按三支等高避雷针的方法计算。

第三节　避 雷 器

一、避雷器概述

避雷器用来限制作用于线路绝缘和发电厂、变电所绝缘上的过电压，它与被保护设备并联，接在每相导线与地之间。避雷器的保护原理示意图如图 10.7 所示。正常时没有电流通过，一旦雷击输电线路，行进波沿导线传来，出现危及被保护物绝缘的过电压时，它们立即发生放电，使雷电流经过避雷器内部进入大地，从而限制了被保护物绝缘上的过电压值。当过电压作用过去以后，避雷器又自动截断续流（随着雷电流而继续流过的工频交流电流，即工频续流），立即使电力系统恢复正常工作，并保护了电气设备。

避雷器的伏秒特性与被保护物的绝缘的伏秒特性应能很好地配合，如图 10.8 所示，在所有放电时间内，避雷器的伏秒曲线应比被保护物绝缘的伏秒曲线低 20%～25%，这样才能得到应有的保护作用。

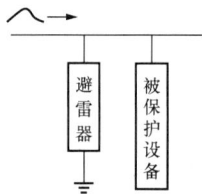

图 10.7　避雷器的保护原理示意图   图 10.8　避雷器的伏秒特性曲线

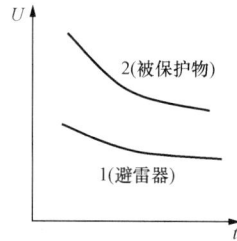

避雷器主要有保护间隙、管型避雷器、阀型避雷器等。保护间隙、管型避雷器主要用于限制大气过电压，用于配电线路及发电厂的进线保护段（其工作原理、基本结构在此从略）。阀型避雷器用于发电厂、变电所的保护，在 220kV 及以下系统，主要用于限制大气过电压，在超高压系统中，还用于限制内部过电压。

电力行业标准规定：采用阀型避雷器进行雷电过电压保护时，除旋转电机外，有效接地系统，当电压范围在 $3.5kV \leqslant U_m \leqslant 252kV$ 时应该选用金属氧化物避雷器；不接地、消弧线圈接地和高电阻接地系统，根据系统中谐振过电压和间歇性电弧接地过电压等发生的可能性及其严重程度，可任选金属氧化物避雷器或碳化硅普通阀式避雷器。旋转电机的雷电侵入波过电压保护，宜采用旋转电机金属氧化物或旋转电机磁吹阀式避雷器。

二、氧化锌避雷器

1. 氧化锌避雷器的特点

氧化锌避雷器（简称 MOA）是一种新型的避雷器。这种避雷器的阀片以氧化锌（ZnO）为主要原料，附以少量能产生非线性特征的金属氧化物，经高温熔烧而成。ZnO 阀片具有很理想的伏安特性，其非线性系数很小，一般为 0.01～0.04，当作用在 ZnO 阀片上的电压超过某一值（此值称为动作电压）时，阀片将发生"导通"。

"导通"后 ZnO 阀片上的残压与流过它的电流基本无关，为一定值。在工作电压下，流经 ZnO 阀片的电流很小，仅为 1mA，不会使 ZnO 阀片烧坏，因此氧化锌避雷器不用串联间隙来隔离工作电压。

由于 ZnO 阀片具有极其优越的非线性特性，使 MOA 具有如下几个优点：

（1）无间隙。由于在工作电压下，ZnO 阀片实际上相当于一绝缘体，因而工作电压不会使 ZnO 阀片烧坏，所以可不用串联间隙来隔离工作电压。由于无间隙，因此 MOA 体积小、质量轻，也不存在放电电压不稳定的问题。

（2）无续流。当作用在 ZnO 阀片上的电压超过阀片的起始动作电压时，将发生导通；其后，ZnO 阀片上的残压受其良好的非线性特性所控制；当过电压过去后，ZnO 阀片导通状态终止，又相当于一绝缘体，因此不存在工频续流。这不仅减轻其本身负载，还使得 MOA 具有耐受多重雷的较强的耐压重复动作能力。

（3）通流容量大。ZnO 阀片的通流容量大，可用于限制内部过电压。

（4）性能稳定、抗老化能力强、耐污性能好。ZnO 阀片不受大气环境的影响，能用于各种绝缘介质，所以也特别适合于高海拔地区和 SF_6 全封闭组合电器。

由于上述种种优点，现代发电厂不仅在 220kV 系统中，而且在 23kV 和 6kV 系统中都采用没有间隙的 MOA。在整个电力系统中，220kV 及以上系统将广泛采用 MOA 取代阀型避雷器。

2. 氧化锌避雷器的基本结构

MOA 由阀片组、瓷套和端部结构等几个部件组成，其结构十分简单。图 10.9、图 10.10 所示分别为 MOA 的剖面图和外形图。

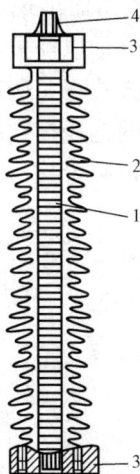

图 10.9　MOA 的剖面图
1—ZnO 阀片；2—绝缘瓷套；3—端部
结构；4—高压导线连接端子

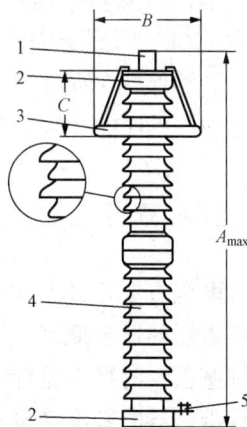

图 10.10　MOA 的外形图
1—高压导线出线端子；2—端部结构；
3—均压环；4—瓷瓶；5—接地端子

第四节　电厂的防雷保护配置举例简述

一、发电厂的直击雷保护

电厂中的户外配电装置、较高的建筑物——如大电厂的烟囱和冷却塔，以及易燃、易爆的装置——如油处理室、储油罐、制氢站、露天氢站等都应处在避雷针的保护范围之内，以免受到直击雷。

XX 电厂 220kV 升压站装设三支独立避雷针，则升压站设备处于避雷针的保护范围之内，以免受到直击雷。

二、XX 电厂氧化锌避雷器的配置简介

XX 电厂 220kV 系统均使用金属氧化物避雷器，其配置情况如下。

1. 变压器（主变压器、起动变压器）高压侧加装 MOA

220kV 变压器（主变压器、起动变压器）均在主厂房外距升压站 60 米左右，每台变压器高压侧均装设有避雷器，避雷器与变压器设置相近。因此变压器上所承受的电压仅为避雷器的残压，这样最可靠地保护了变压器的绝缘。

2. 变压器（主变压器、起动变压器）中性点加装 MOA

220kV 系统为中性点直接接地系统，但为了减小接地电流及继电保护的需要，其中一部分变压器的中性点是不接地的。此时如果三相同时来波（雷电波），中性点所受到的冲击电压最多可能达到变压器首端电压的 2 倍。而变压器中性点分级绝缘，其绝缘水平较低。这样就很可能造成中性点处的绝缘击穿。因此 220kV 变压器中性点必须加装 MOA（或间隙）作为中性点保护。

3. 出线加装 MOA

因为 220kV 全长线路有避雷线保护，虽然雷直击于 220kV 线路而出现危险的大气过电压现象的可能性较小，但为了对电压互感器、断路器等设备的绝缘加以保护，以免雷电波的侵入而损坏，故在 220kV 母线上安装 MOA。考虑到在任何运行方式下，避雷器到最远的被保护设备的距离，能够保持在允许范围内，它的接地端应经最短的连线接到配电装置的总接地网上。为了降低地网的电感压降，应在避雷器附近加装集中接地装置。

思　考　题

10.1　大气过电压有哪几种形式?

10.2　简述避雷器的避雷原理。

10.3　氧化锌避雷器的特点是什么?

10.4　氧化锌避雷器的基本结构有哪些?

10.5　某厂油罐，高 10m，直径 10m，用一根高 25m 的避雷针保护。求针与罐之间的距离 x 最多不能超过多少米。

第十一章　直流系统及不停电电源、事故保安电源

第一节　直　流　系　统

由蓄电池组及充电设备（或其他类型直流电源）、直流屏、直流馈电网络等直流设备组成了发电厂的直流电源系统，简称直流系统。

发电厂的直流系统可分为220V直流系统和110V直流系统，一般发电厂又将单元控制室和网控直流系统分开。单元控制室的220V直流系统，一般每台机设置一组蓄电池组和两台充电设备（一工作一备用），采用单母线接线方式。两台机组220V直流母线经隔离开关联络。单元控制室的110V直流系统，一般每台机设置两组蓄电池组、两台或更多充电设备，采用单母线接线或单母线分段接线方式。

不论发电厂的直流系统采用什么方案，所有的直流系统中都具有监视和测量直流电压和电流的表计、直流系统对地绝缘监察装置和电压监察装置、闪光装置、出线开关以及相应配套的熔断器等设备。

一、蓄电池的基础知识

发电厂的蓄电池组，是由许多个蓄电池相互串联组成的，串联的个数取决于直流系统的工作电压。常用的蓄电池有酸性蓄电池和碱性蓄电池两种。这里只介绍传统铅酸蓄电池和目前在发电厂广泛使用的阀控蓄电池。

（一）铅酸蓄电池

1. 铅酸蓄电池的结构

铅酸蓄电池的结构基本相同，主要由正极板组、负极板组、隔离器、耐酸容器、安全通风塞和附件等组成。图11.1所示为蓄电池的结构示意图。

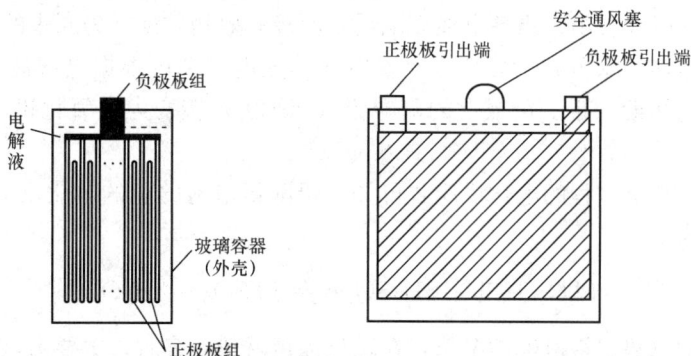

图 11.1　蓄电池的结构示意图

2. 铅酸蓄电池的工作原理

铅酸蓄电池的正极板（PbO_2）和负极板（Pb）插入稀硫酸溶液里就发生化学变化，在两极上产生不同的电位。两极在外电路断开时的电位差就是蓄电池的电势。

（1）放电过程中的电化反应。蓄电池供给外电路电流时，称为放电。放电时，电流从正极流出经负载（R）流向负极，如图 11.2 所示。在蓄电池内部的电流方向是由负极流向正极，在电解液的作用下，其电化反应式为

$$\overset{+}{PbO_2} + \overset{-}{Pb} + 2H_2SO_4 \xrightarrow{\text{放电}} \overset{+}{PbSO_4} + \overset{-}{PbSO_4} + 2H_2O \tag{11.1}$$

从以上电化反应式可以看出，蓄电池在放电时，正负极板都变成了硫酸铅（$PbSO_4$），电解液中的硫酸（H_2SO_4）逐渐减少而水分增加，硫酸的比重降低。所以，在实际工作中，可根据其比重高低作为判断蓄电池的放电程度和确定放电终了的主要标志。

必须注意：在正常使用情况下，蓄电池不宜过度放电，否则将使与有效物质混在一起的细小硫酸铅晶体结成较大的晶体，增大极板电阻，在充电时就很难使它还原。

（2）充电过程中的电化反应。为使蓄电池放电终了后，在正负极板上的生成物质（硫酸铅）恢复为原来的有效物质，其方法是：利用直流对其进行充电，接线如图 11.3 所示。

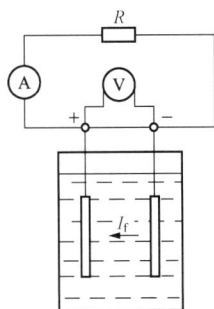

图 11.2 蓄电池放电电路

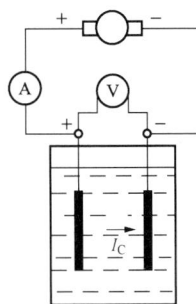

图 11.3 蓄电池充电电路

蓄电池的正极接到直流电源的正极，负极接到电源的负极。当直流电源的端电压高于蓄电池的电势时，蓄电池中将有充电电流 I_C 通过，在蓄电池内部，电流从正极板流向负极板。在充电电流的作用下，其电化反应式为

$$\overset{+}{PbSO_4} + \overset{-}{PbSO_4} + 2H_2O \xrightarrow{\text{充电}} \overset{+}{PbO_2} + \overset{-}{Pb} + 2H_2SO_4 \tag{11.2}$$

从以上电化反应式看出，当蓄电池充电后，两极有效物质恢复为原来的状态，而且电解液中硫酸的比重增加，水分减少，所以，蓄电池的充电终期可根据电解液的比重高低来判断。同时，在充电终期，正、负极上的硫酸铅（$PbSO_4$）转变为二氧化铅（PbO_2）和海绵状铅（Pb）。

从上述放电和充电过程的电化反应式可知，铅酸蓄电池的总的电化反应过程是可逆的，其反应式可表示为

$$PbO_2 + Pb + 2H_2SO_4 \underset{\text{充}}{\overset{\text{放}}{\rightleftharpoons}} PbSO_4 + 2H_2O \tag{11.3}$$

（3）蓄电池的电势。蓄电池的电势，在正负极板材料一定时，主要由电解液的浓度（比重）决定。除电解液的浓度外，蓄电池的电势还与电解液的温度有关，但影响不大，可以忽略不计。因此，在实际使用中，铅酸蓄电池的电势可近似地表示为

$$E = 0.85 + d \tag{11.4}$$

式中　E——蓄电池的电势；

d——电解液物比重（在 15℃ 时，d 值在 $1.050 \sim 1.300$ 范围内该公式是正确的）；

0.85——铅酸蓄电池常数。

固定型铅酸蓄电池在充电后电解液的比重约为 1.21，全部放电后约为 1.150。根据式 (11.4) 计算，固定型铅酸蓄电池的电势在静止时，在 2.06～2.00V 之间。

（4）蓄电池的额定容量。蓄电池放电到终止电压时所能释放出的电能，即放电电流与放电时间的乘积所得的安时数，即为蓄电池的容量。

蓄电池容量的大小与很多因素有关，如起化学作用的有效物质的品种和数量，极板的结构、面积的大小和极板数，放电电流的大小，终止放电电压的大小和环境温度等。

鉴于蓄电池容量与放电电流的大小有如此密切的关系，一般以 10h 放电电流作为基准而得出的蓄电池容量值，叫做蓄电池的额定容量，记作 Q_e。蓄电池的额定容量的计算式为

$$Q_e = I_e t_e = 10 I_e (\text{A} \cdot \text{h}) \tag{11.5}$$

（二）固定型密封免维护铅酸蓄电池

固定型密封免维护铅酸蓄电池（以下简称阀控电池）基本上克服了一般铅酸蓄电池的缺点，逐步取代了其他型式的铅酸蓄电池。归纳起来，阀控电池有以下几个特点：

（1）无需添加水和调酸的比重等维护工作，具有免维护功能。

（2）大电流放电性能优良。

（3）自放电电流小，25℃下每天自放电率在 2％以下，为其他铅酸蓄电池的 1/4～1/5。

（4）不漏液，无酸雾，不腐蚀设备及不伤害人，对环境无污染，可与其他设备同室安装。

（5）电池寿命长，25℃浮充电状态使用，电池寿命可达 10～15 年。

（6）结构紧凑，密封性好，可立式或卧式安装，占地面积小，抗振性能好。

（7）不存在镉镍电池的"记忆效应"（指在循环工作时，容量损失较大）的缺点。

从运行情况看，阀控电池性能稳定、可靠，维护工作量小，但阀控电池对温度的反应较灵敏，不允许严重的过充电和欠充电，对充放电要求较为严格，要求充电装置具有较好的波纹系数、稳流系数和稳压系数。充电装置是直接影响蓄电池运行稳定性和使用寿命的重要因素。目前，国内外广泛采用高频开关式充电装置，它的输出直流波纹系数小（0.05％～0.1％），稳压和稳流系数也很小（0.2％～0.5％），且能按规定的程序自动地对阀控电池进行充放电，基本上满足了阀控电池的要求。

1. 结构特点

铅酸密封电池分为排气式和非排气式两种。阀控蓄电池是装有密封气阀的密封铅酸电池，是一种用气阀调节的非排气式电池。

阀控电池正常充放电运行状态下处于密封状态，电解液不泄漏，也不排放任何气体，不需要定期加水或酸，正常时极少维护，因此，阀控电池的结构具有以下几个特点：

（1）板栅采用无锑（或低锑）多元合金制成正极板，保证有最好的抗腐蚀、抗蠕变能力。负极板采用铅钙合金，以提高析氢过电位。

（2）采用吸液能力强的超细玻璃纤维材料作隔膜，具有良好的干、湿态弹性，使较大浓度的电解液全部被其贮存而电池内无游离酸（贫液），或者使用电解液与硅胶组合为触变胶体。

（3）负极容量相对于正极容量过剩，使其具有吸附氧气并将其化合成水的功能，以抑制氢氧气体产生速率。

（4）装设自动关闭的单相节流阀（阀控帽），当电池在异常情况析出盈余气体或长期运行中残存的气体时，经过节流阀泄放，随后减压关闭。

阀控电池可为单体式（2V），200A·h 及以下容量的电池可以组合成 6V（3 个 2V 单体电池组成）。单体电池的结构示意图如图 11.4 所示。为便于调整电池的电压，国内外有的电池厂可在 6V 组合电池抽出 1 个成为 4V 电池，12V 组合电池抽出 1 个成为 10V 电池，组合式阀控电池结构图如图 11.5 所示。

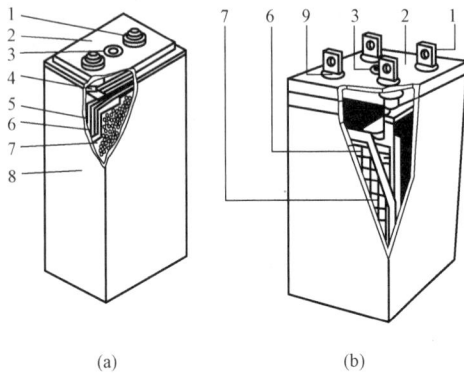

图 11.4　单体电池的结构示意图

（a）小容量一组接线端子电池；（b）大容量
两组接线端端子电池

1—接线端子；2—盖；3—安全阀；4—极柱；5—正极
板；6—隔板；7—负极板；8—外壳；9—端子胶

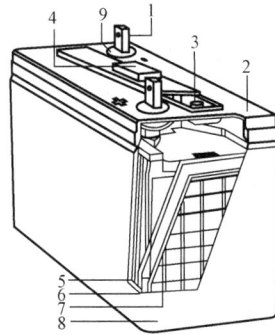

图 11.5　组合式阀控电池结构图

1—接线柱；2—盖；3—安全阀；4—防爆
陶瓷过滤器；5—正极板；6—隔板；
7—负极板；8—外壳；9—端子胶

2. 阀控电池的工作原理

阀控电池和普通铅酸蓄电池的工作原理一样，其总的化学反应式为

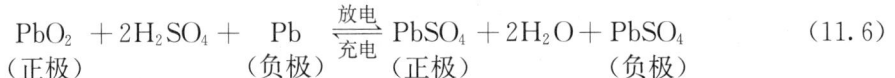

$$\underset{(正极)}{PbO_2} + 2H_2SO_4 + \underset{(负极)}{Pb} \xrightarrow[\text{充电}]{\text{放电}} \underset{(正极)}{PbSO_4} + 2H_2O + \underset{(负极)}{PbSO_4} \tag{11.6}$$

放电时，正负极板都变成了硫酸铅，电解液中的硫酸逐渐减少而水分增加。充电后，两极有效物质恢复为原来的状态，电解液中硫酸的比重增加，水分减少。在充电的最终阶段或过充电，正极板上的水产生氧气，在负极上被还原成水，最终电解液中的水基本没有损失，所以阀控电池做成密封结构，不会使水消失。

二、充电设备

蓄电池只能用直流电源来充电，发电厂厂用电是交流电。需要使用将交流电变为直流电的设备对蓄电池充电，即整流设备，如硅整流器等。

目前，广泛采用硅整流器作为直流电源蓄电池的充电设备。整流装置的种类繁多，各个生产厂家对整流装置的型号标法不一致。即使是同一型号产品，其技术数据、外形尺寸、质量也不完全相同。

如 KVA40-100/160 型产品表示晶闸管整流装置，浮充电，空气自冷，设计序号 40，额定直流输出电流 100A，输出电压 160V。

三、蓄电池和充电设备的运行

（一）运行方式

图 11.6 所示为典型单元控制室 220V 直流系统接线图。

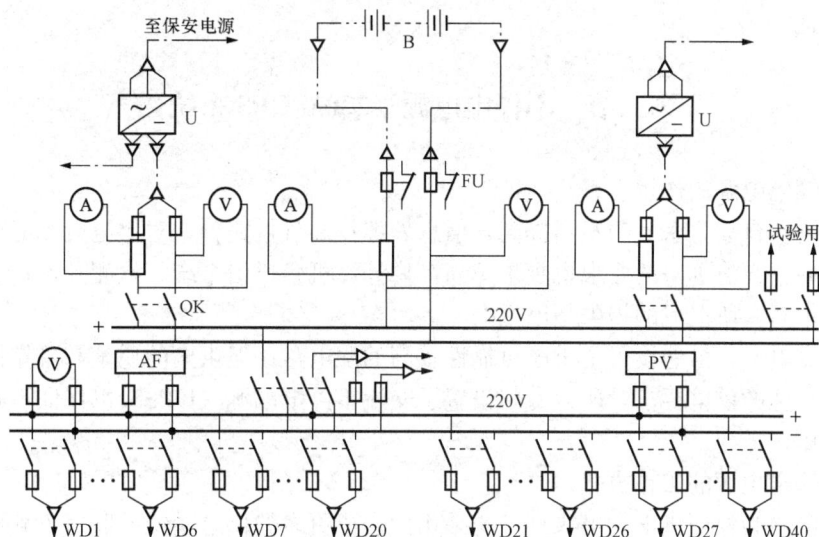

图 11.6　单元控制室 220V 直流系统接线图

蓄电池组的运行方式有两种方式：一种是充放电方式，一种是浮充电方式。

蓄电池采用充放电方式运行时，蓄电池经常接在直流母线上供负荷用电，充电机组则断开。在充电时，起动充电机组，一方面向蓄电池充电补充能量的储存（充电每两天进行一次）；另一方面供经常性负荷用电。

蓄电池采用浮充电方式运行时，用浮充电机组、硅整流器或晶闸管整流器作为浮充电源，浮充源与蓄电池并列运行于直流母线上。浮充电源一方面供经常性的直流负荷用电，另一方面以很小的电流（此值约等于 $0.030Q_N/36$，Q_N 为蓄电池的额定容量）向蓄电池充电，以补偿蓄电池自放电的损耗。

一般以采用浮充电的方式居多。浮充电流的大小，一般以 GG-36 型蓄电池为基数，其浮充电流 $I_C=0.01\sim0.03A$，对于其他标号的蓄电池，I_C 可按容量的倍数推算，即

$$I_C = (0.01 \sim 0.03)Q_N/36 \tag{11.7}$$

浮充电流是决定电池寿命的关键参数。浮充电流过大，会使电池过充电，造成正极板脱落物增加而加速损坏；浮充电流过小，会使电池欠充电，造成负极板脱落物增加，以及使负极板硫化（生铅盐），同时还会降低蓄电池的容量。因此，必须使浮充电流处于良好状态。影响浮充电流的因素很多，其中主要的是电池的电压，浮充电压应在 2.1～2.2V 之间，一般取 $U_C=2.15V$。若电池的电压比它高，就是过充电；反之，就是欠充电。用硅整流器作浮充电源时，由于一次系统电压的变化，使硅整流器的输出电压随之变化，因而影响了浮充电流。所以应该设法使浮充电流随系统电压的波动变化最小，以保证蓄电池的使用寿命。

（二）直流绝缘监视装置

在直流装置中，发生一极接地时并不会引起任何危害，但长期一极接地是不允许的，因为在同一级的另一点再发生接地后，就可能造成信号装置、继电保护相控制电路的误动作。另外，在有一极接地时，假如再发生另一级接地，就将造成直流系统短路，引起直流熔断器熔断或造成保护和断路器误动作。因此，不允许直流系统长期带一点接地运行，为此需要设直流系统绝缘监视装置。如图 11.6 所示，Ⓥ表示电压监察装置；ＡＦ表示闪光装置，ＰＶ表示

绝缘监察装置。

第二节　不停电电源（230V UPS 系统）

一、不停电电源的作用

随着发电厂自动化水平的不断提高，信息处理技术日益完善，对供电电源的可靠性和供电质量（频率、幅值等）的要求也越来越高，像计算机、通信系统、检测及保护装置等，一旦发生供电中断，所造成的损失是巨大的。

在大型发电厂，虽然设置了供电可靠性较高的配电盘，但供电的质量和可靠性仍不能满足计算机等设施的供电要求，所以专门设置了交流不停电电源（UPS）以保证不间断连续供电且恒频恒压。

二、不停电电源的工作方式

不停电电源为保证供电的可靠性，均采用两套或更多的供电系统并联对负载供电，而每一套电源的切换是通过静态开关实现的。备用电源始终与正在对负载供电的电源保持锁相同步，切换中不会引起任何供电的瞬时中断。

为了提高供电质量，不停电电源借助逆变器，通过电压的闭环控制，将直流电转变为高质量的交流电提供给负载，使输电线路上的各种干扰，如电压瞬变、浪涌、下跌、电压缓慢变化等都不再出现在不停电电源的输出端。在规定的容量范围内，从空载到满载都能保证输出电压的偏差不超过允许范围。

两套并联向负载供电的电源配合，可以有两种不同的工作方式，即正向转换方式和反向转换方式。正向转换方式是以交流电源为主电源，以逆变器为备用电源。反向转换方式与之相反。

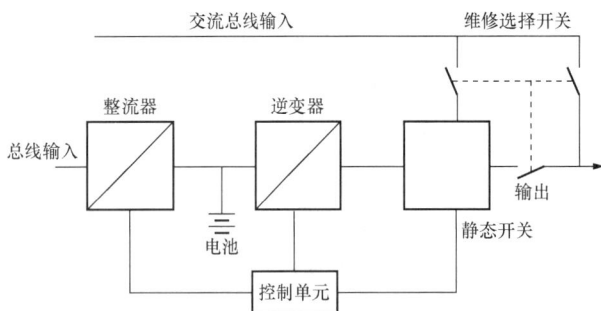

图 11.7　UPS 系统的方框图

三、UPS 系统的方框图

UPS 系统的方框图如图 11.7 所示。UPS 主要包括一个整流器（充电器）、一个蓄电池组、一台逆变器、一个静态开关、一个维修选择开关和一台控制单元。

1. 各部分功能

（1）整流器（充电器）：整流器（充电器）为逆变器和蓄电池组提供所需的直流电源。

总线通过一个接触器和一台作为输入的自耦变压器给它供电。整流器中的全控三相桥式整流电路将交流变为直流后，通过电感线圈和电解质电容器滤波。

（2）逆变器：逆变器的作用是将整流器整流后产生的直流电压或由蓄电池组提供的直流电压转换为稳定的、具有规定频率的交流电压。

（3）静态开关：静态开关的作用是将负载从逆变器供电转换到交流总线供电或者从交流总线输入转换到逆变器，而不产生电源中断。

负载从逆变器转换到交流总线输入时的条件为逆变器的输出电压不正常、可控硅整流器温度故障、可控硅整流器故障、过载。

只有满足以下条件才能进行转换：交流总线的输入电压在正常范围内，交流总线的输入电压与逆变器的相位差为±15°，逆变器电压的相位差在±15°内。

（4）控制单元：控制单元对整流器、逆变器、静态开关进行控制。

2．运行方式（参考图11.7）

（1）正常运行：由总线供电的整流器为逆变器和蓄电池组的充电提供电源，逆变器通过静态开关给负载供电。

（2）蓄电池运行：如果得到不正常的总线供电或者超过其允许范围，可由蓄电池组供电给逆变器，逆变器通过静态开关给负载供电。

（3）交流总线输入的运行：当正常的总线供电长时间不能恢复，而蓄电池组存蓄功率较小时，负载就由交流总线通过静态开关供电。

（4）当维修选择开关时：交流总线给负载供电，静态开关与交流总线和负载隔离。

（5）当需要对 UPS 进行维修时：负载由交流总线通过维修开关供电，并且交流总线供电给静态开关，以便测试控制单元的同步和测量功能。

第三节　事故保安电源

一、柴油发电机组的特点

（1）柴油发电机组的运行不受电力系统运行的影响，是独立的可靠电源。它起动迅速，能满足发电厂中允许短时间断电的交流事故保安负荷的要求。

（2）柴油发电机组可长期运行，满足长时间事故停电的供电要求。

（3）柴油发电机结构紧凑，辅助设备较为简单，热效率较高，因此经济性较好。

二、交流事故保安电源系统接线

如图11.8所示，为了保证全厂事故停电时能安全可靠地停机，发电厂各机组在400V低压厂用电系统中设置了三段事故保安动力中心母线和事故照明段母线，各机组的保安负荷（如主机盘车电动机、顶轴油泵、润滑油泵、汽动给水泵的盘车电动机、热工交流电源、不停电装置的交流电源等）分别接在保安三段母线上（1号机组为ⅠA1PC、ⅠA2PC、ⅠBPC；2号机组为ⅡA1PC、ⅡA2PC、ⅡBPC）。

正常情况下，1号机组的保安ⅠA1PC、ⅠA2PC、ⅠBPC分别由400VⅠAPC和ⅠBPC供电，2号机组的保安ⅡA1PC、ⅡA2PC、

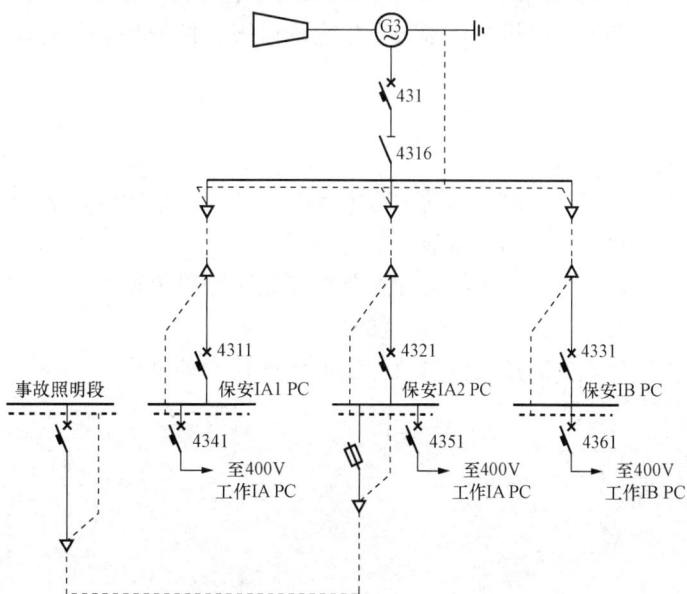

图11.8　400V交流保安电源系统接线

Ⅱ BPC 分别由 400V Ⅱ APC 和 Ⅱ BPC 供电。另外，每台机组均配有一台 500KW 快速起动的柴油发电机组，作为全厂停电时的事故保安电源。

三、柴油发电机组自起动控制接线逻辑方框图动作过程

在发电厂正常运行时，将机组的运行方式切换开关置于"自动"位置，即"自起动"位置。开关在"自起动"位置时，参照图 11.8 和图 11.9，当各保安段母线（IA1PC、IA2PC、IBPC）厂用工作电源失电后，经 6s 延时确认（躲开厂用备用电源自动或手动投入的时间）后起动柴油发电机。当机组的转速、电压达到额定值时，合柴油发电机出口断路器 431。此时，如果 IA1PC、IA2PC、IBPC 段工作电源仍未恢复正常，则待发电机出口断路器合闸后，跳 4341、4351、4361 开关，合上保安电源 4311、4321、4331 开关，恢复对各保安段供电。

柴油发电机自起动逻辑框图如图 11.9 所示。

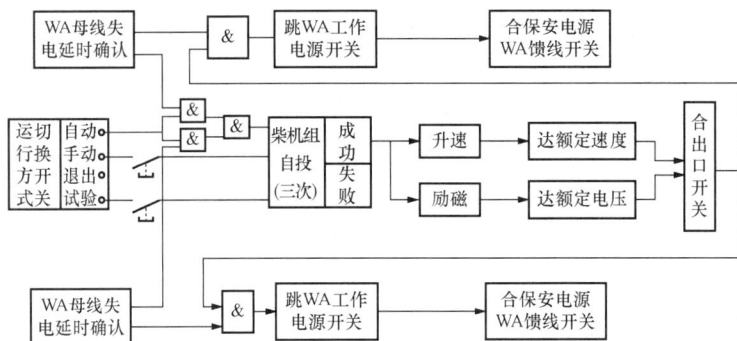

图 11.9　柴油发电机自起动机逻辑框图

图 11.9 中运行方式切换开关在"手动"位置时，则自起动部分退出工作。此时可在柴油发电机组就地"手动"操作机组的起停；在"退出"位置时，应向集控室发一信号，同时闭锁手动起动和自起动方式，才允许检修设备；而在"试验"位置时，在厂用电源正常情况下，能起动机组，但柴油发电机出口开关不合。

柴油发电机组还必须有相应的监视、保护和信号装置。

思　考　题

11.1　蓄电池组的运行方式有哪些？常采用哪种运行方式？

11.2　何为蓄电池的额定容量？

11.3　直流系统为什么要加装绝缘监察装置？

11.4　说明 UPS 装置的功能。

11.5　简述交流事故保安电源的自起动过程。

第三篇 电力系统

第十二章 电力系统运行

第一节 电力系统有功功率平衡和频率调整

电力系统衡量电能质量的主要指标是频率、电压及波形。频率是衡量电能质量最重要的指标之一。我国《电力工业技术管理法规》规定，电力系统额定频率为50Hz，允许频率偏移±(0.2~0.5) Hz。

电力系统中的发电设备与用电设备都是按额定频率设计和制造的，只有在额定频率附近运行时，才能发挥最好的功能。系统频率过大的波动，对用户和发电厂的运行都将产生不利影响。

一、概述

1. 电力系统频率变化对电能用户的影响

(1) 频率变化将引起电动机转速变化，从而影响产品的质量。如纺织、造纸等工业生产中将因频率变化而出现残次品。

(2) 电动机输出的有功功率与系统频率有关。系统频率降低，就会使电动机的有功功率降低，进而影响所传动机械的出力，降低生产率，如机械工业中大量的机床设备。

(3) 近代工业、国防和科学研究部门广泛使用电子设备。系统频率的不稳定会影响电子设备的工作特性，降低准确度，造成误差。频率过低时，雷达、电子计算机等重要设施将无法运行。

2. 电力系统频率的变化，对发电厂及系统本身的影响

(1) 频率下降时，发电厂的重要用电设备的出力降低，将导致发电机出力下降，使电力系统的频率进一步下降。

(2) 系统在频率较低情况下运行时，容易引起汽轮机叶片共振，缩短叶片寿命，严重时会使叶片断裂。

(3) 系统处于低频状态下运行时，异步电动机和变压器由于主磁通量的增加，励磁电流随之增大，系统所需无功功率大为增加，导致系统电压水平的降低，给系统电压调整带来困难。

3. 电力系统有功负荷的变化与调整

电力系统的有功负荷每时每刻都在变化，如图12.1所示，将这种不规则的变化负荷，看作具有以下三种不同变化规律的变动负荷所组成。第一种为负荷 P_1 幅度变化很小、变化周期较短（一般在10s）的负荷，这种负荷变动具有很大的偶然性；第二种负荷 P_2 是幅度变化较大、变化周期较长（一般为10s到3min）的负

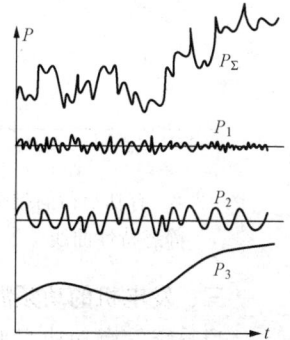

图 12.1 有功功率
负荷的变动

荷，这种负荷具有冲击性质，例如延压机械、金属切屑车床等均属于这种负荷；第三种负荷 P_3 是变化缓慢的持续变动负荷，属于这种负荷的主要有连续生产的钢铁企业、化工企业以及由于工厂一班制或二班制生产、人民生活规律、气象条件等变化而引起的频率的变化负荷。第一种和第二种负荷变动是不可预计的，而第三种负荷变动的规律是可预计的。

负荷的变化将引起频率的相应变化，为此发电机组必然会进行相应的调整。对于第一种负荷变化所引起的频率偏移，将由发电机组调速器自动进行调整，这种调整通常称为一次调频。对于第二种负荷变化所引起的频率变动，仅仅依靠调速器的作用一般不能将频率偏移限制在允许的范围之内，因此必须通过调频器进行调整以满足调频的要求，这种调整通常称为二次调频。三次调频的名词不常用，其实三次调频就是指按最优化准则，由电力系统调度部门预先编制的日负荷曲线分配第三种有规律变化的负荷，达到调整频率要求的调整方法。

二、电力系统综合负荷的有功功率频率静态特性

电力系统的用电设备从系统中取用的有功功率的多少，与用户的生产状况有关，与接入点的系统电压有关，还与系统的频率有关。设前两种因素不变，仅考虑有功功率负荷随频率变化静态特性关系，称为负荷的频率静态特性。

电力系统的负荷大致分为同步电动机负荷，异步电动机负荷，电炉、电热负荷，整流负荷，照明用电负荷，网络负荷等类型。

电力系统中用电设备的有功功率负荷可以归纳为以下几类：

（1）与频率无关的负荷，如照明、电弧炉、整流器负荷等。

（2）与频率一次方成正比的负荷，如球磨机、切割机床、压缩机、卷扬机、往复式水泵等。

（3）与频率二次方成正比的负荷，如变压器的涡流损耗。

（4）与频率三次方成正比的负荷，如通风机、静水头阻力不大的循环水泵等。

（5）与频率的高次方成正比的负荷，如静水阻力很大的给水泵。

因为在电力系统运行中，允许频率变化的范围是很小的，在较小的频率变化范围内，如在 45～50Hz 范围内，这种关系用曲线表示则接近一条直线。

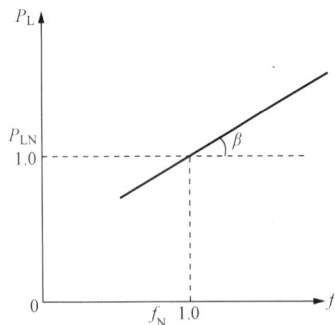

图 12.2 有功负荷的频率
静态特性曲线

图 12.2 所示为电力系统的有功负荷的频率静态特性曲线或称为负荷的功频特性。由图 12.2 可知，在额定频率 f_N 时，系统负荷取用的功率为 P_{LN}。由于系统中有功功率供给小于需求，导致频率下降，当频率下降时，负荷取用的有功功率减小，这种效应将有助于系统频率的恢复，因为当系统中的负荷突然增大时，发电机组出力调节由于机械惯性的影响不能及时跟踪上，频率便会有所下降，这时系统中有功负荷会自动减小一些，达到供求平衡，防止频率不断地下降，显然等于是帮了发电机的忙，这种现象称为电力系统的频率调节效应。

三、发电机的功频静态特性

当系统的有功功率平衡遭到破坏而引起频率变化时，原动机的调速系统将自动地调整原动机的进汽量，相应地增加或减少发电机的出力。当调速器的调节过程结束，建立起新的稳定状态时，发电机的有功出力同频率之间的关系称为发电机组调速器的功率频率静态特性

（简称为功频静态特性）。

为了说明发电机组功频静态特性，仅对调速系统的作用原理作简要介绍。自动调速系统的种类很多，一般分为机械液压调速系统和电气液压调速系统两大类。机械液压调速系统——离心飞摆的调节机理与电气液压调速系统的基本原理没有多大差别，但比较直观，故以它为例作简要介绍。

离心飞摆式调速系统示意图如图 12.3 所示，调速器飞摆由套筒带动转动，套筒则由原动机的主轴带动。当发电机所带负荷增加时，阻力矩增加，机组转速 ω 下降，导致频率下降，飞摆由于离心力的减小在弹簧 2 的作用下向转轴靠扰，使套筒从 A 点降至 A' 点，此时，油动机的活塞因上下油压相等，B 点不动，D 点也不动（调频器的伺服马达未动作的情况下）；由于 A 的下降，上、下杠杆则分别以 B、D 点为支点而动作，C 点下降至 C' 点，E、F 点分别下降至 E'、F' 点的位置。错油门活塞向下移动、使油管 a、b 的小孔开启，进入错油门中间入口的压力油经油管 b 进入油动机活塞下部，而活塞上部的油则经油管和错油门上部小孔溢出。在油压作用下，油动机活塞向上移动，带动汽轮机的调节汽门（或水轮机的导

向叶片）开度增大，增加进汽量（或进水量），使机组转速上升，频率上升，发电机输出功率增加，套筒从 A' 处回升。同时，由于油动机活塞的上升使 B 点也上升，整个 ACB 杠杆由 $A'C'B$ 位置向上移动，提升 E'、F' 点（D 点仍未动），使错油门活塞又将油管 a、b 的小孔重新堵住。油动机活塞稳定在一个新的位置上，调节过程结束。在新的稳定状态下，B 点上升至 B'' 点，C 点维持在原来位置，而 A 点略有下降，稳定在 A'' 点位置。机组的转速略低于原来的转速，频率则低于原来频率。

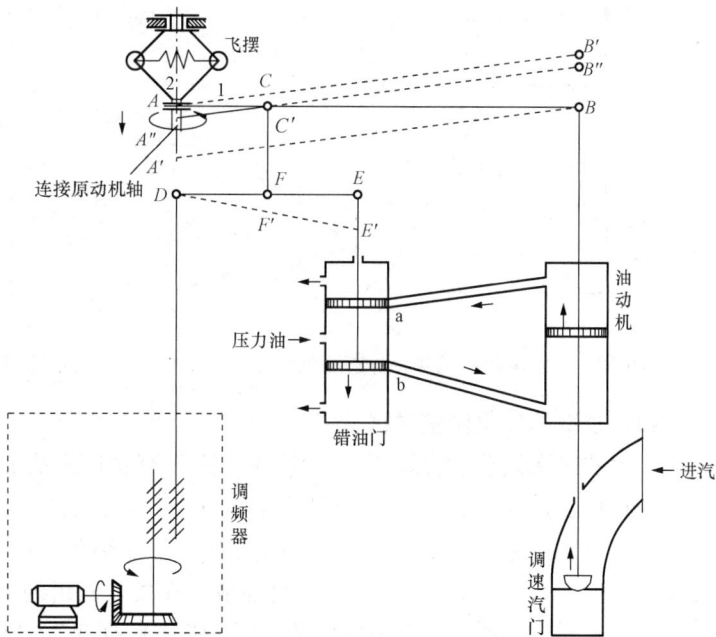

图 12.3　离心飞摆式调速系统示意图

由此可见，调速系统调整的结果是：对应着负荷增大时，发电机的输出功率增加，其频率低于初始值；反之，如果负荷减少，调速系统调整的结果是使输出功率减少，其频率略高于初始值。这就是频率的一次调整，它是由调速器自动完成的。由于调整的结果是频率不能恢复原值，故一次调整是有差的调整。

上述的频率调整是频率的一次调整，一次调整过程结束之后，发电机输出功率与频率的关系曲线称为发电机组的功频静态特性曲线，如图 12.4 所示。从图 12.4 可以看出，发电机的输出功率随着频率的下降逐渐增加，当汽轮发电机的进汽量达到最大值后，如果频率再下降，汽轮发电机的输出功率将保持不变。

从前面对调速器的工作原理分析可知，仅仅依靠一次调频不能维持发电机的转速不变，即不能维持系统的频率不变。如果负荷功率的变化幅度较大，频率偏移也就较大，有可能超出允许的范围。因此，为了维持频率不变或限制频率偏移在允许范围内，就需要对频率进行二次调整。二次调频是由调速系统中的调频器来完成的，下面以负荷增加的情况来说明其动作原理。

图 12.3 中，在外界信号（手动或自动操作）控制下，调频器转动蜗轮蜗杆，将 D 点抬高，杠杆 DE 的 F 点不动，E 点下降，使错油门活塞再次向下移动，开启油道 a、b。压力油从 b 口进入油动机活塞下部，活塞向上移动，进一步加大汽门的开度，原动机输入的功率进一步提高，转速增大，频率升高，发电机输出有功功率增加。同时，B 点也进一步上升，使 C 点及 F 点上升，并带动 E 点上升，错油门活塞再将 a、b 口堵住，调节过程结束，使机组稳定在一个新的转速上。如果 D 点位置调节得当，可使转速，即频率恢复原值。

这一调整过程（即 D 点的抬升或下降）的结果，反映在机组的功频静态特性中表现为特性线向上或向下的平行移动，如图 12.5 所示。

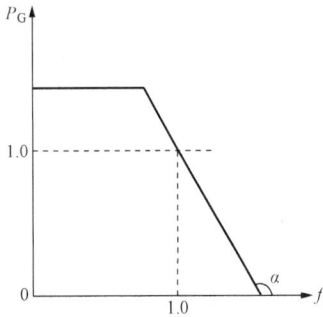

图 12.4　发电机组的频率静态特性

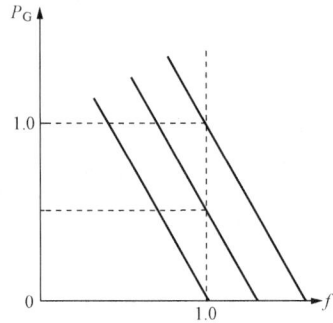

图 12.5　发电机组频率静态特性的平移

四、频率的二次调整过程

频率的二次调整过程如图 12.6 所示，由于有功负荷从 P_L 增加到 P'_L，一次调频的结果使工作点从 a 点转移到 b 点，如果频率 f'_0 在（50 ± 0.2）Hz 范围内，则系统可以继续运行；如果 f'_0 超出了（50 ± 0.2）Hz 的范围，说明系统频率不满足电能质量的要求，就须手

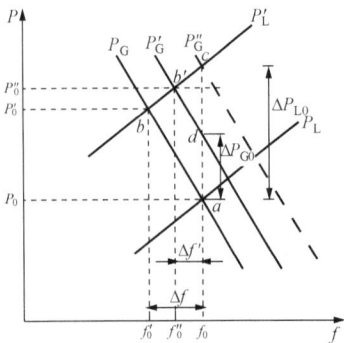

图 12.6　频率的二次调整过程

动或自动地操作发电机组的调频器，使发电机组的功频特性平行地上下移动来改变发电机的有功功率 P_G，以保持系统的频率不变或使频率变化在允许范围内。

在图 12.6 中，当操作调频器再增加发电机发出的功率，设发电机组增加的功率为 ΔP_{G0}，使频率特性向上移动，则运行点又从 b 点移到 b' 点。b' 点对应的频率为 f''_0、功率为 P''_0，即频率下降。由于进行了二次调整，使频差由 Δf 减小为 $\Delta f'$，发电机提供的功率由 P'_0 增加到 P''_0。尽管这样仍是有差调节，但明显可见，由于进行了二次调整，使系统的频率质量得到了改善。

五、电力系统的频率调整原则

在电力系统中，各发电机组所带负荷的多少，是由系统调度员按系统的经济运行方案事先编制好的发电计划所决定的。当系统的频率因系统负荷的变化而变化时，一般情况下，发电厂值长未经调度员允许是不得随意采用增减负荷的方法来调频的。因为这样做不仅不能使系统迅速平稳地恢复到额定频率，反而会引起系统的紊乱和破坏经济运行。因此，调整频率就是发电厂之间或各发电厂中的各机组之间的有功功率按合理的、经济的预定方案进行分配的问题。

在大型电力系统中，调频过程很复杂。为了避免在调频过程中出现过调或频率较长时间不能稳定的现象，调频工作必须进行分工和分级调整。全系统由具有调频能力的发电机组都参加进行一次调频，然后由1～2个电厂承担二次调频，称其为主调频电厂，以负责全系统的二次调频工作。另外再选少数几个电厂作为辅助调频厂，它们只在电力系统频率偏移超过某一规定的范围时才参加调频。而非调频电厂在电力系统正常运行情况下，则按预定的日发电计划发电。

第二节 电力系统的无功平衡和电压调整

电压是表征电能质量的一项重要指标。电力系统中的用电设备是按标准的额定电压来设计制造的。保证供给用户的电压与其额定值的偏移不超过规定的数值是电力系统运行调整的基本任务之一。

电力系统的电压调整与频率调整的不同之处在于以下几点：

（1）全系统频率相同，而系统中为数甚多的节点（母线）电压各不相同。

（2）频率与系统有功功率密切相关，系统的有功电源集中于发电厂的发电机；而电压则与系统无功功率关系很大，无功电源除各类发电厂的发电机外，可分散在各变电所设置的其他无功电源。

（3）调整频率只能采用调整发电厂原动机功率这唯一手段；而要使全系统各节点电压满足要求，可以采用多种调整措施。

一、电压偏移及电压调整

电力系统在正常运行时，负荷随时都在发生变化，电力系统的运行方式也常有变化。这些变化都会使网络中潮流发生变化，从而网络中电压损耗及相应各节点电压也随之变化。实际上，要保证系统中各节点连接的所有用户的电压在任何时刻都为额定值是不可能的。各节点电压值在运行过程中对其额定电压总会有一定偏移，只要电压偏移值在允许的范围内，就能保证用户及电力系统的正常运行。在国家《电力系统电压和无功电力技术导则》（SD 325—1989）中规定的各类用户允许电压偏移值，在正常运行状态下为：

35kV及以上电压供电的用户　　0～10%

10kV及以下电压供电的用户　　±7%

220V用户　　　　　　　　+5%～-10%

特殊用户按供用电合同商定的数值确定。

事故状况下，允许在上述数值上再增加5%，但正偏移最大不能超过+10%。

电力系统节点的供电电压相对其额定值偏移过大，就会使用户电气设备的性能恶化。如照明负荷在电压偏低时，发光不足，影响人们的视力，降低了生产及工作的效率。日光灯还会产生不起动现象，电压偏高又会缩短灯管的寿命。电炉等电热设备的发热量与电压的平方成正比，当电压偏低时，使电热设备的发热量降低，从而降低了生产率。用户中大量使用的异步电动机，其电磁转矩与端电压平方成正比，当电压偏低时，一方面使由它带动的生产设备运行不正常，电压过低，电动机可能制动，生产设备就会停运；另一方面，电动机滑差加大，定子电流显著增加，绕组温度升高，加速了绝缘老化，影响了电动机寿命，严重情况下会使电动机烧毁，电压偏高又会使绝缘受到损害。电压偏移过大，对广泛使用的电子设备也会影响其使用效率和寿命，如电视机在电压偏低时屏幕显示不稳定，电压偏将使显像管寿命缩短等。

　　电压质量也影响电力系统自身的安全运行及经济性。电力网运行电压偏低，就会使网络的功率损耗及电能损耗增加，电压过低就可能破坏电力系统运行的稳定性，电压过高又可能使各种电气设备的绝缘受到损害，使带铁芯设备饱和产生谐波并引起谐振，在超高压网络中还将增加电晕损耗。

　　因此，无论是用户的用电设备还是电力网络都要求在正常电压下运行。然而，电力系统结构复杂，节点甚多，负荷分布不均匀且随时都在发生变化。要满足全系统各节点的电压要求，必须对电压进行调整；电力系统的电压调整，即在正常运行状态下，随着负荷变动及运行方式的变化，使各节点的电压偏移值在允许范围内。

二、电力系统的无功功率平衡

　　电力系统的无功功率平衡是指在运行中的任何时刻，电源供给的无功功率与系统中需求的无功功率相平衡。同时，为了保证运行的可靠性和电能质量，以及适应负荷的发展，还必须具备一定的无功备用容量。

　　1. 无功负荷及无功损耗

　　电力系统中无功功率的需求包括负荷所需的无功功率及电力网络中的无功损耗。

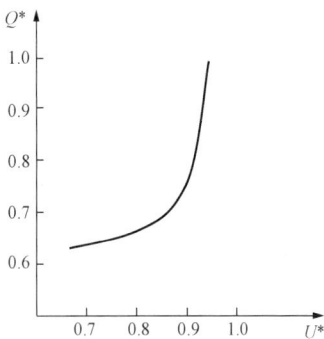

图 12.7　综合无功负荷的
电压特性

　　（1）电力系统的无功负荷。无功负荷是以滞后功率因数运行的用电设备所吸取的无功功率，其中主要是异步电动机所消耗的无功功率。系统负荷的功率因数一般为 $0.6 \sim 0.9$。当系统频率一定时，负荷功率（包括有功和无功功率）随电压而变化的关系称为负荷的静态电压特性。由于异步电动机消耗无功功率较多，可以说，系统中大量的无功负荷是异步电动机，因此，电力系统综合负荷的无功—电压特性主要取决于异步电动机的特性，如图 12.7 所示。

　　从图 12.7 可以看出，系统综合负荷的无功—电压特性曲线的特点是：电压略低于额定值时，无功功率随电压下降较为明显；当电压下降幅度较大时，无功功率减小的程度逐渐变小。

　　（2）电力系统的无功损耗。电力系统中的无功损耗主要包括两部分：一是输电线路的无功损耗；二是变压器的无功损耗。

　　1）输电线路的无功损耗：输电线路中电抗所消耗的无功损耗与传输功率的平方成正比。比线路电阻中的有功损耗大，特别是导线截面积大的线路，无功损耗比有功损耗大得多。

　　2）变压器的无功损耗：变压器的无功损耗包括激磁无功损耗和漏抗无功损耗两部分。激磁无功损耗约为 $(1 \sim 2)\% S_N$，漏抗的无功损耗约为 $10\% S_N$。

　　电力系统的无功损耗很大。由发电厂到用户，中间要经过多级变压，虽然每级变压器的无功损耗只为每台变压器容量的百分之十几，但多级变压的电力系统中无功损耗总和就相当可观。从发电厂到用户，中间要经过多级变压，无功损耗可达用户无功负荷的（50～70）%。此外，输电线上还有较大的无功损耗。若只有发电厂的发电机作为无功电源来供给，是不能保证电力系统无功功率平衡的。所以，一般电力系统都需设置其他无功电源进行无功补偿。

2. 无功功率电源

电力系统的无功电源有同步发电机、同步调相机、静电电容器、静止补偿器及输电线路的充电功率等。

（1）同步发电机。同步发电机是电力系统唯一的有功功率电源，同时也是重要的无功功率电源。

（2）同步调相机。同步调相机实质上是空载运行的同步电动机。它的运行方式分为过激运行和欠激运行两种，过激运行时向系统提供无功功率；欠激运行时从系统吸取无功功率。所以，借助自动调节励磁装置改变调相机的励磁电流就可以平滑地改变它的无功功率大小及方向，从而平滑地调节所在地区的电压。由于它是旋转电机，有功损耗较大，运行维护比较复杂，投资费用也较大，现在已很少采用。

（3）并联电力电容器。并联电容器只能向系统供给无功功率，所供无功功率的大小与所在节点的电压平方成正比，即

$$Q_C = \frac{U^2}{X_C} \qquad\qquad (12.1)$$

式中　X_C——电容器的容抗，Ω；

　　　U——所在节点的线电压，kV。

在系统发生故障或其他原因而使电压下降时，电容器供给系统的无功功率反而减少，将导致系统电压继续下降，这是电容器在调压特性上的缺点。为改变其负荷调节特性，使用时可将多个电容器联结成组，按需要成组地投入或切除，使它的容量可大可小。尽管电容器不能做到平滑地调整电压，但由于它具有有功功率损耗小（为额定容量的 0.3%～0.5%），单位容量投资费用较小，既可集中又可分散地灵活使用，还可随意拆迁，从而可在靠近负荷中心处安装，减少了无功输送过程中线路上的功率损耗及电压损耗等优点。因此，电容器作为无功补偿电源在国内外都得到广泛采用。

（4）静止补偿器是在生产实际中使用较广泛的一种无功补偿装置。它是由可变电抗器与电容器并联组成的。其特点是利用可控硅开关来分别控制并联电容器组与电抗器的投切，这样它就完全可以做到：既可发出无功，又可吸收无功，并能依靠自动装置实现快速的调节。它可以直接装在变电所的较低电压母线上，也可以通过升压变压器接到高压或超高压线路上。

3. 无功功率的平衡

所谓无功功率的平衡，就是要使系统的无功电源所发出的无功功率与系统的无功负荷及网络中的无功损耗相平衡。用公式表示为

$$\sum Q_G = \sum Q_L + \sum \Delta Q_L \qquad\qquad (12.2)$$

式中　$\sum Q_G$——系统中所有无功电源发出的无功功率；

　　　$\sum Q_L$——系统中所有负荷所需的无功功率；

　　　$\sum \Delta Q_L$——网络中的无功损耗。

进行无功功率平衡计算的前提是系统的电压水平正常，即维持在额定电压 U_N 水平上。

若不能在正常电压水平下保证无功功率的平衡，系统的电压质量就不能保证。电力系统的无功功率应按最大无功负荷的运行方式进行计算，必要时还应校验某些设备检修时或故障运行方式下的无功功率平衡。

与有功功率一样，系统中也应保持一定的无功功率备用，否则负荷增大时，电压质量仍无法保证。这个无功功率备用容量一般可取最大无功功率负荷的（7～8）％。

三、电力系统的电压管理

电力系统进行调压的目的就是要采取各种措施，使用户处的电压偏移保持在规定的范围内。但由于电力系统结构复杂、负荷极多，不可能对每个用电设备电压都进行监视和调整。因此，电力系统电压的监视和调整通常只选择一些关键性的母线（节点）来完成。

这些关键性的母线称为电压中枢点，只要能控制电压中枢点的电压，就可以控制系统中大部分负荷的电压偏移。于是，电力系统电压调整问题就转变为保证中枢点的电压偏移不超出给定范围的问题。通常将反应电力系统电压水平的区域性大型发电厂和变电所高压母线、枢纽变电所的6～10kV电压母线和有大量地方负荷的发电厂6～10kV的发电机电压母线的电压称为电压中枢点。一般若电压中枢点的电压符合要求，其他母线的电压就能符合要求。

四、电力系统的几种主要调压措施

1. 改变发电机端电压调压

发电机的电压调整，是借助于调整发电机的励磁电压以改变发电机转子绕组的励磁电流，就可以改变发电机定子端电压。现代同步发电机在端电压偏离额定值不超过±5％范围内，均能够以额定功率运行。

2. 改变变压器变比调压

变压器不是无功电源，利用选择变压器的变比（改变分接头）调压不能增减系统的无功，它只能改变无功分布。

变压器只能在停电的情况下改变分接头，又称无励磁调压变压器。变压器必须事先选好一个合适的分接头，这样在运行中出现最大负荷与最小负荷时，电压偏移都不会超出允许范围。

当系统负荷或电源联络线上的功率大小及方向变化很大时，仅用无励磁调压变压器调压是保证不了电压质量的。此时应当采用有载变压器来进行调压。所谓有载变压器，就是能够在带负荷的条件下改变分接头的变压器。它的分接头个数较多，调压范围也比较大，一般在15％以上。目前我国暂定110kV的有载变压器有7个分接头，即$U_N \pm 3 \times 2.5\%$；220kV的有载变压器有9个分接头，即$U_N \pm 4 \times 2.5\%$。对于特殊要求的有载调压变压器还可以有更多的分接头。

注意，在整个系统普遍缺少无功的情况下，用改变分接头的办法只能使局部电压有所改善，而不能提高所有用户的电压水平。

3. 利用无功补偿设备调压

无功功率可以由发电机供给，也可以由设置在负荷点附近的无功电源供给，由后者供给的好处是既能减少无功输送过程中的电压损耗，还可减少输送过程中的有、无功损耗。

目前广泛使用的并联补偿电容、静止补偿器，它们的作用都是在重负荷时发出感性无功功率，以补偿负荷需要，减少由于输送这些感性无功功率在线路上产生的电压降落，提高负荷端的输出电压。

五、电压调整与频率调整的关系

电力系统的有功功率和无功功率既和电压有关，也同频率有关。频率和电压的变化都将通过系统的负荷特性变化而影响到有功功率和无功功率的平衡。

当系统频率下降时，发电机发出的无功功率要减少（因为发电机的电动势将根据励磁接线的不同，而比例于频率的平方或三次方），变压器和异步电动机励磁所需的无功功率将增加，绕组漏抗上无功功率损耗要减少，线路电容充电功率和线路电抗上无功功率损耗都要减少。总之，频率下降时，系统的无功需要将略有增加。如果系统的无功电源不足，则会在频率下降时，难以维持正常的电压水平。通常频率下降 1% 时，电压将下降 0.8%～2%。如果系统的总体无功电源充足，则会在频率下降时，由发电机输出更多的有功功率，既满足正常电压下的无功平衡的要求，又满足有功平衡的需要。

当电网的电压水平提高时，负荷所需的有功功率将要增加，电网中的损耗将略有减少，系统总的有功功率需求便有所增加。如果有功电源容量不很充裕，则电网的电压水平提高会引起频率的下降。当电压水平降低时，系统总的有功功率需求将会减少，所以会导致频率的升高。在事故后的运行方式下，由于某些发电机退出运行，系统的有功功率和无功功率都会感到不足，这时电压的下降将会减少有功功率的缺额，从而在一定程度上阻止了频率的急剧下降。

如果系统因有功和无功电源容量的不足而造成频率和电压两者都偏低，则应该首先解决有功功率平衡问题，因为随着频率的提高能减少无功功率的缺额，这样对于电压调整是有利的；反之，如果首先去提高电压，则将会进一步扩大无功功率的缺额，必然会扩大有功功率的缺额，将导致频率继续下降，而不利于系统电压和频率的恢复。

最后还必须指出，当电力系统的频率与电压在规定允许变动范围之内运行时，由于自动电压调整装置等作用，使电压的变化对有功功率平衡的影响以及频率变化对无功功率平衡的影响都较小。因此，才可能分别处理调频与调压的问题。除此之外，调频与调压也是有区别的。电力系统的调频只能是全系统统一的，调频涉及整个系统的有功功率平衡问题；而无功功率平衡和电压调整，是可以按地区解决的。在有功负荷不超过允许值时，有功电源的任意分布是不会妨碍频率的调整的，而无功功率平衡和调压与无功电源的合理分布有密切的关系。

第三节 电力系统的稳定性

一、同步发电机并列运行的稳定性

设有一简单电力系统如图 12.8 (a) 所示，如果发电机的励磁不可调，即它的空载电势 E_q 为恒定值，系统的电压为 U，发电机与系统之间的等值电抗为 $X_{d\Sigma}$，$\dot{E}_q$ 与 $\dot{U}$ 间的夹角为 δ（功角），则该系统的功角特性关系为

$$P = \frac{E_q U}{X_{d\Sigma}}\sin\delta \tag{12.3}$$

由此可知这个系统的功角特性曲线如图 12.8 (b) 所示。

在满足机械功率与发电机输出的电磁功率相平衡，即 $P_T = P_E$ 的条件下，在功角特性曲线上将有两个运行点 a、b，与其相对应的功角为 δ_0 和 $180° - \delta_0$。下面分析电力系统在这两

点运行时，受到微小干扰后的情况。

1. 静态稳定性的分析

先分析在 a 点的运行情况。此时，系统运行功角为 δ_0，转速保持为同步转速 ω_0。当系统出现一个瞬时的小干扰，而使功角 δ 增加一个微量 $\Delta\delta$ 时，发电机输出的电磁功率将从 a 点相对应的值 P_0 增加到与 a' 点相对应的 P'_a。但因输入的机械功率 P_T 未调节，仍为 P_0，在 a' 点输出的电磁功率将大于输入的机械功率 P_T。因此作用在转子上的阻力矩（电磁力矩）大于拖动力矩（原动机的机械力矩），发电机组将减速，转速将小于同步转速 ω_0，功角 δ 也将减小，运行点将渐渐回到 a 点，如图 12.8（b）所示。

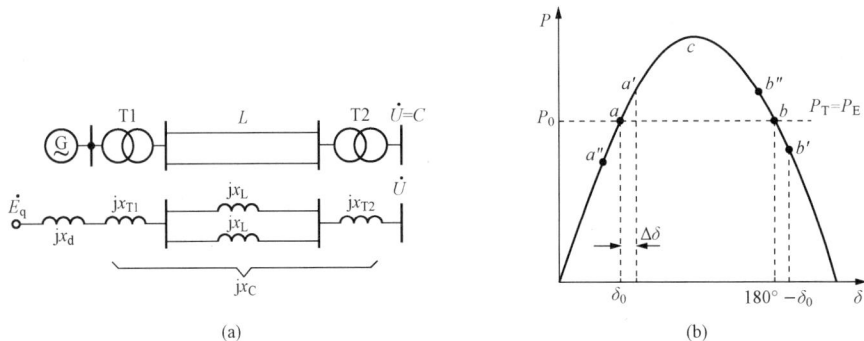

图 12.8　静态稳定分析

（a）系统图；（b）分析图

如图 12.8（b）所示，当一个小干扰使功率角 δ 减小一个微量 $\Delta\delta$ 时，情况相反，输出的电磁功率将减小到与 a'' 对应的值 P''_a，此时作用在转子上的拖动力矩将大于阻力矩，发电机组将加速，转速将大于同步转速 ω_0，使功角 δ 增大，运行点将渐渐地回到 a 点。

所以 a 点是静态稳定运行点。

同理可得，在图 12.8（b）中 c 点以前，即 $0°<\delta<90°$ 时，皆为静态稳定运行点。

2. 静态不稳定性的分析

再分析在 b 点的运行情况，b 点也是一个功率平衡点（$P_T=P_E$）。系统的运行功角为 $180°-\delta_0$，转速保持为同步转速 ω_0，当系统中出现一个瞬时的小干扰，而使功角 δ 增加一个微量 $\Delta\delta$ 时，输出的电磁功率将从 b 点对应的 P_0 减少到 b' 点相对应的 P'_b。在原动机输出的功率不调节（$P_T=P_0$）的假设下，作用在转子上的机械力矩大于阻力矩，发电机转子将加速，转速将大于同步转速 ω_0，功角 δ 将进一步增大。而随着功角的增大，与之对应的电磁功率将进一步减小。这样继续下去，运行点不可能再回到 b 点，如图 12.8（b）所示。功角 δ 不断增大，标志着两个电源之间将失去同步，电力系统将因不能并列运行而瓦解。

如果瞬时出现的小干扰使功角减小一个微量 $\Delta\delta$，输出的电磁功率将增加到与 b'' 点相对应的值 P''_b，此时阻力矩大于机械力矩，发电机将减速，转速将小于同步转速 ω_0，功角将继续减小，一直减小到稳定点 a 点运行，如图 12.8（b）所示。

所以 b 点不是静态稳定运行点。同理，在 C 点以后，即 $\delta>90°$ 时，都不具备静态稳定性。

二、提高电力系统静态稳定性的措施

电力系统运行的稳定性，是电力系统安全可靠运行的重要因素。随着电力系统的发展和扩大，输电距离和输送容量也不断增加，致使系统的稳定性问题更为突出。可以说，在超高压系统中，稳定性问题是限制交流系统输送距离和输送能力的决定性因素。所以，必须采取各种措施来提高电力系统运行的稳定性。

1. 采用自动调节励磁装置

对于简单电力系统，如果发电机没有装设自动调节励磁装置，则在系统遭到小扰动的过程中，发电机的空载电势 E_q 是恒定的，已知它的功—角特性为

$$P = \frac{E_q U}{X_{d\Sigma}}\sin\delta \tag{12.4}$$

当发电机装设了自动调节励磁装置，并且该装置能确保发电机的端电压恒定时，这相当于取消了发电机电抗对功—角特性的影响；或者可以等值地认为发电机的电抗等于零，发电机的电势就等于它的出口端电压，这时的功—角特性为

$$P = \frac{U_F U}{X_C}\sin\delta_C \tag{12.5}$$

因为发电机的电抗 X_d 在系统总电抗 $X_{d\Sigma}(X_d + X_C)$ 中所占的比例很大，可达到 50% 以上，所以发电机端电压恒定时的稳定极限远大于空载电势恒定时的稳定极限。例如，额定电压为 220kV、输电距离为 200km 的双回线输电系统，其中发电机的电抗在输电系统的总电抗中约占 2/3。如果发电机配置了维持发电机的端电压恒定的自动调节励磁装置，其结果相当于等值地取消了发电机电抗，从而使电源之间的"电气距离"大为缩短，对提高电力系统的静态稳定性有十分显著的效果。此外，发电机的自动调节励磁装置在整个发电机组的总投资中占的比重很小，采用先进的调节励磁装置所增加的投资，远较采用其他措施所系的投资要小。因此，在各种提高静态稳定性的措施中，总是首先考虑装设自动调节励磁装置。

2. 提高系统的运行电压

电力系统的运行电压不仅能反映电能质量，而且对系统稳定运行有很大的影响。由简单电力系统的功—角特性可知，功率极限与受端系统电压成正比。另外，对某些无功功率不足的系统，电压过分下降将导致电压崩溃，使系统瓦解而形成严重的事故。

由此可见，电力系统应配备有足够的调压手段，使系统电压保持在较高的运行水平是非常重要的。

3. 降低系统电抗

系统电抗主要由发电机、变压器及线路的电抗组成。其中发电机和变压器的电抗取决于它们的结构，要降低这些设备的电抗，就要增加它们的制造成本。因此，降低输电线路电抗成为关系到提高电力系统输电能力的一个重要因素，特别在大容量远距离的输电网中，这个因素更显突出。下面就来介绍降低输电线路电抗的几个措施。

(1) 采用分裂导线。在远距离输电中，采用分裂导线可以把线路本身的电抗减少（25～35)%，对提高稳定性和增加输电容量都是很有成效的。当然，采用分裂导线的理由，不单是为了提高功率极限，更重要的是为了减少或避免由电晕现象所引起的有功功率损耗和对无线通信的干扰等。

(2) 采用串联电容补偿线路电抗。采用分裂导线是不可能大幅度地降低线路电抗的。目前能大幅度地降低线路电抗的有效办法是将电容器串联在线路中，这样使原有的线路感抗因容抗所抵消而降低。一般，在较低电压等级的线路上采用串联电容补偿的目的是

为了调压；在较高电压等级的输电线路上采用串联电容补偿，则主要是用来提高系统的稳定性。

（3）提高线路额定电压 U_N。提高线路额定电压，可以提高稳定极限。这是因为线路电压愈高，流过同样功率的电流愈小，线路电压降和角度差也愈小。从另一方面来看，提高线路额定电压等级，也可以等值地看作是减小线路电抗。

我国许多电力系统都有线路升压改造的经验，有的电力系统将 110kV 线路升压至 220kV 运行。通过升压，提高了系统的稳定性和增加了输送功率。

4. 防止电压崩溃

防止电压崩溃的措施主要有以下几个：

（1）依照按电压分层平衡与分区就地补偿的原则，安装足够容量的无功补偿设备，这是防止电压崩溃，也是做好电压调整的基础。

（2）在正常运行中要备有一定的可以瞬时自动调出的无功功率备用容量，特别在受电地区此点尤为重要。

（3）在供电系统采用有载调压变压器时，必须配备足够的无功电源。

（4）不进行大容量、远距离无功功率的输送，不在系统间联络线输送无功功率，各系统无功功率自行平衡。

（5）高电压输电线路的充电无功功率不宜作为无功功率补偿容量来考虑，以防输送大容量有功功率或线路跳闸时，系统电压异常下降。

（6）高电压、远距离、大容量输电系统，在变电所及短路容量较小的受电端，设置静止补偿器、调相机等作为电压支撑，防止在事故中引起电压崩溃。

（7）在必要的地区安装按电压降低自动减负荷装置，并排好事故拉闸顺序表。

三、简单电力系统的暂态稳定性分析

电力系统暂态稳定是指电力系统在某一运行方式下，受到外界大干扰后，经过一个机电暂态过程，能够恢复到原始稳态运行方式或达到一个新的稳态运行方式，则认为电力系统在这一运行方式下是暂态稳定的。暂态稳定与大干扰有关，一般有以下三种基本形式：

（1）突然变化电力系统的结构特性，最常见的是短路，包括单相接地、两相接地或三相短路。一般假设短路发生在输电线路上，但也可能发生在母线或其他电力系统元件上。在发生短路后，由断路器断开故障的元件，如果有重合闸装置，瞬时性故障可以重合成功，永久性故障则重合不成功。无故障断开线路也属于这一类干扰。

（2）突然增加或减少发电机出力，如切除一台容量较大的发电机。

（3）突然增加或减少大量负荷。

其中短路故障的扰动最为严重，常以此作为检验系统是否具有暂态稳定的条件。

1. 分析暂态稳定性的等值电路和功角特性

现以图 12.9（a）所示的简单系统来说明暂态稳定性。正常运行时，系统等值电路为（b），如果在一回输电线路的始端发生接地短路，等值电路如图 12.9（c）所示，经过某一时间间隔后，由于继电保护动作，将线路两侧断开，故障切除，等值电路如图 12.9（d）所示。

在正常运行时，发电机的功角特性为

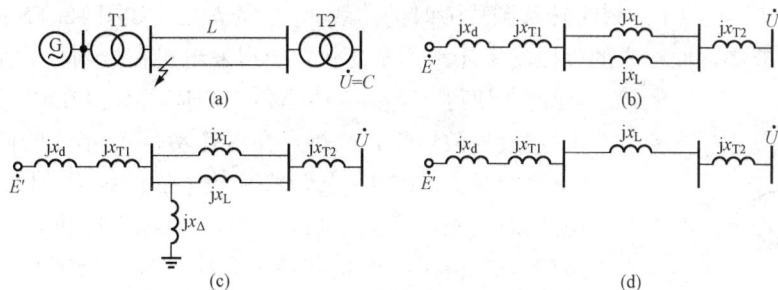

图 12.9　电力系统及其等值电路

（a）系统接线；（b）正常运行时等值电路；（c）短路时等值电路；

（d）切除一回线后等值电路

$$P_1 = \frac{E'U}{X_1}\sin\delta \tag{12.6}$$

现假定突然在一回线的首端发生短路，则发电机的功角特性变为

$$P_2 = \frac{E'U}{X_2}\sin\delta \tag{12.7}$$

短路故障发生后，在保护的作用下，将故障线路切除，发电机的功角特性变为

$$P_3 = \frac{E'U}{X_3}\sin\delta \tag{12.8}$$

因为 $X_1 < X_3 < X_2$，故 $P_{1m} > P_{3m} > P_{2m}$。三种状态的功角特性曲线如图 12.10 所示。

在正常运行时，系统运行在功角特性曲线 P_1 上，因功率平衡的要求，运行点位于 $P_T = P_0$ 的 a 点，功角为 δ_0，其转速为同步转速 $\omega = \omega_0$。故障产生瞬时，运行点由功角特性曲线 P_1 转移到曲线 P_2，运行点转移的过程中由于转子的惯性，功角 δ_0 保持不变，因此发电机的运行点由 P_1 上的 a 点瞬时转移到故障时的曲线 P_2 上的 b 点，如图 12.10 所示。这时输出的电磁功率减小，而输入的机械功率还来不及变化，所以发电机在

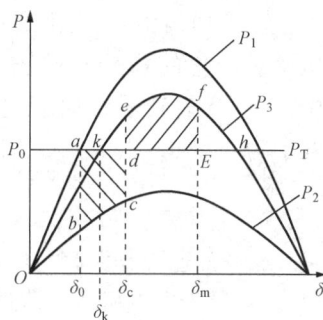

图 12.10　暂态稳定

过剩转矩作用下，开始加速，$\omega > \omega_0$，使功率角 δ 相应增大。如果故障永久存在下去，则始终存在过剩转矩，发电机将不断地加速，最终与系统失去同步。

实际上，故障后，继电保护装置将会很快动作，在功率角增大到 δ_c 时，故障被切除，运行点将由功角特性曲线 P_2（c 点）转移到故障切除后曲线 P_3（e 点）上，同样，运行点转移的过程中由于转子的惯性，功角 δ_c 保持不变，因此发电机的运行点由 P_2 的 c 点瞬时转移到故障后曲线 P_3 上的 e 点，此时输出的电磁功率大于机械功率，所以发电机转子受到制动而减速，由于惯性，故 δ 仍继续增大，直到 f 点，加速动能消耗完毕，发电机转子开始减速，越过 k 点后转子又开始加速。运行点将沿着曲线 P_3 在 k 点附近做有阻力的减幅振荡，最终将稳定在静态稳定点 k。这种稳定称为暂态稳定。

若在正常运行时，系统运行在功角特性曲线 P_1 上，因功率平衡的要求，运行点位于 P_1 曲线上的 a 点，功角为 δ_0，其转速为同步转速 $\omega = \omega_0$。故障产生瞬时，运行点由功角特性曲线 P_1 转移到曲线 P_2，运行点转移的过程中由于转子的惯性，功角 δ_0 保持不变，因此发电

机的运行点由 P_1 上的 a 点瞬时转移到故障时的曲线 P_2 上的 b 点,如图 12.11 所示。这时输出的电磁功率减小,而输入的机械功率还来不及变化,所以发电机在过剩转矩作用下,开始

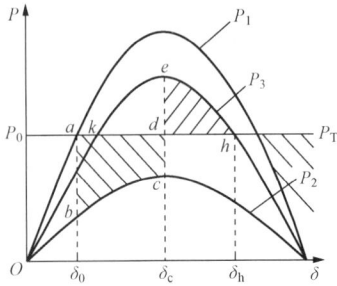

图 12.11 暂态稳定的丧失

加速,使得 $\omega > \omega_0$,功率角 δ 相应增大。在功率角增大到 δ_c 时,故障被切除,运行点在保持功角 δ_c 不变的同时,由功角特性曲线 P_2 上的 c 点转移到故障后曲线 P_3 上的 e 点,此时输出的电磁功率大于机械功率,所以发电机转子受到制动而减速,但由于此时仍然有 $\omega > \omega_0$,故 δ 仍继续增大,直到 h 点。发电机转子尚未减小到同步转速 ω_0,故 δ 继续增大,越过 h 点。越过 h 点后,发电机电磁功率小于机械功率,转速再一次增大,大大超于同步转速 ω_0,使得 δ 进一步增大。由前述静态稳定性的分析可知,发电机已丧失稳定运行的能力,进入异步运行状态。

2. 面积定则

当不考虑振荡中的能量损耗时,可以根据面积定则确定最大功角 δ_m,并判断系统的暂态稳定性。从前述的分析可知,功角由 δ_0 变化到 δ_c 的过程中,机械功率 P_T 大于电磁功率(即过剩功率大于零),使转子加速,过剩的能量转变成转子的动能而储存在转子中。但在功角由 δ_c 向 δ_m 增大过程中,发电机的电磁功率大于机械功率 P_T,(即过剩功率小于零),使转子减速,并释放转子储存的动能。

转子功角由 δ_0 变化到 δ_c 的过程中,过剩转矩所做的功为 A_+,它在数值上等于过剩功率对功角的积分,即图 12.10 中由 $a-b-c-d$ 所围成的面积,通常称为"加速面积",既代表转子在加速过程中储存的动能,又等于过剩转矩对转子所做的功,用算式表示为

$$A_+ = \int_{\delta_0}^{\delta_c} (P_0 - P_{2m}\sin\delta)\mathrm{d}\delta \qquad (12.9)$$

与"加速面积"相对应,图 12.10 中由 $d-e-f-E$ 所围成的面积,通常称为"减速面积",它等于发电机在减速过程中释放的动能,又等于过剩转矩对转子所做的功,用算式表示为

$$A_- = \int_{\delta_c}^{\delta_m} (P_{3m}\sin\delta - P_0)\mathrm{d}\delta \qquad (12.10)$$

在减速期间,发电机耗尽了它在加速期间存储的全部动能,则转子恢复同步转速 ω_0,电力系统具备了暂态稳定性,如图 12.10 所示。而发电机可以减速的最大范围为 $d-e-h$,如图 12.10 所示,通常称这块面积为"最大减速面积",它等于发电机在减速过程中可能释放的最大动能,用算式表示为

$$A_{-MAX} = \int_{\delta_c}^{\delta_h} (P_{3m}\sin\delta - P_0)\mathrm{d}\delta \qquad (12.11)$$

显然,如果该最大减速面积小于加速面积,系统就要失去稳定。所以,根据最大减速面积必须大于加速面积的原则,可以判断电力系统是否具备暂态稳定性,即为面积定则。

减速面积的大小与故障切除角之间有直接的关系,δ_c 越小,减速面积就越大。当在某个角度 δ_m 切除故障时,可使最大可能的减速面积刚好等于加速面积,则 δ_{jc} 称为极限切除

角。利用面积定则的原理，很容易求出极限切除角 δ_{jc}。为保证电力系统的稳定性，应在 δ 增大至 δ_{jc} 之前切除故障。

3. 提高电力系统暂态稳定性的措施

从电力系统暂态稳定性的分析中知道，如果暂态过程中减速面积大于加速面积，系统是能保持暂态稳定的。在电力系统中，为了提高暂态稳定性常采用的措施有以下几种。

（1）选用快速继电保护装置和高速断路器。快速切除故障，在提高电力系统暂态稳定性方面起着首要的和决定性的作用。由于快速切除故障，既减小了加速面积，又增加了最大减速面积，从而提高了发电机之间并列运行的稳定性。

故障切除时间等于继电保护装置动作时间与断路器全开断时间之和。要做到快速切除故障，必须提高继电保护装置和断路器的动作速度。目前，已经可以做到在短路发生后 0.06s 切除故障，其继电保护装置动作时间为 0.02s，断路器跳闸时间为 0.04s。

（2）装设自动重合闸装置。统计数字表明，电力系统中的故障绝大多数为线路的短路故障，特别是高压架空输电线路的短路故障多是瞬时性的。装设自动重合闸装置后，可在故障发生后及时切除故障线路，待瞬时性的故障消失后自动将线路投入运行，从而提高了供电可靠性。自动重合闸装置动作的成功率很高，一般可达 90% 以上；在提高供电可靠性的同时，因改变了系统的功角特性，故提高了系统的暂态稳定性。

（3）采用强行励磁装置。强行励磁装置在系统发生故障后，当发电机的端电压低于额定电压的 85%～90% 时动作，强行增大励磁电流，以提高发电机的电动势，增加发电机输出的电磁功率，提高电压稳定性。同时，强行励磁装置动作后改变发电机的功角特性曲线，使加速面积减小，而增加了最大减速面积，从而发电机暂态稳定性得到提高。

（4）采用快速控制调速汽门。现代大容量汽轮发电机组都是高温、高压、具有中间再热的机组，而且都配置了反应较快的阀门控制系统。因此，这种机组能够较快、较方便地做到快速调节汽轮发电机组的输入功率。当系统发生故障后，发电机组因有过剩功率而加速时，汽轮机控制系统将作出要调整调速汽门的判断，随之迅速调节调速汽门开度，减少汽轮机输入功率，从而提高系统的暂态稳定性。

（5）减小系统阻抗。在发电机与系统之间的总阻抗中，远距离输电线路的阻抗所占比例较大，如果能够减少它的阻抗值，使发电机输出功率增加，同样可以提高暂态稳定性。

第四节 电 力 系 统 振 荡

电力系统振荡是发电机失步后的一种物理现象，导致系统失步的原因可能有电力系统暂态稳定的破坏、电力系统静态稳定的破坏、电源间非同步合并后未能拖入同步、发电机失去励磁等。尽管已采取了一系列提高稳定性的措施，但是系统还是不可避免地会在运行中遇到没有估计到的严重事故，致使系统失去稳定。因此，了解系统失去稳定后的现象及应采取的措施是非常必要的。

一、电力系统振荡的概念

电力系统振荡：电力系统中的电磁参量（电流、电压、功率、磁链等）的振幅和机械参量（功率角 δ、转速等）的大小随时间发生等幅、衰减或发散的周期性波动现象。

同步振荡也称同步摇摆。当电力系统受到干扰（但未使电力系统失步）时，系统中并列运行的各发电机因机械输入功率和电磁输出功率间的不同程度的不平衡，会产生发电机转子间的相对运动。这时，系统发电机间的相对作用发生摇摆，使系统中各节点的电压和通过各支路的电流的幅值，以及有功、无功功率的大小都发生与系统自然振荡频率相应的周期性脉动。脉动的振幅则与干扰的大小有关。在一般情况下，干扰去除后，凭借系统本身具有的正阻尼力矩，可以使这种摇摆逐渐平息，以致恢复到稳态的同步运行。同步振荡也是电力系统由失步运行状态恢复为同步运行状态的一个中间过程。

非同步振荡是电力系统在遭受大的干扰（如短路、断线、大容量机组切除等）或由于负阻尼而失去稳定后，一台或多台发电机将失去同步的运行状态，如不将失步的发电机从系统中切除，则发电机将转入非同步运行。因为这时发电机间的频率不同，发电机的相对功率均将在 $0°\sim360°$ 之间变化，这将引起电力系统中各种电磁参量（如通过联络线的电流、各节点的电压等）大幅度振荡，直至故障消除或发电机重新恢复同步以后，系统振荡才会逐渐衰减，最后达到正常运行。

电力系统在非同步运行时，系统的正常供电将遭到破坏，联络线路上位于振荡中心附近的负荷将因供电电压的大幅度波动而断开；某些发电机可能不恰当地手动或自动断开，使事故进一步扩大；另外，处于联络线上的线路继电保护（主要是距离保护）在振荡过程中将因符合其动作条件而动作，无计划地将线路断开。如果在线路断开后两侧系统的电力供需不平衡过大，就有可能引起长期的大面积停电。

(a)

(b)

图 12.12 同步发电机的失步运行

(a) 系统图；(b) 运行分析

二、电力系统振荡的过程

简单电力系统因失去稳定而产生系统振荡的过程，如图 12.12 所示。

当简单电力系统的双回输电线路中，有一回线路在送端发生瞬时性接地短路故障时，假设断路器正确跳开并重合成功，但因重合后的减速面积 $c'-d-e-f-g-c'$ 小于加速面积 $a-b-c-d-a$，运行点将越过 g 点，所以，该系统仍将失去暂态稳定。运行点在 g 点以前的情况，前面已作了详细的分析。由于这时发电机的相对角速度 ω 及功角 δ 变化不太大，因此从故障开始的 a 点到 g 点这一段，称为同步振荡。当运行点越过 g 点后，系统失步，即送端发电机由同步运行状态过渡到异步运行。在转入异步运行的过程中，由于发电机的相对角速度不断增大，则转差率 S 及发电机的异步功率比也随之逐渐增大。与此同时，因发电机组转速的升高，原动机的调速系统开始动作，使从原动机输入的机械功率 P_T 逐渐减少。

由上述可知，同步发电机失步后，向系统送

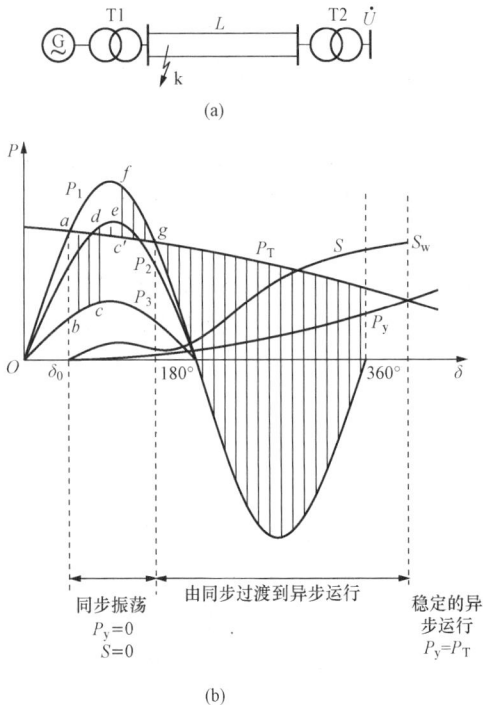

出的异步功率 P_y 是随转差率的增大而增大的，而原动机输入的机械功率 P_T 是随转差率的增大而减小的。当两者相等时，发电机便进入了稳定异步运行的状态，与此对应的转差率为 S_w。因此，P_T 与 P_y 的交点成为异步运行的过渡阶段和稳定阶段的分界点。

发电机进入异步运行时，只要它仍加有励磁，则其输出除了有异步功率 P_y 外，还有同步功率 P。由于异步运行时，存在着相对运动，功角 δ 将不断地变化，因而同步功率 P 也随 δ 作正弦变化，如图 12.13（a）所示。这样，发电机总的输出功率（P_y+P）由图可见是一脉动功率，因而机组的转速也不会恒定。其转差率 S 将随功角 δ 在 S_{max} 和 S_{min} 之间变化，如图 12.13（b）所示。

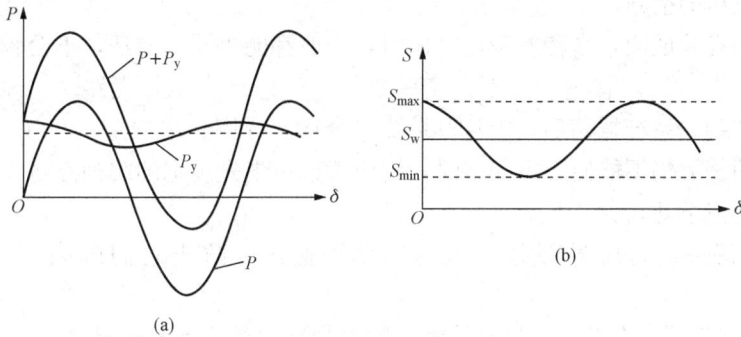

图 12.13　P—δ 曲线及 S—δ 曲线
(a) P—δ 曲线；(b) S—δ 曲线

三、电力系统振荡的处理方法

根据大量的试验结果表明，发电机在异步运行时的转差率并不太大，转子中感应电流引起的损耗也不会明显超过其同步运行时的额定损耗，这说明转子过热问题并不很严重。因此，大多数汽轮发电机在异步情况下，带额定容量的 $70\%\sim80\%$ 连续运行 $15\sim30min$ 是允许的。这样，当汽轮发电机失去稳定时，就不必将发电机立即解列，而可以由值班人员采取适当措施，使发电机恢复同步运行。

处理系统振荡的方法一般有两种，即人工再同步和系统解列。

（1）再同步。允许短时间异步运行，采取措施，促使再同步，如果系统稳定破坏不是由于发电机本身的原因引起的，则可以考虑允许因稳定破坏而转入异步运行的发电机继续留在系统中工作，并采取措施，促使它再同步、异步运行时，发电机仍能向系统提供有功功率。同时，由于发电机并未停机，这也能缩短系统恢复正常运行所需的时间。

当个别发电机由于励磁系统故障而失磁时，只要故障不危及发电机的继续运行，并且系统无功足够，就可以不必立即切除失磁的发电机，而让它在系统中作异步运行，待励磁系统故障消除后，重新投入励磁，使它牵入同步，恢复正常运行。

电力系统发生振荡时，系统内没有统一的频率，系统原来的送端系统因线路故障而失去负荷，所以它的频率高于额定值；而受端系统因故障失去了部分电源致使频率低于额定值。因此，要使发生振荡的系统尽快地恢复同步运行，必要条件是想尽一切办法让系统的两端频率相同或设法使转差率 S 过零值。为了使送、受两端的频率相等，对送端系统应尽快减小发电机的出力以降低它的频率，但其值不应低于 $48\sim49Hz$，即应高于系统内低频减负荷装置最高一级的定值。与此同时，应增加受端发电机的出力，以提高它的频率。如果受端系统没有足够的备用容量，则可限制部分负荷，使受端系统的频率回升。系统振荡后，除了在发、送两端进行调频操作外，还应尽量增加发电机的励磁电流和提高系统的电压，使发电机功—角特性的幅值增大，与该功率成正比的机组加速转矩和减速转矩的最大值也变大，这促使机组加速度和速度的正负变动范围变大，最后导致转差率瞬时值的振幅增加，也就是转差率瞬时值的最大值增大、最小值减小，参见图 12.13（b）。当最小值为零时，就有了恢复同步运行的条件。但应指出，增加转差率瞬时值的幅值，只有在两端的频率差比较小时才能起到作用。若频率差较大，那么增大转差率瞬时值的幅值即使能瞬间同步，但过后多半又会脱出同步。因此，在处理系统振荡事故时，首先是使两端频率相等，然后再辅以提高发电机励磁和提高系统电压的措施。

实际运行的经验证明，当转差率达零值时，一般都能再同步成功，不会较长时间停留在异步运行状态。

（2）系统解列。系统振荡后，《电力系统安全稳定导则》中规定，在 3～4min 时间内，经过值班人员的努力仍不能使之再同步时，则应考虑按事先规定的解列点将系统解列。解列点的选择应考虑以下几点：

1）应尽量保持解列后各部分系统的功率平衡，以防止它们的频率、电压大幅度变化。

2）应使解列后的各个系统容量足够大，即解列后的系统最多不超过 2～3 个，因系统容量足够大，抗扰动的能力也较强。

3）要考虑恢复同步运行操作的方便性，即解列点应具有同期装置等。

系统解列后，各独立部分相互间不再保持同步运行。这种人为地把系统分解成几个部分的解列方法是不得已的暂时措施，一旦将各部分的运行参数调整好后，就应尽快地将各独立部分重新并列运行。

思 考 题

12.1 发电机配置自动调节励磁装置，对电力系统运行的稳定性有何作用？

12.2 电力系统在缺乏无功功率的情况下运行，对其稳定性有何影响？

12.3 切除短路故障的速度与电力系统运行的暂态稳定性有何关系？为什么？如何确定切除短路故障的极限时间？

12.4 快速重合闸是否越快越好？为什么？

12.5 提高电力系统静态稳定运行的措施有哪些？

12.6 稳定性遭到破坏，电力系统发生振荡时，应采取什么措施，使其恢复同步运行？

12.7 为什么用面积定则可以判断系统的暂态稳定性？

12.8 什么叫极限切除角？

12.9 简述提高电力系统暂态稳定运行的措施。

第十三章　短路电流计算的概念

第一节　短路的类型、原因及危害

电力系统在运行中常会发生各种故障，其中危害最大的故障就是短路。所谓短路，是指系统中相与相之间、相与地之间非正常的连接。电力系统短路故障的基本类型有四种：三相短路，用符号 $f^{(3)}$ 表示；两相短路，用符号 $f^{(2)}$ 表示；单相接地，用符号 $f^{(1)}$ 表示；两相短路接地，用符号 $f^{(1,1)}$ 表示。各种短路故障类型如图 13.1 所示。

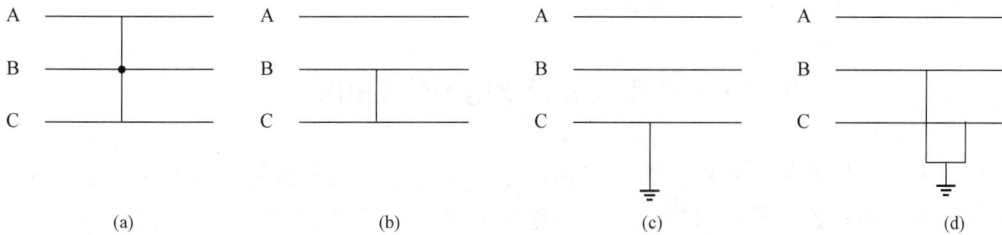

图 13.1　电力系统短路故障的类型
(a) 三相短路；(b) 两相短路；(c) 单相接地短路；(d) 两相接地短路

上述四种短路类型中，图 13.1 (c)、(d) 只适用于中性点直接接地系统。三相短路属于对称短路，其余则是不对称短路。

电力系统发生短路的主要原因是电气设备载流导体的绝缘破坏，例如架空线路的绝缘子串被击穿或短接。造成绝缘破坏的主要原因是由于绝缘老化、遭受雷击、设备容量不足而长期过载、受外力的破坏等。其他原因有运行人员误操作（带负荷拉、合隔离开关，检修后忘拆除地线合闸等）、架空线路断线或倒杆，以及鸟、鼠等动物的危害也是造成短路故障的原因。

短路故障会严重地威胁到电力系统的安全运行。电力系统在发生短路故障时，由于短路回路的阻抗很小，短路电流可达到额定电流的几倍至几十倍，在 6～10kV 额定容量较大的电力网中，短路电流可达几十千安至几百千安。当巨大的短路电流流过导体时，导体严重过热，造成绝缘损坏甚至可能使导体熔化，此外短路电流产生的电动力会使设备变形或损坏。短路处往往还会产生电弧，电弧高温可能烧毁设备并可能引起火灾。

当电力系统发生不对称接地短路故障时，将会产生零序和负序电流，造成对邻近的通信线路和电子装置的干扰，还会使发电机振动和局部过热。在某些情况下还会引起铁磁谐振或工频过电压。

短路时，系统电压降低，离短路点越近，电压降低越大；三相短路时，短路点的电压可能降到零。

综上所述，短路的危害有以下几个方面：

（1）短路产生很大的热量，导体温度升高，将绝缘损坏。

（2）短路产生巨大的电动力，使电气设备受到机械损坏。

（3）短路使系统电压严重降低，电气设备正常工作受到破坏。例如，异步电动机的转矩与外施电压的平方成正比，当电压降低时，其转矩降低使转速减慢，造成电动机过热而烧坏。

（4）短路造成停电，给国民经济带来损失，给人民生活带来不便。

（5）严重的短路将影响电力系统运行的稳定性，使并联运行的同步发电机失去同步，严重的可能造成系统解列，甚至崩溃。

（6）单相短路产生的不平衡磁场，对附近的通信线路和弱电设备产生严重的电磁干扰，影响其正常工作。

由此可见，短路产生的后果极为严重，在电气运行中应采取有效措施，设法消除可能引起短路的一切因素，使系统安全可靠地运行。此外，在电气设计、继电保护中将涉及短路电流计算的相关知识。

第二节 无限大容量供电系统三相短路分析

电力系统三相短路属对称短路，三相短路可用对称三相电路的分析方法；而不对称短路电路一般采用对称分量法分析，即把一组不对称的三相物理量分解成三组对称的正序、负序和零序分量来分析研究。在电力系统中，发生单相短路的可能性最大，发生三相短路的可能性最小，但通常三相短路的短路电流最大，危害也最严重，且只有三相短路的分析电路是对称电路。对称电路可化简为单相电路来分析，其他类型短路电流的分析可借助与三相短路电流间的关系推导出来。因此，短路电流的计算的重点是三相短路电流分析。

一、无限大容量供电系统的概念

三相短路是电力系统最严重的短路故障，三相短路的分析又是其他短路分析的基础。短路时，发电机中发生的电磁暂态变化过程很复杂。为了简化分析，假设三相短路发生在一个无限大容量电源的供电系统。所谓"无限大容量系统"，是指端电压保持恒定，没有内部阻抗和容量无限大的系统。实际上，任何电力系统都有一个确定的容量，并有一定的内部阻抗。当短路点所在系统容量较电力系统容量小得多，电力系统阻抗不超过短路回路总阻抗的 5%～10%；或短路点离电源的电气距离足够远，发生短路时电力系统母线电压降低很小，此时可将电力系统看作无限大容量系统，从而使短路电流计算大为简化。

二、无限大容量供电系统三相短路电流的变化过程

图 13.2（a）和（b）所示分别为无限大容量系统发生三相短路的系统图和三相电路图。图中 r_K、x_K 为短路回路的电阻和电抗，r_1、x_1 为负载的电阻和电抗。由于三相电路对称，可用单相等值电路图进行分析，如图 13.2（c）所示。

三相短路电路的分析过程，借助《电工学》所学的 R、L、C 电路的过渡过程理论来分析。

设在图 13.2 中 K 点发生三相短路，该无限大容量系统被分为两个独立回路，短路点左侧是一个与电源相连的短路回路，短路点右侧是一个无电源的短路回路。无源回路中的电流

由原来的数值衰减到零。

    有源回路（短路点左侧回路）短路后，由
于回路阻抗减少，电流要增大，但由于电路内
存在电感，电流不能发生突变，从而产生一个
非周期（暂态）分量电流，非周期分量电流不
断衰减，电流最终达到稳态短路电流。根据电
路理论，突然短路时电流为

(a)

(b)

(c)

$$i_K = \frac{U_m}{Z}\sin(\omega t + \varphi - \varphi_K) - \frac{U_m}{Z}\sin(\varphi - \varphi_K)e^{-\frac{R}{L}t}$$

$$= i_p + i_{np} \tag{13.1}$$

式中 i_K——突然短路电流的瞬时值；

      φ——短路发生时的电源电压初相角；

     U_m——电源相电压的幅值；

      Z——短路回路阻抗；

     φ_K——短路回路阻抗角。

图 13.2 无限大容量系统三相短路
（a）系统图；（b）三相电路图；（c）等效电路图

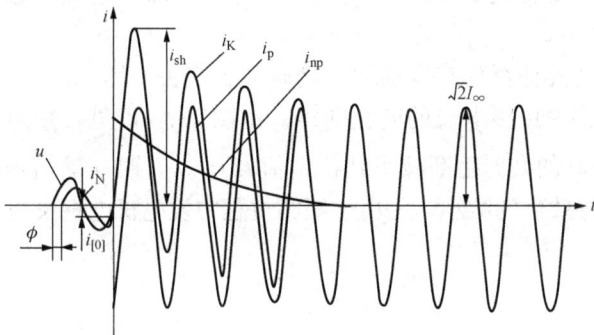

    由式（13.1）可见，三相短路电流由短路电流周期分量 i_p 和非周期分量 i_{np} 组成。三相
短路电流的周期分量，由电源电压和短路回路阻抗决定，在无限大容量系统条件下，其幅值
不变，又称为稳态分量。三相短路电流的非周期分量，按指数规律衰减，最终为零，又称为
自由分量。

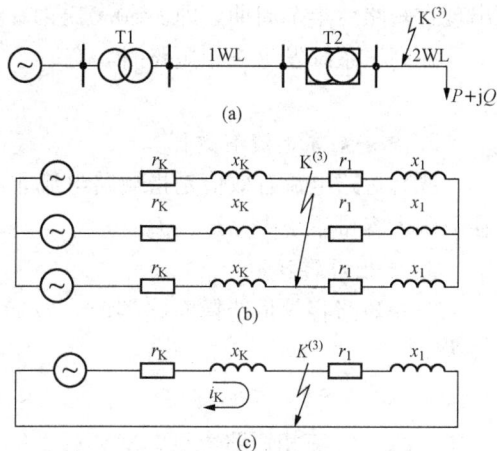

图 13.3 无限大容量系统三相短路时的电流波形图

    图 13.3 所示是无限大容量系统发
生三相短路时的电流波形图。

三、三相短路的有关物理量

    1. 短路电流周期分量有效值

    由图 13.3 可知，根据短路电流周
期分量幅值 I_{pm}，可得短路电流周期分
量有效值 I_p。

    2. 次暂态短路电流

    次暂态短路电流是短路电流周期分
量在短路后第一个周期的有效值，用 I''

表示。在无限大容量系统中，短路电流周期分量不衰减，即 $I''=I_p$。

    3. 短路全电流有效值

    由于短路电流含有非周期性分量，短路全电流不是正弦波，短路过程中短路全电流的有
效值 $I_{K(t)}$，是指以该时间 t 为中心的一个周期内，短路全电流瞬时值的均方根值，即

$$I_{K(t)} = \sqrt{\frac{1}{T}\int_{t-\frac{T}{2}}^{t+\frac{T}{2}} i_K^2 dt} = \sqrt{\frac{1}{T}\int_{t-\frac{T}{2}}^{t+\frac{T}{2}} (i_p + i_{np})^2 dt} \tag{13.2}$$

式中 i_K——短路全电流瞬时值；

      T——短路全电流周期。

    4. 短路冲击电流和冲击电流有效值

    短路冲击电流 i_{sh} 是短路全电流的最大瞬时值，由图 13.3 可见，短路全电流最大瞬时值

出现在短路后半个周期，即 $t=0.01\mathrm{s}$ 时。

在高压系统发生三相短路时，有

$$i_{\mathrm{sh}} = 2.55 I_{\mathrm{p}} \tag{13.3}$$

5. 稳态短路电流有效值

稳态短路电流有效值是指短路电流非周期分量衰减完后的短路电流有效值，用 I_{∞} 表示。在无限大容量系统中，$I_{\infty} = I_{\mathrm{p}}$。

6. 三相短路容量

三相短路容量是选择断路器时，校验其断路能力的依据。所谓三相短路容量，其定义式为

$$S_{\mathrm{K}} = \sqrt{3} U_{\mathrm{av}} I_{\mathrm{K}} \tag{13.4}$$

式中　S_{K}——三相短路容量，MVA；

　　　　U_{av}——短路点所在级的线路额定电压，kV；

　　　　I_{K}——短路电流，kA。

第三节　有限容量电源供电系统的三相短路的变化过程

当短路点发生在机端或发电机附近以及虽距发电机较远但容量有限的网络时，短路电流不能按第二节中无限大容量电源来考虑，而必须考虑到突然短路时发电机内部的电磁暂态过程。

短路电流周期分量变化的情况，与发电机是否装有自动调节励磁装置有关。图 13.4 所示为无自动调节励磁装置的发电机供电电路内短路电流的变化曲线。由图 13.4 可见，短路电流周期分量的幅值，由短路瞬时（$t=0\mathrm{s}$）的 $\sqrt{2}I''$ 逐渐减小到稳定值 $\sqrt{2}I_{\infty}$。周期分量达到稳定值之前，为短路的暂态过程。幅值和有效值的减小，是由于短路过程中发电机电枢反应的去磁作用增大，使定子电势减小的结果。

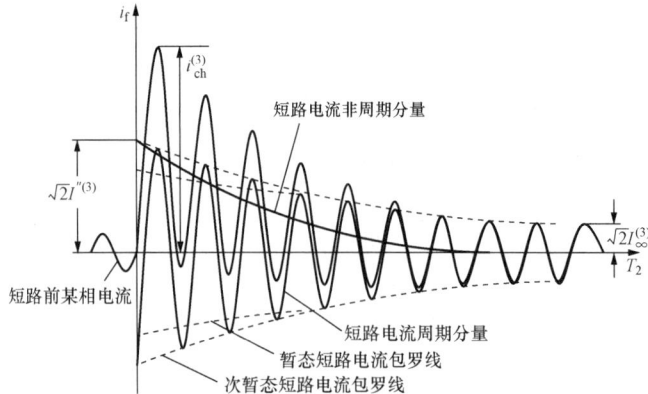

图 13.4　无自动调节励磁装置的发电机供电电路内短路电流的变化曲线

短路电流的周期分量，在暂态过程中是衰减的，但在其中任一周期内可忽略其衰减。所

谓周期分量在时间 t 的有效值 I_{zt}，是周期分量在时间 t 为中心的周期内的有效值，它与该周期幅值 I_{mzt} 关系为

$$I_{zt} = I_{mzt}/\sqrt{2}$$

$t=0$s 时周期分量的有效值 I''，称为周期分量的起始有效值，也称次暂态短路电流。因为 $t=0$s 时周期分量的瞬时值就是幅值 I''_m，则 $I''=I''_m/\sqrt{2}$。

目前电力系统中的发电机都装有自动调节励磁装置，其作用是在发电机电压变动时，能自动调节发电机的励磁电流，以维持发电机的端电压在一定范围内。当短路引起发电机电压下降时，自动调节励磁装置使励磁电流增大，发电机电压上升。但不论哪种类型的自动调节励磁装置，它们动作都需要一定的时间，同时励磁回路具有较大的电感，励磁电流不能立即增大，即自动调节励磁装置是在发生短路后，经一定时间才起作用，所以发电机不论有无自动调节励磁装置，在开始短路的瞬间及短路后几个周期内，短路电流的变化情况都一样。由图 13.5 所示的装有自动调节励磁装置三相短路电流的变化过程可见，短路电流周期分量最初是逐渐减小的，以后随着自动调节励磁装置的作用而逐渐增大，最后达到稳定值，短路的暂态过程结束。周期分量稳定值的大小取决于短路点与发电机间的电气距离（与短路回路总电抗和电源的总容量有关），以及自动调节励磁装置的调节程度。

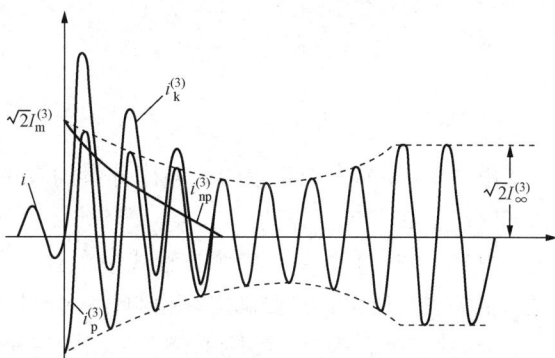

图 13.5　装有自动调节励磁装置三相短路电流的变化过程

第四节　不对称短路电流的分析方法

在电力系统分析中，除了三相短路之外，还有不对称短路，并且其发生的机会最多。不对称短路的基本类型有单相短路、两相短路、两相接地短路等。单相短路和两相接地短路只发生在中性点直接接地系统中。不对称短路时，三相电路中各相电流的大小不等，相角不同，各相电压也不对称，电路为不对称电路。直接计算不对称电路的电流和电压是比较复杂的。目前广泛应用的计算方法，是将不对称电路变换为对称电路，然后利用计算对称电路的方法进行计算，这种方法叫做对称分量法。

一、对称分量的概念

任何一组不对称三相系统的相量，如图 13.6 (a) 所示，$\dot{F}_A$、$\dot{F}_B$、$\dot{F}_C$ 都能分解为相序各不相同的三组对称三相系统的相量，这三组对称相量便称为对称分量。三组对称分量分别如下：

（1）正序分量。如图 13.6 (b) 所示的 $\dot{F}_{A1}$、$\dot{F}_{B1}$、$\dot{F}_{C1}$，各相量的绝对值相等，相互间的相位差为 120°，相序与系统正常运行时的相序相同。

（2）负序分量。如图 13.6 (c) 所示的 $\dot{F}_{A2}$、$\dot{F}_{B2}$、$\dot{F}_{C2}$，各相量的绝对值相等，相互间相位差为 120°，相序与系统正常运行时的相序相反。

（3）零序分量。如图 13.6 (d) 所示的 $\dot{F}_{A0}$、$\dot{F}_{B0}$、$\dot{F}_{C0}$，各相量的绝对值相等，方向相

同，即相互间的相位差为 0。

用作图法可证实，一组不对称三相系统的相量，等于它们的对称分量的相量和，如图 13.6（e）所示。所以一组不对称三相系统的相量，可表示为

$$\begin{cases} \dot{F}_A = \dot{F}_{A1} + \dot{F}_{A2} + \dot{F}_{A0} \\ \dot{F}_B = \dot{F}_{B1} + \dot{F}_{B2} + \dot{F}_{B0} \\ \dot{F}_C = \dot{F}_{C1} + \dot{F}_{C2} + \dot{F}_{C0} \end{cases} \tag{13.5}$$

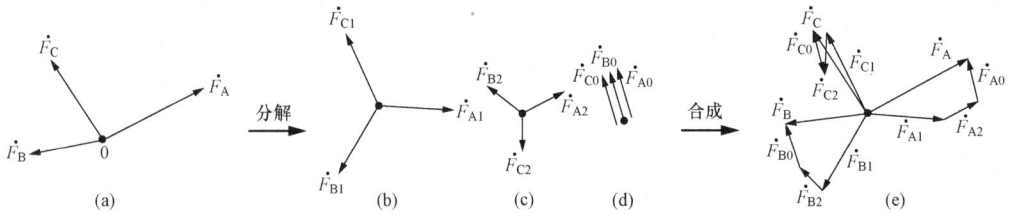

图 13.6　对称分量法

由图 13.6（e）可以看出，各序分量的大小和方向并不能任意选定，而是有确定的大小和方向。下面求各序分量。

由式（13.5）可见，三个方程式中含有九个序分量，但是不同相的同一序分量之间存在着一定关系。所以，只要确定一相的各序分量之后，其他两相分量也随之确定。因此，在式（13.5）的三个方程中，实际上仅有一相的三个序分量是独立的。因此，由式（13.5）便可求得各序分量。

为运算方便，引入运算符号 a，a 是一个复数，它的模是 1，幅角是 120°，即

$$a = e^{j120} = \cos120° + j\sin120° = -\frac{1}{2} + j\frac{\sqrt{3}}{2}$$

$$a^2 = e^{j240} = -\frac{1}{2} - j\frac{\sqrt{3}}{2}$$

$$1 + a + a^2 = 0$$

将任一相量乘以运算符号 a，相当于将该相量沿正方向（逆时针方向）旋转 120°；乘以运算符号 a^2 时，相当于该相量沿负方向（顺时针方向）旋转 120°。

以 a 相为基准相，利用运算符号 a 表示其他各相的序分量，则

$$\left. \begin{array}{lll} \text{正序分量} & \dot{F}_{B1} = a^2\dot{F}_{A1} & \dot{F}_{C1} = a\dot{F}_{A1} \\ \text{负序分量} & \dot{F}_{B2} = a\dot{F}_{A2} & \dot{F}_{C2} = a^2\dot{F}_{A2} \\ \text{零序分量} & \dot{F}_{A0} = \dot{F}_{B0} = \dot{F}_{C0} \end{array} \right\} \tag{13.6}$$

将式（13.6）代入式（13.5）可得

$$\begin{cases} \dot{F}_A = \dot{F}_{A1} + \dot{F}_{A2} + \dot{F}_{A0} \\ \dot{F}_B = a^2\dot{F}_{A1} + a\dot{F}_{A2} + \dot{F}_{A0} \\ \dot{F}_C = a\dot{F}_{A1} + a^2\dot{F}_{A2} + \dot{F}_{A0} \end{cases} \tag{13.7}$$

求解式（13.7），可得 A 相的各序分量为

$$\begin{cases} \dot{F}_{A1} = \dfrac{1}{3}(\dot{F}_A + a\dot{F}_B + a^2\dot{F}_C) \\[2mm] \dot{F}_{A2} = \dfrac{1}{3}(\dot{F}_A + a^2\dot{F}_B + a\dot{F}_C) \\[2mm] \dot{F}_{A0} = \dfrac{1}{3}(\dot{F}_A + \dot{F}_B + \dot{F}_C) \end{cases} \tag{13.8}$$

可见，对称分量是客观存在的，不是人们臆造的。实际上，已有测量各序分量的仪表和反映各序分量的继电器。

二、对称分量的性质

（1）正序分量的相量和为零，即

$$\dot{F}_{A1} + \dot{F}_{B1} + \dot{F}_{C1} = \dot{F}_{A1} + a^2\dot{F}_{A1} + a\dot{F}_{A1} = (1 + a^2 + a)\dot{F}_{A1} = 0$$

同理，各相负序分量的相量和也为零。

零序分量的相量和不为零，即

$$\dot{F}_{A0} + \dot{F}_{B0} + \dot{F}_{C0} = 3\dot{F}_{A0}$$

$$\dot{F}_{A0} = \frac{1}{3}(\dot{F}_A + \dot{F}_B + \dot{F}_C)$$

（2）若一组不对称三相系统的相量和为零，则该组不对称相量的对称分量中，不包含零序分量。因为在三相系统中，三个线电压之和总为零，所以在线电压中不含零序分量。

在三角形接线中，线电流中也不含零序分量。在没有中线的星形接线中，三相相电流之和必然为零，因而零序电流也为零。可见，零序电流必须以中线作为通路，包括以地代中线，而且通过中线的零序电流等于一相零序电流的 3 倍。

（3）在对称三相电路中，各序具有独立性。对称三相电路是指各相参数完全相同的三相电路。当在对称三相电路中通以某一序分量的电流时，只产生同一序分量的电压降。反之，若施加某一序分量的电压，则电路中也只产生同一序分量的电流。因此，各序分量系统都能独立满足欧姆定律，即

$$\Delta \dot{U}_1 = Z_1 \dot{I}_1$$

$$\Delta \dot{U}_2 = Z_2 \dot{I}_2$$

$$\Delta \dot{U}_0 = Z_0 \dot{I}_0$$

式中 Z_1、Z_2、Z_0——电路的正序、负序、零序阻抗，同一元件的各序阻抗可能不大相同。

根据这一性质，在对称三相电路中，可以对正序、负序、零序分别进行计算，并且由于各序分量三相是对称的，可以对每一序分量只计算一相。用对称分量对电路进行分析计算的方法便是基于这一性质。

思 考 题

13.1 短路有哪几种类型？短路的原因和危害是什么？短路后有哪些主要现象？

13.2 简述正序分量、负序分量、零序分量的特点。

13.3 何谓三相短路电流的稳态分量、周期分量、非周期分量？

第四篇　发电厂继电保护及自动装置

第十四章　基本概念、阶段式电流保护

第一节　继电保护基本概念

一、继电保护的作用与任务

1. 加装继电保护装置的原因

电力系统在运行中，可能发生各种故障和不正常运行状态，最常见同时也是最危险的故障是发生各种形式的短路。在发生短路时可能产生以下后果：

（1）通过故障点很大的短路电流和所燃起的电弧，使故障元件损坏。

（2）短路电流通过非故障元件，由于发热和电动力的作用，引起它们的损坏或缩短它们的使用寿命。

（3）电力系统中部分地区的电压大大降低，破坏用户工作的稳定性或影响工厂产品质量。

（4）破坏电力系统并列运行的稳定性，引起系统振荡，甚至使整个系统瓦解。

电力系统中电气元件的正常工作遭到破坏，但没有发生故障，这种情况属于不正常运行状态。例如，因负荷超过电气设备的额定值而引起的电流升高（一般又称过负荷），就是一种最常见的不正常运行状态。由于过负荷，使元件载流部分和绝缘材料的温度不断升高，加速绝缘的老化和损坏，就可能发展成故障。此外，系统中出现功率缺额而引起的频率降低、发电机突然甩负荷而产生的过电压以及电力系统发生振荡等，都属于不正常运行状态。

故障和不正常运行状态，都可能在电力系统中引起事故。事故，就是指系统或其中一部分的正常工作遭到破坏，并造成对用户少送电或电能质量变坏到不能容许的地步，甚至造成人身伤亡和电气设备的损坏。

在电力系统中，除应采取各项积极措施消除或减少发生故障的可能性以外，故障一旦发生，必须迅速而有选择性地切除故障元件，这是保证电力系统安全运行的最有效方法之一。

切除故障的时间常常要求小到十分之几甚至百分之几秒，实践证明只有在每个电气元件上装设一种具有"继电特性"的自动装置才有可能满足这个要求。

2. 继电保护装置的基本任务

所谓继电保护装置，就是指能反应电力系统中电气元件发生故障或不正常运行状态，并动作于断路器跳闸或发出信号的一种自动装置。它的基本任务包括如下两个方面：

（1）自动、迅速、有选择性地将故障元件从电力系统中切除，使故障元件免于继续遭到破坏，保证其他无故障部分迅速恢复正常运行。

（2）反应电气元件的不正常运行状态，并根据运行维护的条件（例如有无经常值班人员）而动作于发出信号、减负荷或跳闸。此时一般不要求保护迅速动作，而是根据对电力系统及其元件的危害程度规定一定的延时，以免不必要的动作和由于干扰而引起的误动作。

常规的继电保护装置是由单个继电器或继电器与其附属设备的组合构成的，而微机继电保护装置是由计算机取代了单个的继电器，它的特性主要由程序决定。微机保护装置的出现很好地解决了常规继电保护装置难于解决的诸多难题。目前微机保护在电力系统的普遍采用，极大地提高了电流系统的安全运行，保证了供电的可靠性。

在电力系统常用"继电保护"一词泛指继电保护技术或由各种继电保护装置组成的系统。

二、继电保护的基本原理和保护装置的组成

1. 继电保护的基本原理

为完成继电保护所担负的任务，显然应该要求它能够正确地区分系统正常运行与发生故障或不正常运行状态之间的差别，以实现保护。利用正常运行与区内外短路故障电气参数（电流、电压、功率等）或非电量参数（温度、气体等）的变化特征构成保护的判据，根据不同的判据就构成不同原理的继电保护。

2. 继电保护装置的组成

通常继电保护装置由测量部分、逻辑部分和执行部分组成，其原理结构图如图14.1所示。

（1）测量部分。测量部分是测量从被保护对象输入的有关电气量，并与已给定的整定值进行比较，根据比较的结果，从而判断保护是否应该起动。

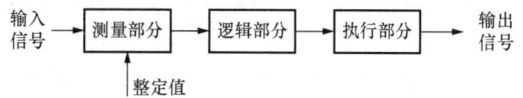

图 14.1　继电保护装置的原理结构图

（2）逻辑部分。逻辑部分是根据测量部分各输出量的大小、性质、输出的逻辑状态、出现的顺序或它们的组合，使保护装置按一定的逻辑关系工作，最后确定是否应该使断路器跳闸或发出信号，并将有关命令传给执行部分。继电保护中常用的逻辑回路有"或"、"与"、"否"、"延时起动"、"延时返回"以及"记忆"等回路。

（3）执行部分。执行部分是根据逻辑部分输出的信号，最后完成保护装置所担负的任务。如故障时，动作于跳闸；不正常运行时，发出信号；正常运行时，不动作。

三、对继电保护的基本要求

随着电力工业的发展，在电网正常运行、故障和故障切除后的恢复过程中，电网所配置的继电保护日趋复杂化，对继电保护也提出了新的、更高的要求。而对于反应短路故障的继电保护，在技术上一般应满足选择性、速动性、灵敏性和可靠性四个基本要求。

1. 选择性

选择性指的是保护装置选择故障元件的能力。当被保护的电气元件发生故障时，保护装置动作并通过断路器只将故障元件从系统中切除，以保证无故障部分继续运行，使故障影响限制在最小范围内。

以图14.2为例，在各个断路器处均装有保护装置。当线路WL4上K2点发生故障时，因为短路电流将经过断路器QF1、QF2、QF3、QF4、QF5、QF6流至故障点K2，则相应的保护都有可能动作。但根据选择性的要求，应首先由保护6动作跳开断路器QF6，切除故障线路WL4。若此时保护5首先动作跳开断路器QF5，则变电所C和D都将停电，这种情况称为无选择性动作。同理，K1点故障时，保护1和保护2动

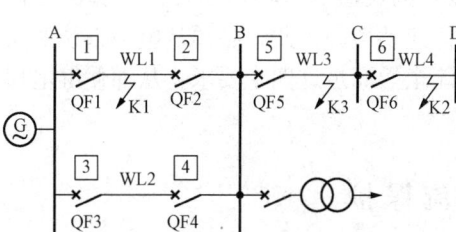

图 14.2　继电保护动作具有选择性图例

作跳开断路器 QF1 和 QF2，将故障线路 WL1 切除，才是有选择性的。

应该指出，保护装置和断路器都可能因失灵而拒动，如在 K3 点故障时，保护 5 断路器 QF5 拒动，保护 1 和保护 3 动作跳开 QF1 和 QF3 切除故障，保护这样动作也是有选择性的，保护 1 和保护 3 起了线路 WL3 的后备保护作用。由于这种后备作用是在远处实现的，称为远后备保护。后备保护也可采用近后备方式，即在被保护元件上装设两套保护，一套主保护拒动时，由另一套后备保护动作切除故障，但近后备方式不能在断路器失灵时起后备作用，故还必须装设断路器失灵保护。

远后备保护方式具有简单、经济，且对相邻元件的保护或断路器拒动均能起后备作用等优点。但应指出，对于后备保护的配置，应按《继电保护和安全自动装置技术规程》的要求来进行。3~10kV 和 35kV 及以上电压中性点非直接接地系统线路采用远后备方式，110kV 线路宜采用远后备方式；220kV 及以上电压线路则宜采用近后备方式等。

2. 速动性

速动性即要求继电保护以尽可能短的时间把故障和异常情况切除，以减小故障对电网的影响程度。切除故障的时间包括继电保护的动作时间和断路器的跳闸时间，因而保护动作速度快，可以缩短切除故障的时间，但不能片面追求保护的快速动作，因为速动而有选择性的保护装置，一般都比较复杂，而且价格较高。应当根据电力系统的实际情况，对保护的速动性提出适当的要求。如在高压电网中，为了保证系统并列运行的稳定性，必须快速切除故障，要求保护的动作时间为 0.02~0.04s。但是，电力系统在许多情况下，允许继电保护带一定的延时切除故障。

3. 灵敏性

灵敏性是指保护装置对其保护范围内发生的故障或不正常工作状态的反应能力。灵敏性，通常用灵敏系数来衡量。灵敏系数应根据对继电保护装置动作最不利的条件进行计算。

对于反应故障时参数增大（如过电流）而动作的继电保护装置，其灵敏系数为

$$K_{lm} = \frac{保护区末端金属性短路时故障参数的最小计算值}{继电保护的动作参数}$$

对于反应故障时参数降低（如低电压）而动作的继电保护装置，其灵敏系数为

$$K_{lm} = \frac{继电保护的动作参数}{保护区末端金属性短路时故障参数的最大计算值}$$

考虑到故障可能是非金属的短路等因素，要求 $K_{lm} > 1$。

4. 可靠性

可靠性是继电保护最基本的要求。所谓可靠性，是指在电网故障和异常时不拒动，在电网正常时不误动。

上述四个基本要求，对于动作于跳闸的继电保护，都应同时满足。但是这个满足只能是相对的。因为在四个性能的要求之间，存在着矛盾。如速动性和选择性较高的保护，往往接线和技术都比较复杂，可靠性就比较低；为了提高保护的灵敏性，将增加其误动作的可能性，从而降低了可靠性；为了求得选择性，往往要降低速动性。为此，必须从电力系统的实际情况出发，适当处理这些矛盾关系，使得继电保护能全面满足这四个要求，从而使继电保护性能得以进一步提高。

第二节 阶段式电流保护

在发电厂高压厂用系统中，供电线路发生相间短路故障时，线路中的电流增大，母线电

压降低。利用电流增大这一特征，构成当电流超过一定预定值使电流继电器动作的保护，称为电流保护。根据电流保护的保护装置参数整定原则不同，将电流保护分为以下几种：

第Ⅰ段电流保护——瞬时电流速断保护；

第Ⅱ段电流保护——限时电流速断保护；

第Ⅲ段电流保护——定时限过电流保护。

由三段式电流保护共同构成三段式电流保护，也可根据具体情况，只装第Ⅰ、Ⅱ段或Ⅱ、Ⅲ段构成两段式电流保护，统称阶段式电流保护。

一、第Ⅰ段电流保护（瞬时电流速断保护）工作原理

第Ⅰ段电流保护也称瞬时电流速断保护，常用符号 $|I|$ 表示。

为了分析保护原理，以图 14.3 所示单侧电源辐射形电网为例来加以说明。假定在线路 WL1 和线路 WL2 上分别装设瞬时电流速断保护 1 和 2。根据选择性要求，对保护 1 来说，在相邻元件下一线路 WL2 首端 K2 短路时，不应动作，而该故障应由保护 2 动作切除。为了使瞬时动作的保护 1 在 K2 点短路时不动作，只有使其动作电流大于 K2 点短路时的最大短路电流。由于下一线路 WL2 首端 K2 点短路时的短路电流与本线路末端 K1 点短路时的短路电流可认为相等，因此瞬时电流速断保护的动作电流应按大于本线路末端短路时的最大短路电流来整定。

线路上任一点 K 发生短路时，三相短路电流的计算式为

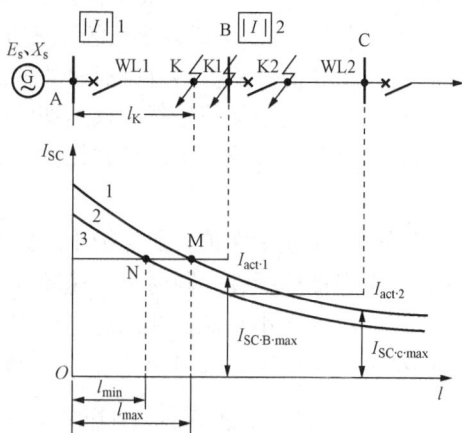

图 14.3　单侧电源辐射形电网及瞬时电流速断保护的工作原理

$$I_{SC}^{(3)} = \frac{E_s}{X_s + X_1 l_K} \tag{14.1}$$

式中　E_s——系统等效电源的相电势；

X_s——归算至保护安装处网络电压的系统等效电抗；

X_1——线路单位长度的正序电抗（忽略电阻）；

l_K——短路点至保护安装处的距离。

当系统运行方式变化（X_s 变化）或不同的故障类型时，短路电流将随之变化。图中的曲线 1 为系统最大运行方式（$X_s = X_{s.min}$）下，三相短路电流随短路点距离变化的曲线；曲线 2 为系统最小运行方式（$X_s = X_{s.max}$）下，两相短路电流随短路点距离变化的曲线。

为了保证选择性，瞬时电流速断保护 1 的动作电流应大于曲线 1 上的 $I_{SC.B.max}$，即

$$I_{act.1} > I_{SC.B.max}$$

或

$$I_{act.1}^{I} = K_{rel}^{I} I_{SC.B.max} \tag{14.2}$$

式中　$I_{SC.B.max}$——系统最大运行方式下，被保护线路末端变电所 B 母线上三相短路时流过被保护线路的短路电流；

K_{rel}——可靠系数，考虑到继电器的误差、短路电流计算误差及非周期分量影响等，可靠系数取 1.2～1.3。

瞬时电流速断保护 2 的动作电流应为

$$I_{act.2}^{I} = K_{rel}^{I} I_{SC.C.max} \qquad (14.3)$$

这样整定后，瞬时电流速断保护不反应本线路以外的短路。

在图 14.3 上，保护 1 的动作电流可用直线 3 表示，它与曲线 1、2 的交点分别为 M 和 N。在交点以前的一段线路上短路时，由于 $I_{SC} > I_{act.1}$，保护 1 能动作；在交点以后的线路上短路时，由于 $I_{SC} < I_{act.1}$，保护 1 不能动作。可见，瞬时电流速断保护不能保护本线路的全长，只能保护本线路首端的一部分，而且保护范围随运行方式和故障类型而变化。系统最大运行方式下三相短路时，保护范围最大，为 l_{max}；最小运行方式下两相短路时，保护范围最小，为 l_{min}。

瞬时电流速断保护的灵敏性通常用保护范围的大小来衡量。如图 14.3 所示，作出曲线 1、曲线 2 和直线 3，即可决定保护范围 l_{max} 和 l_{min}。一般认为，l_{min} 不小于线路全长的 15% 时，即可装设，l_{max} 达线路全长的 50% 时，保护效果良好。

二、第Ⅱ段电流保护（限时电流速断保护）原理

瞬时电流速断保护虽然能快速切除线路故障，但只能保护线路靠近首端的一部分线路，线路其余部分的故障就不能得到保护。为了较快地切除线路其余部分的故障，可增设限时电流速断保护。

限时电流速断保护若要保护本线路全长，其保护范围势必延伸至下一线路的一部分。此外，为了保证选择性，限时电流速断保护就必须带有一定的时限，以便与下一线路的保护相配合。时限的大小与保护范围的延伸程度有关。若使其保护范围不超过下一线路瞬时电流速断保护的保护范围，则只需要比下一线路瞬时电流速断保护的动作时限大一个时限差 Δt。

限时电流速断保护通常用符号 $\boxed{\dfrac{I}{t}}$ 表示。

图 14.4 中，曲线 1 为系统最大运行方式下，三相短路电流随短路点变化的曲线。线路 WL2 的瞬时电流速断保护的动作电流 $I_{act.2}^{I}$ 用直线 2 表示，它与曲线 1 的交点 N 确定了保护 2 的瞬时电流速断保护的范围为 l_2^{I}。显然，为使线路 WL1 的限时电流速断保护的保护范围不超过下一线路瞬时电流速断保护的范围，须使线路 WL1 的限时电流速断保护的动作电流大于下一线路 WL2 的瞬时电流速断保护的动作电流，即

$$I_{act.1}^{II} > I_{act.2}^{I}$$

即

$$I_{act.1}^{II} = K_{rel} I_{act.2}^{I} \qquad (14.4)$$

式中　K_{rel}——可靠系数，考虑保护带延时，短路电流中的周期分量已衰减，所以 K_{rel} 可取得小一些，一般取 1.1~1.2。

图 14.4 中，$I_{act.1}^{II}$ 用直线 3 表示，它与曲线 1 的交点 Q 确定了保护 1 限时电流速断保护的保护范围 l_1^{II}。可见 l_1^{II} 没有超过 l_2^{I}。为了保证选择性，线路 WL1 的限时电流速断保护的动作时限 t_1^{II} 只需与下一线路 WL2 的瞬时电流速度保护的动作时限 t_2^{I} 配合，即

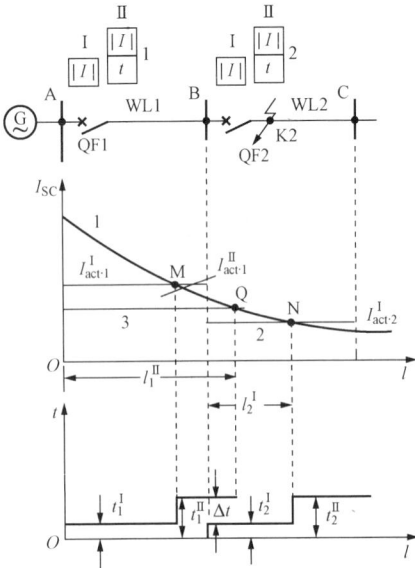

图 14.4　限时电流速断保护的动作电流与时限特性

$$t_1^{II} = t_2^{I} + \Delta t \qquad (14.5)$$

由于 $t_2^{I} \approx 0$，Δt 通常取 0.5s，因此 $t_1^{II} = 0.5\text{s}$。

限时电流速断保护应可靠地保护本线路全长。为此，应以系统最小运行方式下本线路末端两相短路时的短路电流来校验灵敏系数 K_{sen}，即

$$K_{sen} = I_{SC.B.min} / I_{act.1}^{II} \qquad (14.6)$$

规程要求，$K_{sen} \geqslant 1.3 \sim 1.5$。

将第Ⅱ段保护（限时电流速断保护）与第Ⅰ段电流保护（瞬时电流速断保护）相比，其灵敏性较高，能保护本线路全长，可较快切除第Ⅰ段电流保护范围以外的相间短路故障，并能作为第Ⅰ段电流保护的近后备保护。这样在线路上装设第Ⅰ段及第Ⅱ电流保护，则线路全长均处于有保护状态下运行。但是当故障发生在线路末端第Ⅱ段电流保护范围内，而又出现第Ⅱ段电流保护拒动的情况时，线路故障将无法切除，因此还需装设第Ⅲ段电流保护，作为本线路的近后备保护以及相邻下一线路的远后备保护，以防下一线路故障而该线路保护或断路器拒动造成严重后果。

三、第Ⅲ段电流保护（定时限过电流保护）工作原理

鉴于前述理由，第Ⅲ段电流保护应具有较高灵敏性，不仅能保护本线路全长，而且还能保护相邻线路的全长甚至更远。为此，第Ⅲ段电流保护的动作电流按躲过线路最大负荷电流整定。

现以图 14.5 所示的单侧电源辐射形电网为例，说明其工作原理。在线路 WL1、WL2、WL3 分别装设定时限过电流保护装置 1、2、3。为了使保护在正常运行时不动作，各保护的动作电流应大于被保护线路的最大负荷电流。

例如，当线路 WL3 上 K1 点发生短路故障时，由于保护 1、2、3 的动作电流均较小，短路电流 I_{SC} 由电源经线路 WL1、WL2、WL3 流至短路点，则保护 1、2、3 装置均将起动。但根据选择性要求，应由装于故障线路 WL3 上的保护装置 3 动作，使断路器 QF3 跳闸。QF3 跳闸后，短路电流消失，保护装置 1、2 的电流继电器都应返回。可见，过电流保护的选择性要靠各保护装置具有不同的延时动作时间来保证。为此必须使各保护的动作时限有如下关系，即

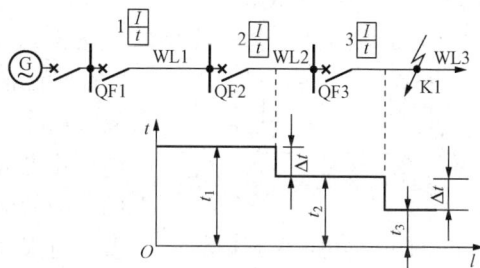

图 14.5　单侧电源辐射形电网定时限过电流保护的配置及延时特性

$$t_1 > t_2 > t_3 \qquad (14.7)$$

写成等式形式为

$$t_2 = t_3 + \Delta t \qquad (14.8)$$

$$t_1 = t_2 + \Delta t \qquad (14.9)$$

式中　t_1、t_2、t_3——保护装置 1、2、3 的动作时限；

　　　Δt——时限差，根据断路器及继电器类型不同，Δt 为 $0.35 \sim 0.7\text{s}$，一般取 0.5s。

图 14.5 给出了各保护装置的动作时限，从图中可知，各保护装置动作时限是从用户到电源逐级增长的，越靠近电源的线路，过电流保护装置的动作时限越长，似一个阶梯，故称为阶梯形时限特性。由于各保护装置的动作时限分别是固定的，与短路电流大小无关，因此

称为定时限过电流保护，通常用符号 $\boxed{\dfrac{I}{t}}$ 表示。

　　每一线路的过电流保护装置除保护本线路外，还应起相邻下一线路的后备保护作用。图 14.5 中，保护装置 2 对保护装置 3 起后备保护作用，即当线路 WL3 故障时，若因某种原因保护 3 拒动或断路器 QF3 失灵，则保护装置 2 应动作，使断路器 QF2 跳闸，切除故障。同理，保护装置 1 起保护装置 2 的后备保护的作用。

　　保护装置为了保证正常运行时保护不动作，故障时能可靠动作。

　　过电流保护的动作电流应按下述两个原则整定：

　　(1) 为了保证过电流保护在正常运行时（包括输送最大负荷和电压恢复电动机自起动时）不动作，其动作电流应满足

$$I_{act}^{\text{Ⅲ}} > K_{ast} I_{L.\,max} \tag{14.10}$$

式中　$I_{act}^{\text{Ⅲ}}$——保护装置的动作电流，又称为一次动作电流；

　　　$I_{L.\,max}$——未考虑电动机自起动时，线路输送的最大负荷电流；

　　　K_{ast}——考虑电动机自起动使电流增大的自起动系数，其值大于 1，K_{ast} 应按网络的具体接线及负荷性质确定，一般在 1.5～3 的范围内。

　　(2) 在外部故障切除后电动机自起动时保护应能可靠返回，应有

$$I_r > K_{ast} I_{L.\,max} \tag{14.11}$$

式中　I_r——过电流保护的返回电流。

　　为了说明这一点，以图 14.6 为例，K 点短路对保护 1 来说为外部故障，这时保护 1 和 2 的电流继电器均起动，根据保护的选择性，应由 2 动作将故障切除，母线 B 电压恢复，电动机自起动，线路中的电流由短路电流降为自起动时的最大负荷电流 $K_{ast} I_{L.\,max}$，保护 1 已起动的电流继电器应可靠地返回。否则保护 1 在到达它的整定时限时，将错误地使断路器 QF1 跳开。为此，保护 1 的返回电流应满足 $I_r > K_{ast} I_{L.\,max}$。

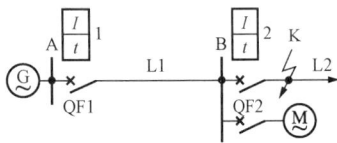

图 14.6　过电流保护 1 返回电流的考虑

　　考虑到 $I_r < I_{act}^{\text{Ⅲ}}$，所以满足式 (14.11) 就必然满足式 (14.10)，故按式 (14.11) 计算。

　　引入可靠系数 K_{rel}，将式 (14.11) 变成等式，即

$$I_r = K_{rel} K_{ast} I_{L.\,max} \tag{14.12}$$

继电器的返回系数 $K_r = \dfrac{I_r}{I_{act}}$，则

$$I_{act} = \frac{I_r}{K_r} \tag{14.13}$$

　　将式 (14.12) 代入式 (14.13) 得

$$I_{act}^{\text{Ⅲ}} = \frac{K_{rel}}{K_r} K_{ast} I_{L.\,max} \tag{14.14}$$

式中　K_{rel}——可靠系数，对过流保护，一般取 1.15～1.25；

　　　K_r——电流继电器的返回系数，其值小于 1，取 0.85。

　　由式 (14.14) 可见，K_r 越小，I_{act} 就越大，将使保护在故障时的灵敏性降低，故要求电流继电器的返回系数不能过低。

　　在确定最大负荷电流 $I_{L.\,max}$ 时，应考虑系统运行方式变化时实际可能出现的最严重情况。

由式（14.14）确定了动作电流后，应对保护进行灵敏系数校验。还应当注意，定时限过电流保护即第Ⅲ段电流保护，在阶段式电流保护中起着本线路的近后备保护和相邻线路的远后备保护的作用，因此应分别校验作为远、近后备保护时的灵敏系数，其计算式为

近后备
$$K_{\text{sec.1}}^{\text{Ⅲ}} = \frac{I_{\text{SC.B.min}}}{I_{\text{act.1}}^{\text{Ⅲ}}} \geqslant 1.3 \sim 1.5 \tag{14.15}$$

远后备
$$K_{\text{sec.1}}^{\text{Ⅲ}} = \frac{I_{\text{SC.C.min}}}{I_{\text{act.1}}^{\text{Ⅲ}}} \geqslant 1.2 \tag{14.16}$$

式中　　$K_{\text{sec.1}}^{\text{Ⅲ}}$——定时限过电流保护的灵敏系数，下角标"1"表示保护1，上角标"Ⅲ"表示阶段式电流保护中定时限股电流保护为第Ⅲ段电流保护；

$I_{\text{act.1}}^{\text{Ⅲ}}$——保护1中第Ⅲ段电流保护的动作电流；

$I_{\text{SC.B.min}}$、$I_{\text{SC.C.min}}$——分别为最小运行方式下保护1所处线路末端B母线及相邻线路末端C母线上两相短路时短路电流。

定时限过电流保护要依靠其动作时限的整定来保证其动作的选择性。时限整定按阶梯原则进行，从离电源最远的元件的保护开始，如图14.7中电动机保护4位于电网的最末端，只要电动机内部故障，它就可瞬时跳闸，所以t_4即为电动机过电流保护的固有动作时间，$t_4 \approx 0s$，即有

$$t_3 = t_4 + \Delta t = 0.5(\text{s}) \tag{14.17}$$

以此类推，可求出t_2、t_1。

此外还需注意，为保证选择性，任一线路过电流保护动作时限，必须与该线路末端变电所母线上所有出线保护中动作时限最长者配合。如图14.7中，若$t_3' > t_3$，则$t_2 = t_3' + \Delta t$。

由图14.5所示，第Ⅲ段电流保护原理接线图可见，第Ⅲ段电流保护（定时限过电流保护）的原理接线与第Ⅱ段电流保护的原理接线相同。

四、三段式电流保护的构成及功用

图14.8所示为单侧电源供电线路采用三段式电流保护装置。线路WL1的保护装置1的第一段为瞬时电流速断保护，它的保护范围

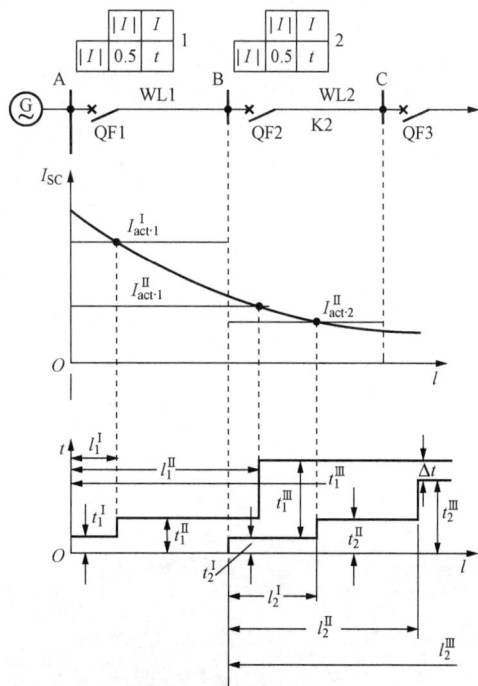

图14.7　单侧电源辐射形电网过电流保护的时限选择

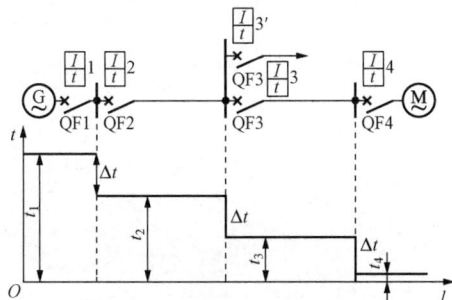

图14.8　单侧电源供电线路采用三段式电流保护装置及其保护范围和时限特性

为线路 WL1 首段一部分，动作时限为 t_1^{I}，它由电流继电器和中间继电器的固有动作时间决定。第Ⅱ段为限时电流速断保护，它的保护范围为线路 WL1 的全部并延伸至线路 WL2 的一部分，其动作时限为 $t_1^{\mathrm{II}}=t_2^{\mathrm{I}}+\Delta t$。Ⅰ、Ⅱ段共同构成线路 WL1 的主保护。第Ⅲ段为定时限过电流保护，保护范围包括线路 WL1 及 WL2 全部，甚至更远，动作时限为 t_1^{III}，并且 $t_1^{\mathrm{III}}=t_2^{\mathrm{III}}+\Delta t$。第Ⅲ段作后备保护，当线路 WL2 的保护拒动或断路器 QF2 失灵时，线路 WL1 的过电流保护可起后备保护作用，这就是远后备；线路 WL1 的主保护即瞬时电流速断保护与限时电流速断保护拒动时，线路 WL1 的过电流保护也起后备保护作用，这就是近后备。

思 考 题

14.1 继电保护的任务是什么？

14.2 试述继电保护装置的基本构成及构成元件作用。

14.3 试简述三段式电流保护各段保护的工作原理及特点，并举例示意说明三段式电流保护各段保护范围、动作时限及动作配合情况。

第十五章　同步发电机、主变压器继电保护

第一节　同步发电机的故障、不正常工作状态及其保护方式

同步发电机是电力系统中最重要且价格昂贵的设备，它的安全工作对电力系统的稳定运行和对用户不间断供电起着决定性的作用。因此，在发电机上应装设比较完善且性能良好的继电保护装置。

运行中的发电机的定子绕组和励磁绕组回路都可能发生故障，在电气方面常见的故障如下。

一、发电机的故障、正常工作状态及其危害

1. 定子绕组相间短路

定子绕组发生三相或两相短路时，引起很大的短路电流，造成绕组过热，故障点产生的电弧使绕组绝缘损坏，甚至会导致发电机着火。这是发电机内部最严重的故障。

2. 定子绕组单相接地

通常见到的发电机定子绕组单相接地故障是由于绝缘损坏而引起的绕组一相碰壳。在中性点非直接接地系统中运行的发电机单相接地后，发电机机端电压系统对地电容电流的总和，流经定子铁芯。当此电流较大时，如超过 5A，可能使绕组接地处铁芯局部熔化，还有可能扩大成为相间短路。铁芯的局部熔化给发电机的检修带来很大困难。

3. 定子绕组一相匝间短路

定子绕组某一相发生匝间短路时，被短路的各匝将有短路电流流过，产生局部过热，破坏绕组绝缘，并可能发展为单相接地故障或相间短路故障。

4. 发电机励磁回路一点或两点接地故障

当发电机励磁回路发生一点接地时，由于没有构成接地电流的通路，故对发电机没有直接的危害。但是如果在一点接地故障未消除时，另一点又接地，则形成两点接地故障。此时，除可能使励磁绕组和铁芯损坏外，还会因转子磁通的对称性被破坏，使机组产生剧烈的机械振动，尤其对凸极的水轮发电机情况更为严重。所以，水轮发电机不允许励磁回路带一点接地运行。

此外，发电机的不正常工作状态主要包括：因发电机外部短路引起的定子绕组过电流；由于过负荷引起的三相对称过负荷；由于外部不对称短路或不对称负荷引起的发电机负序过电流或负序过负荷；由于突然甩负荷引起的定子绕组过电压；由于汽轮机主汽门突然关闭引起的发电机逆功率运行；由于励磁回路故障或强行励磁时间过长引起的励磁绕组过负荷，以及由于励磁系统故障或自动灭磁开关误跳闸引起的发电机励磁电流急剧下降或失去励磁。

二、相应保护方式

为了在各种故障和不正常工作状态下可靠地对发电机进行保护，发电机应装设相应的继

电保护装置。

1. 纵联差动保护

为了反应发电机定子绕组及其引出线的相间短路，当定子绕组中性点有引出线时，应装设纵联差动保护。对于小容量的发电机可用电流速断保护代替纵联差动保护。

2. 匝间短路保护

为了反应发电机定子绕组的一相匝间短路，应装设匝间短路保护。对于定子绕组为星形接线，每相有两个并联分支，且中性点侧都有分支引出端的发电机，应装设单继电器式横联差动保护。对于 50MW 及以上容量的发电机，当定子绕组为星形接线，中性点侧只有三个引出端子时，一般也应装设专用的匝间短路保护。

3. 单相接地保护

为了反应发电机定子绕组单相接地故障，应装设零序保护。当发电机电压系统的接地电容电流（未经消弧线圈补偿）大于或等于 5A 时，保护应动作于跳闸；当接地电容电流小于 5A 时，保护应动作于信号。对于 100MW 及以上的发电机，应装设保护区为 100% 的定子接地保护。

4. 相间短路后备保护

为了反应发电机外部短路引起的定子绕组过电流，并作为发电机内部故障的后备保护，一般应装设低电压起动的过电流保护或复合电压起动的过电流保护。对于容量为 50MW 及以上的发电机，一般装设负序过电流及单相低电压起动的过电流保护。负序过电流保护同时作为外部不对称短路或不对称负荷引起的负序过电流的保护。当上述保护不能满足要求时，可采用低阻抗保护。

5. 过负荷保护

为了反应发电机因过负荷引起三相对称电流增大，应装设接于一相电流的过负荷保护，保护通常作用于信号。

6. 励磁回路接地保护

对于水轮发电机应装设励磁回路一点接地保护。对汽轮发电机的励磁回路一点接地，一般采用定期检测装置。对大容量机组，可装设一点接地保护及两点接地保护，一点接地动作于信号，两点接地动作于跳闸。

7. 过电压保护

对于水轮发电机及某些大容量汽轮发电机，为了反应突然甩负荷时出现的过电压，应装设过电压保护。

8. 失磁保护

对于发电机的励磁消失，当发电机不允许失磁运行时，应在自动灭磁开关断开时，利用其辅助触点连跳发电机断路器。对采用半导体励磁以及 100MW 及以上的发电机，应装设专用的失磁保护。

9. 励磁回路过负荷保护

对于发电机励磁回路过负荷，对容量为 100MW 及以上并采用半导体励磁的发电机，可装设励磁回路过负荷保护。

10. 逆功率保护

对于大容量汽轮发电机由于主汽门突然关闭引起的逆功率运行，可考虑装设逆功率保护。

应当指出，发电机保护在作用于跳开发电机出口断路器的同时，还必须作用于自动灭磁开关（SD）。仅仅断开发电机出口断路器，并不能使定子绕组故障消除，因为由发电机本身供给的那部分短路电流并未消失，必须同时采取灭磁措施，使转子磁通消失，消除发电机电动势，短路电流才能消失，故障才能消除。

三、保护装置的控制对象

由于大型机组结构复杂，发生故障和异常运行状况的可能性增加，而且故障种类繁多，致使保护总体配置非常复杂。而为了满足发电机—变压器组及其系统的不同要求，各个保护动作的控制对象尤为重要。

所谓控制对象是指保护动作时所作用的断路器、调节设备及声光信号等。

各保护装置动作后所控制的对象，依保护装置的性质、选择性要求和故障处理方式的不同而有所不同。通常有以下几种处理方式：

（1）全停：停汽机、停锅炉、断开发电机出口断路器或单元机组高压侧断路器、灭磁、断开高压厂用变压器低压侧断路器，使机炉及其辅机停止工作。

（2）解列灭磁：断开发电机出口断路器或单元机组高压侧断路器、灭磁、断开高压厂用变压器低压侧断路器。

（3）解列：断开发电机出口断路器或单元机组高压侧断路器。

（4）减出力：减少原动机的输出功率。

（5）发信号：发出声光信号或光信号。

（6）母线解列：对双母线系统，断开母线联络断路器，缩小故障波及范围。

第二节　同步发电机纵联差动保护

发电机的纵联差动保护在原理上反应的是发电机内部定子绕组及其引出线相间短路的主保护，它能快速而灵敏地切除保护范围内部所发生的发电机内部相间短路故障，同时在正常运行以及外部故障时，又能保证动作的选择性和工作的可靠性。

它是根据比较被保护发电机定子绕组两端电流的相位和大小的原理构成的。为此，在发电机中性点与靠近发电机出口断路器各处装一组型号、变比相同的电流互感器，其二次侧按环流法连接，如图 15.1 所示。

如图 15.1（b）所示，在正常运行及外部故障时，流入继电器的电流等于不平衡电流 I_{unb}，即

$$\dot{I}_K = \dot{I}_{12} - \dot{I}_{22} = \dot{I}_{\text{unb}} \approx 0 \tag{15.1}$$

因继电器的动作电流 $I_{\text{act}} > I_{\text{unb.max}}$，保护不动作；又有

$$\dot{I}_K = \dot{I}_{12} + \dot{I}_{22} \tag{15.2}$$

如图 15.1（a）所示，在内部（两侧电流互感器之间的定子绕组及其引出线）故障时，若 $I_K > I_{\text{act.K}}$，则保护动作。

可见，纵差保护不反应外部故障，故不必与相邻元件保护进行时限配合，可以瞬时跳闸。

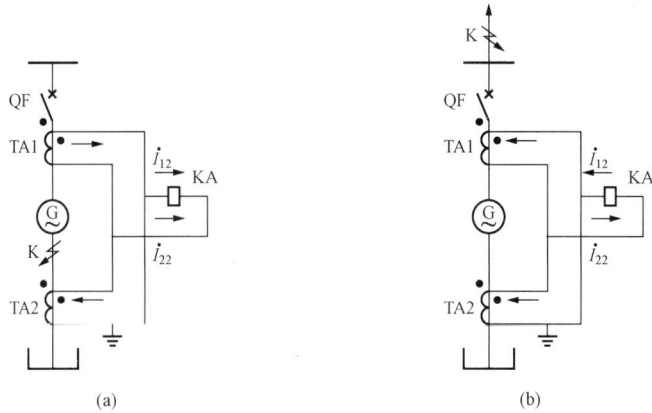

图 15.1　同步发电机纵差保护原理图
(a) 发电机内部故障；(b) 发电机外部故障

第三节　同步发电机定子绕组匝间短路保护

一、定子绕组匝间短路形式及其特点

同步发电机定子绕组匝间短路的形式分为同一绕组或同一分支绕组中的匝间短路，以及一相中不同分支绕组间的匝间短路。当发生匝间短路时，除短路点有电弧外，短路匝中流过的短路电流可能超过机端三相短路电流很多，因此这也是一种严重的故障，如不及时切除发电机，则将发展成定子绕组单相接地或相间短路故障，烧坏铁芯和定子绕组，对发电机造成更严重的影响。因此，需要装设定子绕组匝间短路保护。

二、单继电器式横差保护

对于定子绕组每相有两个并联支路，且每一支路中性点侧都有引出端的发电机，可装设单继电器式横差动保护，用以反应定子绕组的匝间短路，其原理接线图如图 15.2 所示。

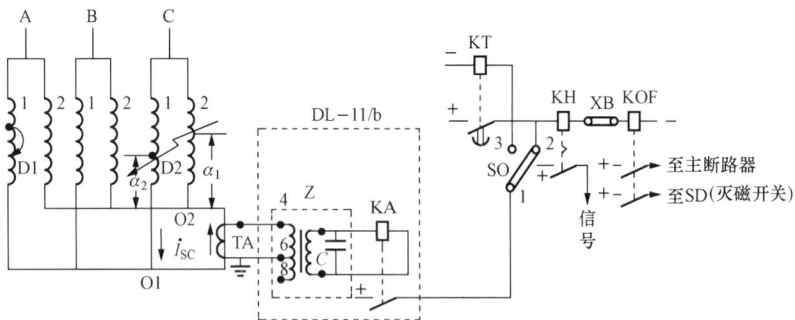

图 15.2　单继电器式横差动保护原理接线图

发电机定子绕组每相两并联分支分别接成星形，在两个星形的中性点 O1 与 O2 的连接线上接入一个电流互感器 TA，电流继电器 KA 经高次谐波过滤器 Z 接至电流互感器的二次侧。

正常运行或外部故障时，定子绕组并联两支路中性点的电位相同，中性点连接线上无电流通过，或仅有数值不大的不平衡电流通过，保护不动作。

若发生定子绕组匝间短路，则故障相绕组的两个分支的电势不等，因而在定子绕组中出现环流 i_{sc}，通过中性点连线，若该电流大于保护的动作电流，则保护动作。

应当注意，定子绕组出现匝间短路时，中性点连线上通过的电流与短路匝数有关。当一个分支短路匝数 α 很小，或两分支短路时 α_1 与 α_2 相差不大时，中性点连线上通过的电流可能小于继电器动作值，保护装置不动作，因此，保护存在死区。

按图 15.2 的这种接线方式，正常运行情况下，若三相电动势的波形中含有三次谐波及三次谐波的倍数次谐波分量，且当任一支路的三次谐波电动势与其他支路不相等时，将有三次谐波流过电流互感器。为此，采用了高次谐波滤过器 Z，使高次谐波电流不致流入电流继电器 KA。

运行经验指出，当励磁回路发生两点接地故障时，上述单继电器式横差动保护可能动作。因为发电机同一相的两个分支绕组不是位于同一定子槽中，当励磁回路发生两点接地时，转子磁通的均匀性遭到破坏，从而导致定子同一相的两个并联分支回路的电动势不等，形成环流。若其值大于保护动作值，则将使横差动保护动作。由于发电机不允许励磁回路持续两点接地，这时横差动保护动作于跳闸是允许的；但若出现偶然性的瞬间两点接地，则不允许保护装置瞬时切除发电机。故目前广泛采用的发电机横差动保护接线如图 15.2 所示。在励磁回路未发生接地故障的情况下，横差保护瞬时动作于跳闸。当励磁回路发生一点接地后，利用切换片 SO 将横差保护切换到带时限动作于跳闸。动作时限通常可取为 0.5～1s。这样可以防止当励磁回路发生偶然性瞬间两点接地时，差动保护不需动作于跳闸。

单继电器式横差保护接线简单，操作可靠，还能反应定子绕组分支开焊事故，因此得到广泛应用。但是该保护存在死区，由于继电器动作电流较小，死区不大。主要缺点是对于容量为 200MW 及以上的发电机，由于结构紧凑，中性点侧无法引出六个端子，只能引出三个端子，无法装设单继电器式横差保护。

三、反应发电机各相对中性点的零序电压匝间短路保护

反应零序电压的匝间短路保护如图 15.3 所示。当发电机定子绕组发生匝间短路时，机端三相电压对发电机中性点不对称，出现零序电压。为了在机端测量该零序电压，装设专用电压互感器 TV，TV 一次绕组中性点与发电机中性点直接连接，TV 开口三角侧接入三次谐波滤波器 Z 及零序过电压继电器 KV。三次谐波滤波器用于减小发电机正常运行时固有三次谐波对保护的影响。

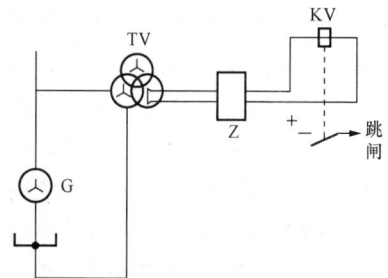

图 15.3 反应零序电压的匝间短路保护

零序电压继电器的动作电压应躲过正常运行和外部故障时三次谐波滤波器输出的最大不平衡电压。为了提高保护灵敏度，采取外部故障时闭锁保护的措施。这样，零序电压继电器的动作电压只需按躲过正常运行时的不平衡电压整定。TV 回路断线时可能造成保护误动作，因此需要装设电压回路断线闭锁装置。

反应零序电压的匝间短路保护，还能反应定子绕组开焊故障。该保护原理简单，灵敏度较高，适用于中性点只有三个引出端的发电机匝间短路保护，但是保护接线复杂。

四、反应转子回路二次谐波电流的匝间短路保护

反应转子回路二次谐波电流的匝间短路保护的原理框图如图 15.4 所示。当发电机定子

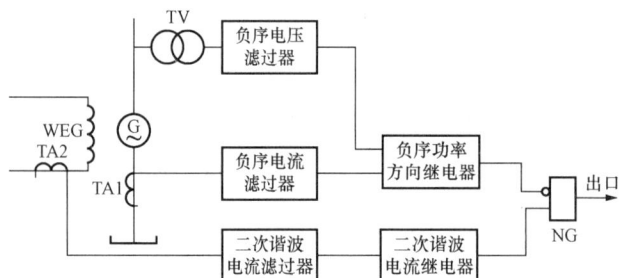

图 15.4 反应转子回路二次谐波电流的
匝间短路保护原理框图

绕组发生匝间短路或线棒开焊故障时，三相定子电流中便出现负序分量。该负序分量电流产生负序旋转磁场在发电机励磁线圈 WEG 中感应出二次谐波（100Hz）电流。因此，可利用转子回路出现二次谐波电流为判据，构成发电机匝间短路保护。但是，当发电机内部或外部发生不对称相间短路时，三相定子电流中也有负序分量，WEG 中也会出现二次谐波电流，为防止这种情况下匝间短路保护误动，采用了负序功率方向元件闭锁保护的出口回路。当发电机定子绕组外部或内部发生不对称短路时，负序功率方向继电器动作，将 NG 闭锁，保护不动作；当定子绕组发生匝间短路或线棒开焊时，负序功率方向继电器不动作，禁止门 NG 开放，允许保护动作。

应当指出，由于该保护是反应负序分量而动作的，因此在正常运行、外部三相短路及系统振荡时，该保护不会动作。故保护的动作值只需按躲过与发电机正常负荷时允许的最大不对称度（一般取 5% 左右）相对应的在 WEG 中感应的二次谐波电流整定，所以保护的灵敏性较好。

第四节　发电机定子接地保护

一、概述

发电机中性点是不接地或经高电阻接地的，但为了安全起见，要求发电机的外壳必须接地。所以只要发电机定子绕组对铁芯的绝缘遭到损坏，就会导致常见的单相接地故障。单相接地后，故障点电弧将烧伤定子铁芯并扩大绕组绝缘的损坏程度。若不及时发现并做相应处理，当又出现另一点接地时，就要造成匝间或相间故障，使发电机受到更为严重的破坏。

发电机定子绕组单相接地时，定子烧伤的程度与接地电流的大小和故障持续的时间有关。为使其免受或少受损坏，通常从两条途径着手：在一次设备方面尽可能减小接地电流的数值，如采用消弧线圈等补偿措施，把接地电流限制在允许的范围内。对于继电保护装置则要求能及时发现定子绕组的接地故障，大型机组应该有 100% 的保护区。下面先讨论一下发电机定子绕组单相接地时的特点。

二、发电机定子绕组单相接地的特点

由于发电机中性点不直接接地，因此它具有一般不接地系统单相短路的特点。不同之处在于故障点的零序电压将随定子绕组接地点的位置而改变，如图 15.5 所示。

发电机内部单相接地的特点如下：

(1) 发电机定子绕组单相接地时，零序电压 $U_{DO}(\alpha)$ 随接地点位置 α 而变化，其关系如图 15.6 所示。

(2) 如图 15.7 (b) 所示，发电机内部单相接地时，流过 TA0(LH0) 的零序电流是除本发电机以外的全部发电机电压电网的电容电流；如图 15.7 (a) 所示，发电机外部单相接地时，流过 TA0(LH0) 的零序电流则为发电机本身的电容电流。

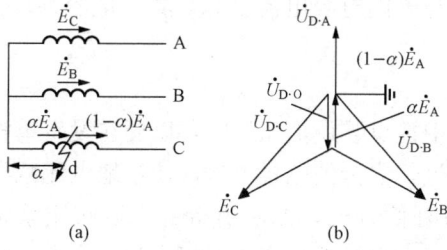

图 15.5　定子绕组的单相接地

（a）电路图；（b）电压相量图

图 15.6　零序电压随 α 变化的关系

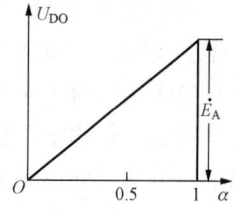

(a)

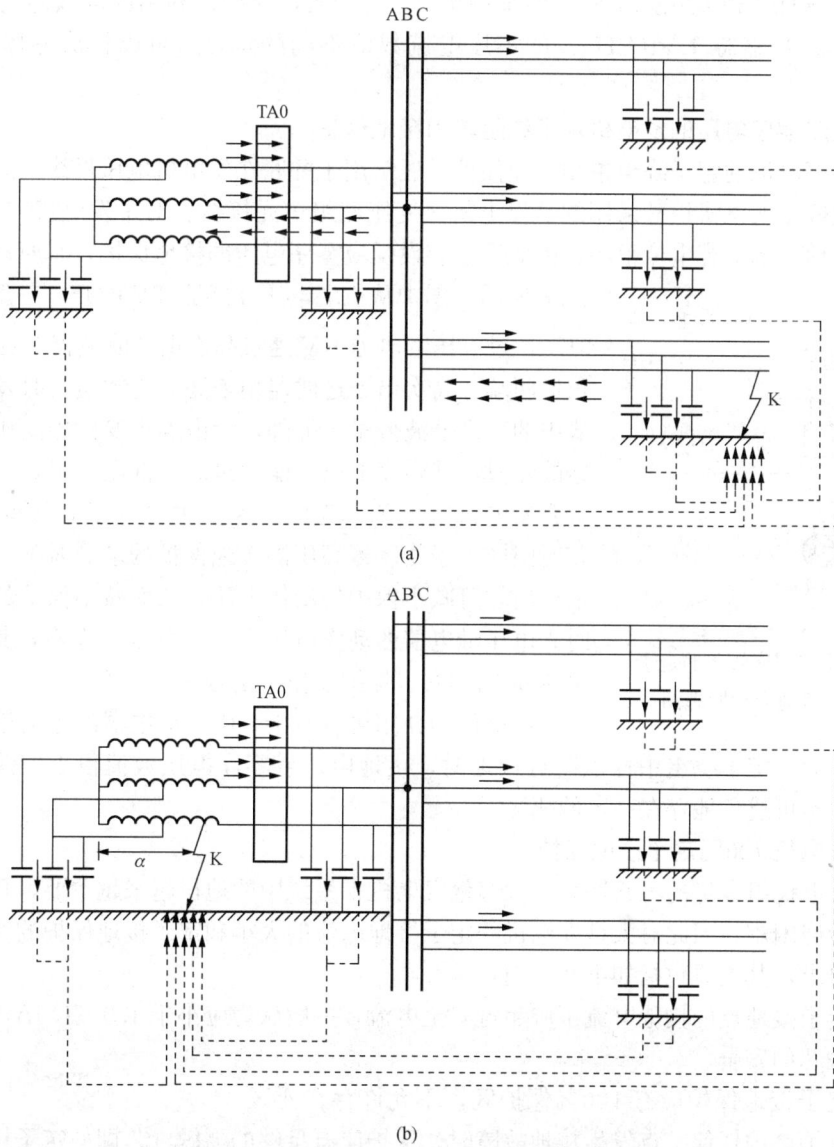

(b)

图 15.7　发电机外部、内部单相接地时电容电流的分布

（a）外部接地；（b）内部接地

（3）流过接地点的总电流为发电机电容电流与电网电容电流之和，具有电容性质并与 α 成正比，机端附近接地时其值最大。

根据上述特点，可得到以下结论：

（1）当接地电流大于允许值时，应在发电机中性点装设消弧线圈，以便在发生单相接地时，在零序电压作用下，接地点有一电感电流通过，去抵消电容电流，使接地电流减小到允许值以下。消弧线圈电感 L 的选取，一般采用过补偿方式，即使 $I_L > I_C$，以防止系统运行方式改变时，可能产生谐振，引起过电压。但对于大型发电机变压器组，为减小发电机的过电压，宜采用欠补偿。

（2）当发电机定子绕组单相接地时，利用零序电压随接地点而变化的特点，可以构成基波零序电压保护以及在此基础上的某些 100%定子接地保护；利用内部故障与外部故障流过零序电流互感器 TA0（LH0）的零序电流数值不同的特点，可以构成零序电流接地保护。

三、反应零序电压的发电机定子绕组单相接地保护

反应零序电流的定子绕组单相接地保护，通常用于并联在发电机电压母线上运行的发电机组。而大容量发电机组常采用的是发电机—变压器组单元接线。对于发电机—变压器组，由于单相接地时的电容电流很小，因此通常装设反应零序电压的接地保护，其原理接线如图15.8所示。图中从机端电压互感器 TV 的开口三角形侧取得 $3\dot{U}_0$，过电压继电器 KV 通过高次谐波滤波器 Z 接于开口三角形两端。高次谐波过滤器用来滤去正常运行时发电机相电势中的三次谐波分量。另外，考虑到当变压器高压侧发生接地故障时，其零序电压可能通过高、低压绕组之间的电容耦合到发电机电压侧，为此在保护中设置了时间继电器 KT，其时限应大于变压器高压侧接地保护的动作时限。采取上述措施后，可减小保护的动作电压，从而减小保护的死区。此时，电压继电器的动作电压可整定为 10V 左右，其保护范围可达 90%左右。保护动作于信号。

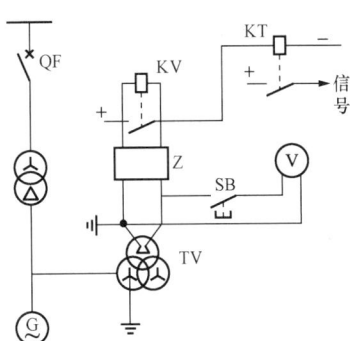

图 15.8 反应零序电压的定子
绕组单相接地保护原理图

由前面的介绍可以看出，由于继电器的起动值总要有一定的数值，而当定子绕组中性点附近接地时，接地电流或零序电压数值很小。保护不能起动，因此都不可避免地存在一定的死区。

四、发电机 100%定子接地保护

随着发电机组容量的不断增大，大容量发电机在系统中的地位越来越重要，且由于其造价昂贵、检修困难，因此对大型发电机的定子接地电流的大小和定子接地保护的性能提出了更严格的要求，其主要包括如下几方面：

（1）定子接地点的接地电流不应超过安全电流，一般认为应小于 1.0~1.5A，以保证发电机定子铁芯的安全。

（2）定子接地保护应有 100%保护区，不允许存在死区。

（3）保护区内任何一点发生接地故障时，保护应有足够的灵敏度。即使定子接地点有接地电阻，也应具有一定的灵敏度。

对于上述采用单纯的零序电流或零序电压保护作为发电机定子接地保护，由于其整定值

要避开不平衡电流或电压，保护区一般只能达到定子绕组的 85%～95%，故在发电机中性点附近存在着死区。对于中小型发电机而言，由于认为在正常运行时，中性点电位等于或接近于零，发生绝缘击穿的可能性极小，保护有死区还是可以允许的。

随着机组容量的增大，尤其是对于双水内冷的大型发电机，由于发生漏水或机械损伤等原因，可能导致中性点附近的绕组发生接地故障，如果不及时发现，有可能发展成为严重的匝间、相间或两点接地短路。因此，有必要寻求具有 100% 保护区且灵敏度较高的定子接地保护新方案。

这里只简述其保护的方法。

发电机定子 100% 接地保护实现的方法大致分为以下三大类：

（1）反应三次谐波电压的方式。它能可靠地覆盖零序电压保护的死区，与零序电压保护一起组成 100% 定子接地保护。

（2）利用外加电源进行对地检测，以实现 100% 保护。如中性点外加工频电压法、人工二次谐波电流法，外加低频电压或编码信号以及外加直流电源等。

（3）利用接地故障产生的行波以实现保护。

第五节　发电机励磁回路的接地保护

发电机励磁回路一点接地是常见的故障。由于励磁回路与地之间有一定的绝缘电阻，不会形成接地电流通路，因此对发电机无直接危害。但是发生一点接地故障后，励磁回路对地电压将增加，在最不利情况下，将比正常时增大一倍，因而容易导致第二点接地。

励磁回路发生两点接地故障后，部分励磁绕组被短接，造成转子磁场发生畸变，致使机组振动。故障点电弧将烧坏转子绕组与铁芯。接地电流可能使汽轮机汽缸磁化。因此，励磁回路发生两点接地会造成严重后果。

对于凸极式水轮发电机，励磁回路发生两点接地后会产生强烈振动，因此水轮机励磁回路发生一点接地后动作于信号，并停机检修。

对于大型汽轮发电机，宜采用动作于信号的励磁回路一点接地保护和动作于停机的两点接地保护。

一、励磁回路一点接地保护

1. 绝缘检查装置

励磁回路绝缘检查装置原理示意图如图 15.9 所示。正常运行时，电压表 PV1、PV2 的读数相等，如果 PV1、PV2 的读数不相等，则表明励磁回路对地绝缘水平下降。值得注意的是，该检查装置有死区，在励磁绕组中点接地时，PV1 与 PV2 的读数也相等。

2. 直流电桥原理

直流电桥励磁回路一点接地保护原理图如图 15.10 所示。发电机励磁绕组 LE 对地绝缘电阻用于接在 LE 中点 M 处的集中电阻 R_y 来表示。LE 的电阻以中点 M 为界分为两部分，和外接电阻 R_1、R_2 构成电桥的四个臂。励磁绕组正常运行时，电桥处于平衡状态，此时继电器不动作。当励磁绕组发生一点接地时，电桥失去平衡，流过继电器的电流大

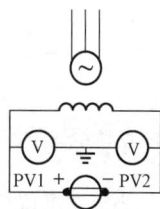

图 15.9　励磁回路
绝缘检查装置
原理示意图

于其动作电流，继电器动作。显而易见，接地点靠近励磁回路两极时保护灵敏度高，而接地点靠近中点 M 时，电桥几乎处于平衡状态，继电器无法动作，因此，在励磁绕组中点附近存在死区。

为了消除死区采用了下述两项措施：

（1）在电阻 R_1 的桥臂中串接了非线性元件稳压管，其阻值随外加励磁电压的大小而变化，因此，保护装置的死区随励磁电压改变而移动位置。这样在某一电压下的死区，在另一电压下则变为动作区，从而减小了保护拒动的几率。

（2）转子偏心和磁路不对称等原因产生的转子绕组的交流电压，使转子绕组中点对地电压不保持为零，而是在一定范围内波动。利用这个波动的电压来消除保护死区，保护构成原理如图 15.11 所示。

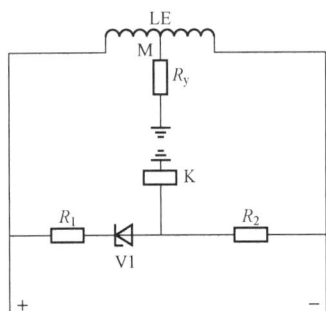

图 15.10 直流电桥励磁回路
一点接地保护原理图

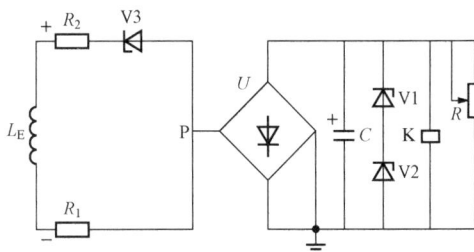

图 15.11 利用励磁回路中交流分量消除死
区的直流电桥式一点接地保护原理图

二、励磁回路两点接地保护

直流电桥励磁回路两点接地保护的原理接线图如图 15.12 所示。在发现发电机励磁回路

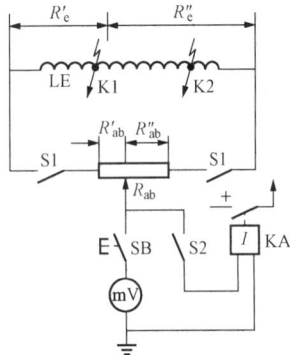

图 15.12 直流电桥励磁回路
两点接地保护的原理接线图

一点接地后，将发电机励磁回路两点接地保护投入运行。当发电机励磁回路两点接地时，该保护经延时动作于停机。

励磁回路的直流电阻 R_e（R'_e、R''_e）和附加电阻 R_{ab}（R'_{ab}、R''_{ab}）构成直流电桥的四臂（R'_e、R''_e、R'_{ab}、R''_{ab}）。毫伏表和电流继电器 KA 接于 R_{ab} 的滑动端与地之间，即电桥的对角线上。当励磁回路 K1 点发生接地后，投入开关 S1 并按下按钮 SB，调节 R_{ab} 的滑动触点，使毫伏表指示为零，此时电桥平衡，即

$$\frac{R'_e}{R''_e} = \frac{R'_{ab}}{R''_{ab}} \tag{15.3}$$

然后松开 SB，合上 S2，接入电流继电器 KA，保护投入工作。

当励磁回路第二点发生接地时，R''_e 被短接一部分，电桥平衡遭到破坏，电流继电器中将有电流通过。若该电流大于继电器的动作电流，则继电器动作，断开发电机。若 K2 点离 K1 点很近，则通过继电器的电流小于继电器动作电流，保护将拒动，因此保护存在死区。若 K1 点发生在正、负极，保护则无法投入。若 K1 点在励磁回路中，保护不能投入使用，

因为在调节磁场电阻时，保护装置可能发生误动，但是上述两点接地保护装置接线简单、价格便宜，在中、小型发电机上仍然得到广泛应用。

目前，采用直流电桥原理构成的集成电路励磁回路两点接地保护，在大型发电机上得到广泛应用。

第六节　同步发电机失磁与负序电流保护的概念

一、失磁保护的概念

发电机失磁一般是指发电机的励磁电流异常下降或励磁电流完全消失的故障。励磁回路异常下降，是指发电机励磁电流的降低超过了静态稳定极限所允许的程度。造成失磁的原因主要有主励磁机或副励磁机故障、励磁系统故障、操作上过量调整以及励磁回路开路等。具体表现在以下各个方面。

1. 对电力系统的危害

(1) 低励或失磁的发电机将从系统吸收无功，引起系统电压下降。如果系统无功储备不足，将使邻近故障机组的系统某点电压低于允许值，使电源与负荷间失去稳定，甚至造成电力系统因电压崩溃而瓦解。

(2) 一台机失磁电压下降，电力系统中的其他机组在自动调整励磁装置作用下将增大无功输出，从而可能使某些机组、线路过负荷，其后备保护可能误动作，使故障范围扩大。

(3) 一台机失磁后，由于有功功率的摆动以及系统电压的下降，可导致相邻正常发电机与系统之间或系统回路之间发生振荡，造成严重后果。

2. 对发电机本身的危害

(1) 失磁后，由于出现转差，在发电机转子回路中出现差频电流。差频电流在转子回路中产生附加损耗，使转子发热加大，严重时可能造成转子损坏。特别是直接冷却高利用率的大型机组，其热容量裕度相对较低，转子更易过热。而流过转子表面的差频电流，还将使转子本体与槽楔、护环的接触面上发生严重的局部过热。

(2) 低励或失磁发电机进入异步运行后，由机端观测到的发电机等效电抗降低，从系统吸收的无功功率增加。失磁前带的有功越大，转差就越大，等效电抗就越小，由系统送来的无功就越大。因此，在重负荷下失磁进入异步运行后，如不采取措施，发电机将因过电流而使定子过热。

(3) 异步运行中，发电机的转矩、有功功率要发生剧烈的周期性摆动，使发电机的定子、转子和基座受到异常的机械力冲击。同时转差也作周期性的变化，其最大值可能达到 $4\% \sim 5\%$，发电机周期性地严重超速。这些都将使机组的安全受到直接的威胁。

(4) 低励失磁时，定子端部漏磁增加，将使发电机端部部件和边段铁芯过热。这一情况通常是限制发电机失磁异步运行能力的主要条件。

为了保证发电机和电力系统的安全运行，在发电机，特别是大型发电机上，应装设失磁保护。对于不允许失磁后继续运行的发电机，失磁保护应动作于跳闸。当发电机允许失磁运行时，保护可动作于信号，并要求失磁保护与切换励磁、自动减载等自动控制相结合，以取得发电机失磁后的最好处理效果。

3. 失磁保护构成的方式

现代大型发电机组的失磁保护，通常都是利用测量定子回路参数变化作为主判据，而利用测量转子励磁电压下降等作为辅助判据，共同来判断失磁故障的。由于所测的参数不同，其构成原理是多种多样的。但一般都把发电机临近失步或机端电压下降到接近临界值作为失磁保护动作跳闸的判据，有的利用其中的一个条件，有的则同时利用两个条件。

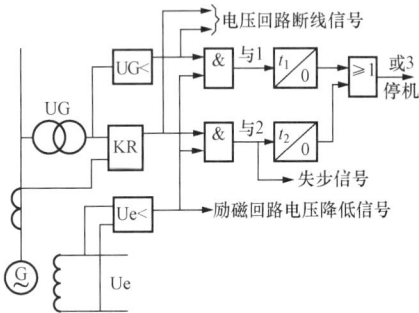

图 15.13　利用失磁后有关参数的变化
构成的失磁保护原理方框图

下面以图 15.13 为例说明失磁保护的构成。图 15.13 中阻抗元件 KR 反应测量阻抗的变化。低电压元件 UG 反应机端电压的变化。励磁低电压元件 Ue 反应发电机励磁电压。

若发电机失磁，阻抗元件 KR 动作，而励磁电压降低，Ue 动作，与门 2 有输出，发出失步信号，表示发电机已失步，但还不能确定是系统振荡还是因失磁引起的失步，这要由延时 t_2 来判断。如果是失磁，经 t_2 动作于停机。t_2 按躲开系统振荡整定，通常取 $t_2 = 0.5\sim1.5s$。如果机端电压降到系统安全运行最低允许电压值之下，则 UG 动作，与门 1 有输出，经 t_1 延时，通过或门 3 作用于停机。t_1 按躲过振荡影响的条件整定，一般取 $0.5\sim1.0s$。由于有励磁低电压元件 Ue，短路或电压回路断线时，保护都不会误作用于停机。

二、发电机负序电流保护

电力系统中发生不对称短路或三相负荷不对称时，将有负序电流流过发电机的定子绕组，其所建立的旋转磁场的旋转方向与转子的旋转方向相反，因而以两倍的同步速度切割转子，从而在转子中产生倍频电流。对于汽轮发电机而言，由于集肤效应的作用，该倍频电流主要在转子表面流通，经转子中部沿轴向流通，在转子端部附近沿周界方向形成闭合回路。该周向电流有很大的数值，将引起转子过热和额外的附加损耗，并在端部、各接触面等电流密度很高的部位造成局部烧伤，甚至可能引起护环受热松脱等危险事故。特别是大型汽轮发电机，因有效材料利用率的提高，使其热容量裕度较中、小型机组要小，转子的负序发热更为严重。因此，为了防止发电机的转子遭受负序电流的损伤，大型汽轮发电机都要求装设比较完善的负序电流保护，作为防止转子过热的主要保护。其次，在确保发电机安全并能与系统保护相配合的条件下，也可兼作发电机和系统不对称故障的后备保护。

发电机有一定的承受负序电流的能力。流过发电机定子绕组的负序电流，只要不超过规定的限度，转子就不会遭到损伤。因此，发电机承受负序电流的能力，就是构成和整定负序电流保护的依据。

1. 发电机承受负序电流的能力

发电机都具有一定的承受负序电流的能力。目前国内外都是按长期和短时两种情况来考虑的。

（1）发电机长期承受负序电流的能力。发电机正常运行时，由于输电线路及负荷不可能完全对称，总存在一定的负序电流 $I_{2\infty}$，但数值较小，通常不超过额定电流的 2%～3%。发电机带不对称负荷运行时，转子虽有发热，但由于转子的散热效应，其温升不会超过允许值，即发电机可以承受一定数值的负序电流长期运行。发电机承受负序电流的能力与发电机结构有关，应根据具体发电机确定。

负序电流保护通常依据发电机长期允许承受的负序电流值来确定起动门槛值，当负序电流超过长期允许承受的负序电流值后，保护延时发出报警信号。

（2）发电机短时承受负序电流的能力。当发电机在异常或系统发生不对称故障时，I_2将大大超过允许的持续负序电流值，这段时间通常不会太长，但因I_2较大，更需要考虑防止对发电机可能造成的损伤。发电机短时间内允许负序电流值I_2的大小与电流持续时间有关。转子中发热量的大小通常与流经发电机负序电流I_2的平方及所持续的时间t成正比。若假定发电机转子为一绝热体（短时间内不考虑向周围散热的情况），则发电机运行负序电流与允许持续时间的关系为$I_2^2 t \leqslant A$，即满足该条件发电机可以安全运行。其中，发电机负序电流允许通过时间随负序电流增加而减小的变化关系称为反时限特性。

因此，发电机转子表层负序过负荷保护动作判据为

$$I_2^2 t > A \tag{15.4}$$

其中A值的取定，根据发电机的型式、冷却方式的不同而有所不同。一般对非强迫冷却的发电机$A \approx 30$；对于线圈内冷式发电机，容量为200MW时，$A \approx 11$，容量为300MW时，$A \approx 8.5$左右；对水轮发电机$A \approx 40$。

2. 负序电流保护的构成

转子负序电流保护原理方框图如图15.14所示。在图15.14中，有两个定时限和一个反时限部分。上限定时限特性应与发电机—变压器组高压侧两相短路I_u相配合，即$I_2 > I_u$，其动作时间t_u按与高压侧出线快速保护相配合，可在0.5～3s范围内整定。保护作用于跳闸解列。

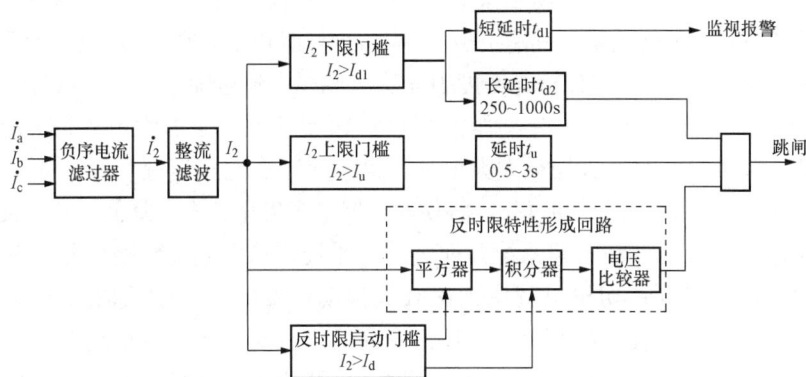

图15.14　转子负序电流保护原理框图

下限定时限特性则按发电机持续允许负序电流整定，并应在外部不对称短路切除后返回。故动作电流门槛整定为

$$I_{d1} = \frac{K_{rel}}{K_{re}} I_{2\infty} \tag{15.5}$$

K_{rel}及K_{re}分别为可靠系数和返回系数，即$I_2 > I_{d1}$。动作分为两路，一路是短延时t_{d1}作用于告警信号，以便运行人员采取措施，一般整定为5～10s；另一路是长延时t_{d2}作用于跳闸解列，其动作时间在250～1000s范围内整定。

反时限特性动作于跳闸解列，反时限元件的启动门槛I_d需要与长延时综合考虑。为了保证长延时精度，往往对最大延时有一定限制，一般t_d取为1000s，也可按下限动作特性短延时t_{d1}选取（但不超过1000s），然后按式（15.6）算出I_d，当满足$I_2 > I_d > I_{d1}$保护动作于解列，有

$$I_{\mathrm{d}} = \sqrt{\frac{A}{t_{\mathrm{d}}} + K_0}\, I_{2\infty} \tag{15.6}$$

第七节　发电机异常工况保护

一、发电机（变压器）的过励磁保护

所谓过励磁，是指磁通密度过大的一种工况，由于发电机或变压器发生过励磁故障时并非每次都造成设备的明显破坏，往往容易被人忽视，但是多次反复过励磁，将因过热而使绝缘老化，降低设备的使用寿命。

发电机和变压器都由铁芯绕组构成，设绕组外加电压为 $U(\mathrm{V})$，匝数为 W，铁芯截面为 $S(\mathrm{m}^2)$，磁密为 $B(\mathrm{T})$，则有

$$U = 4.44 f W B S \tag{15.7}$$

式中　f——电压频率。

因为 W、S 均为定数，故可写成

$$B = K \frac{U}{f} \tag{15.8}$$

式中　K——系数，$K = 1/4.44 W S$，对每一特定的变压器，K 为定数。

由式（15.8）可知，电压的升高和频率的降低均可导致磁密的增大。特别是现代大型电力变压器，为节省材料并减轻重量，其额定磁通密度 B_e 与饱和磁通密度 B_{bh} 相差无几。因此当电压与频率比（U/f）增大时，工作磁通密度 B 增大，励磁电流也随之增大。铁芯饱和后，励磁电流急剧增大，出现过励磁状态。由于励磁电流是非正弦电流，含有大量的高次谐波分量，这会使铁芯和其他金属构件的涡流损耗大大增加，致使变压器发热情况严重。如果过励磁倍数（$n = B/B_0$）较大，且持续运行时间过长，将使变压器绝缘劣化、寿命降低，甚至损坏。

单元机组的升压变压器在未与系统并列之前，比较容易发生过励磁情况，例如，由于误操作而使发电机电压过高；切机过程中灭磁开关拒动；发电机—变压器组出口断路器跳闸后，由于自动调节励磁装置失灵而使电压迅速升高等。事实上，正常情况下突然甩负荷也要引起相当严重的过励磁，因为励磁调节系统和原动机调速系统都是由惯性环节组成的，突然甩负荷后，电压要迅速上升，而频率上升缓慢，因而比值 U/f 上升，使变压器过励磁，不过其持续时间较短。

对于造价高、检修困难、停电损失较大的现代大型变压器，应考虑装设专用的过励磁保护。该保护的主要对象是变压器的绕组及铁芯等，作为防止这些主要部件过热的一种后备快速保护，可通过反应 U/f 比值来检验磁密，从而反应过励磁状况。我国继电保护规程规定，500kV 变压器对频率降低和电压升高引起的铁芯工作磁密过高和 300MW 及以上发电机应装设过励磁保护。

过励磁保护的原理框图如图 15.15 所示。图中 FYH 为辅助电压互感器，它的一次侧接

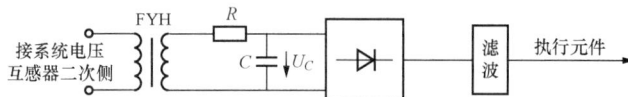

图 15.15　过励磁保护的原理框图

于系统电压互感器的二次侧，二次侧接 RC 串联回路。在电容 C 上抽取电压进行整流、滤波，再将直流信号电压加至保护装置的执行元件。

设电压互感器变比为 n_{YH}，辅助电压互感器变比为 n_F，则正常情况下电容 C 的端电压为

$$U_C = \frac{U}{n_{YH}n_F \sqrt{(2\pi fRC)^2 + 1}} \tag{15.9}$$

式中　U——系统电压；

　　　f——系统电源频率。

设计该保护装置时，若适当选择 R、C 的数值，使 $(2\pi fRC)^2 \gg 1$，并令常数 K' 为

$$K' = \frac{1}{n_{YH}n_F(2\pi RC)} \tag{15.10}$$

则有

$$U_C = K'\frac{U}{f} = \frac{K'}{K}B \tag{15.11}$$

由此可知，U_C 与工作磁通密度 B 成正比，即 U_C 能够反应电压与频率比的变化情况。当变压器发生过励磁时，U_C 增大，当 U_C 达到继电器动作电压时，可使电平检测器动作，发出过励磁信号或直接跳闸。

过励磁保护简单易行，保护的整定值可由变压器饱和磁通密度决定。可以做成两段式，取其不同的动作值和延时时限，根据实际需要动作于信号、减励磁或跳闸。通常，一段整定过励磁倍数较高，以相应的较短延时动作于跳闸；一段整定过励磁倍数较低，以相应的较长延时动作于声光信号。

上述造成升压变压器过励磁的几种原因，也会造成发电机的过励磁。可见发电机遭受过励磁的影响也是比较多的，特别是发电机允许过励磁倍数低于升压变压器过励磁倍数的情况下，更是如此。不过由于发电机气隙较大，铁芯平均磁密较低，个别部分（如齿部）虽磁密很高，但冷却得非常好，一般问题不大。

而对于发电机—变压器组，其过励磁保护可装于发电机端部的电压互感器上。如果发电机与变压器的过励磁特性相近（由厂家提供曲线），那么，若变压器低压侧额定电压比发电机额定电压低（一般约低 5%），则过励磁保护的动作值应按变压器的饱和磁通密度整定，这样，既保护了变压器，对发电机也比较安全；若变压器低压侧额定电压等于或大于发电机的额定电压，则过励磁保护的动作值应按发电机的饱和磁通密度整定，这样，才能同时保证发电机和变压器的安全。发电机过励磁倍数曲线一般要比变压器低些。

因此，对于发电机—变压器组，通常也装设两段过励磁保护，一段按变压器的过励磁倍数整定，一段按发电机过励磁倍数整定。

二、过电压保护

发电机产生过电压的原因主要有以下几个：

（1）发电机甩负荷时的转速升高及其电枢反应的消失。

（2）励磁系统调节器故障。

（3）电容负荷引起自励磁。

对于大型发电机组，即使调速系统和自动调整励磁装置都正常运行，当满负荷下突然甩去全部负荷，电枢反应突然消失，由于调速系统和自动调整励磁装置都是由惯性环节组成的，励磁调节过程比较迟缓，励磁调节系统的时间常数较大，励磁电流不能突变，因而转速

仍将上升，使得发电机电压在短时间内也要上升，其值可能达到 1.3～1.5 倍额定电压，持续时间可能达到几秒钟。如果是功频调整系统或自动调整励磁装置退出运行时，发生甩负荷，过电压持续时间更长。

发电机主绝缘的工频耐压水平，一般为 1.3 倍额定电压，持续 60s。而实际过电压的数值和持续时间可能超过试验电压和允许时间，从而对发电机主绝缘构成了直接威胁。该电压不仅是对发电机定子绕组的绝缘有威胁，同时也使升压变压器励磁电流剧增，引起变压器过励磁，使铁芯饱和损耗增大，甚至损坏绝缘。

发电机承受过电压的能力，是设计和整定过电压保护的依据，过电压保护的动作电压和动作时间的整定值将随机组不同而不同。

一般地，采用一段式定时限过电压保护即可。如图 15.16 所示，当 $U \geqslant 1.3U_e$ 时，保护动作，经 0.5s 延时，可发信号，也可以令其全停及起动断路器失灵保护。

三、发电机的逆功率保护

在汽轮发电机上，当机炉保护动作将主汽门关闭，或者由于调速控制回路故障而将主汽门关闭时，在发电机断路器未跳闸之前，随着机组储存动能的下降，发电机迅速转为电动机运行。此时发电机由向系统供给有功功率变为从系统吸取有功功率，即逆功率。

逆功率运行，对发电机并无危害，但由于残留在汽轮机尾部的蒸汽与长叶片摩擦，会使叶片过热。因此，一般规定逆功率运行不得超过 3min。允许发电机逆功率的大小，一般最大不超过额定有功功率的 10%，故整定值各机组可能有所不同，在 1%～10% 之间。

逆功率保护装置的方框图如图 15.17 所示。它由逆功率元件 P、比较回路、时间回路等组成。动作功率 P_{dz} 的整定值计算式为

$$P_{dz} = K_k(P_1 + P_2) \tag{15.12}$$

式中　K_k——可靠系数，取 0.5～0.8；

$\quad\quad P_1$——逆功率运行时汽轮机的最小损耗，可取（2%～4%）P_e；

$\quad\quad P_2$——逆功率运行时发电机的最小损耗，实用上可取 $P_2 \approx (1-\eta)P_e$，η 为发电机的效率。

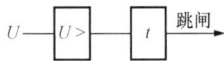

图 15.16　一段式过电压保护原理图

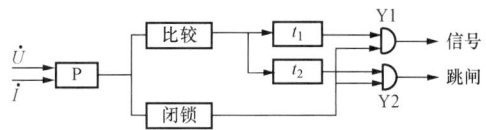

图 15.17　逆功率保护装置的方框图

保护由两段构成，第一段动作时限为 t_1，按躲过系统振荡整定，可取 2～10s 发出信号，以防止发电机并列或失步时误动作。

第二段动作时限为 t_2，根据发电机允许的最大逆功率运行时间整定，约 2～3min 动作于跳闸。

四、过负荷保护

1. 发电机的过负荷

发电机过负荷通常是由于系统中切除了部分电源，生产过程中出现的短时冲击性负荷、大型电动机自起动、发电机强行励磁、失磁运行、同期误操作及振荡等原因引起的。发电机为了避免温升过高，必须限制发电机的过负荷限额。同时，为了防止受到过负荷的损害，大

型发电机都应装设反应定子绕组和励磁绕组平均发热状况的过负荷保护装置。

发电机除定子绕组和励磁绕组的过负荷问题之外，还有转子表层由于负序电流引起的过负荷。因此，针对这三个部位，应考虑装设三套过负荷保护。对于转子表层过负荷保护即负序电流保护已在前面介绍过，这里主要介绍另外两套保护。

2. 定子绕组的过负荷保护

发电机过负荷的倍数越大，允许持续运行的时间越短。图 15.18 所示为过电流倍数与允许时间的关系曲线。

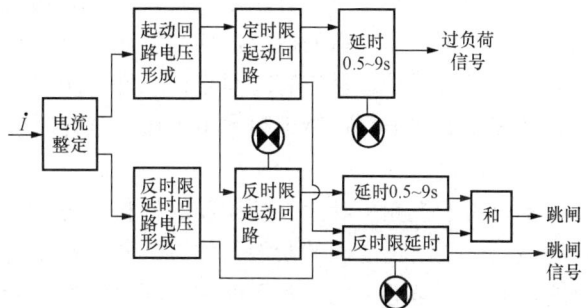

大型发电机定子绕组的过负荷保护一般由定时限和反时限两部分组成。反时限过负荷保护原理框图如图 15.19 所示。定时限部分的动作电流按发电机长期允许的负荷电流下能可靠返回的条件整定，经延时动作于信号，并可动作于减出力。同时由于这部分的动作电流小，用它作为反时限定子过负荷保护的闭锁元件，当保护装置中个别元件损坏引起反时限延时回路误动作时，只要定时限起动回路不同时误动，就可防止反时限部分的误跳闸。反时限部分是发电机定子绕组在发热方面的安全保护，要能正确反应发电机在各种运行状态下的发热情况，其动作特性按发电机定子绕组的过负荷能力确定，动作于解列。通常反时限过负荷保护是按制造厂提供的反时限要求作用于跳闸的。保护可以反应电流变化时，发电机定子绕组的热积累过程，而且不考虑在灵敏系数和时限方面与其他相间短路保护相配合。

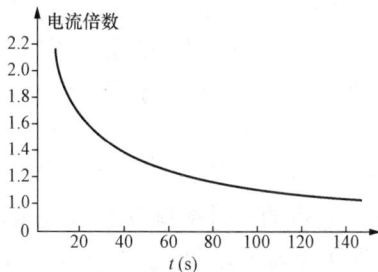

图 15.18　过电流倍数与允许时间的关系曲线　　　图 15.19　反时限过负荷保护原理框图

3. 励磁绕组的过负荷保护

发电机转子过负荷保护是转子励磁绕组的主保护。对大型机组又可兼作主励磁机定子绕组差动保护的后备保护以及用作主励磁机差动保护范围外部交流部分的主保护。

发电机在强行励磁或励磁系统故障时，均可能使转子励磁绕组过负荷。而大型发电机转子励磁绕组承受过负荷的能力又较低，一般在 2 倍额定励磁电流时仅允许持续 20s 左右。转子允许过负荷的时间最多也为 120s，在这样短的时间内，直接由值班人员来处理是有困难的。因此，对于大型发电机，应装设励磁回路过负荷保护。保护装置应在转子电流超过额定值时带时限作用于信号，并根据发电机转子及励磁系统允许过负荷的特性，以较短的时限降低励磁电流，必要时以较长的时限跳开发电机断路器及灭磁开关。

励磁绕组的过负荷保护，与定子绕组的过负荷保护类似，也是由定时限和反时限两部分组成的。定时限部分的动作电流，按在正常励磁电流下能够可靠返回的条件整定，带时限动作于信号和动作于降低励磁电流。反时限部分的动作特性按发电机励磁绕组的过负荷能力确定，动作于解列和灭磁。另外，保护装置同样应能反应电流变化时励磁绕组的热积累过程。

励磁绕组过负荷保护的跳闸特性与定子绕组过负荷保护的跳闸特性也基本相似，只是各项参数的变化范围有所不同而已。因此，二者实现跳闸特性的保护回路也大同小异，可互相借鉴。

五、频率异常（失频）保护

频率异常保护主要用于保护汽轮机，防止汽轮机叶片及其拉筋的断裂事故。汽轮机叶片，各级都有一相应的自振频率，如果发电机的运行频率升高或降低，接近或等于叶片的自振频率时，将导致共振，使材料疲劳，致使叶片或拉筋断裂，造成严重事故。对于极端工况，还将威胁厂用电的安全。材料疲劳是一个不可逆的积累过程，短时多次重复，其危害是累计的，所以汽轮机都给出在规定频率下允许的累计运行时间。

频率的升高与降低，对汽轮机的安全都有危害。频率的升高，多发生在甩负荷之后，此时说明系统中有功功率过剩，将由调速器或功频调节装置动作于降低原动机的出力，必要时将从系统中切除部分机组，以促使频率恢复正常。

频率降低则多发生在重负荷运行的情况下。当频率降低时，说明系统中出现有功功率缺额，对于带满负荷运行的大机组来说，已不可能再增加原动机的出力。为促使频率恢复正常，就要在本机组之外采取措施，如使调频机组增加原动机的出力，投入备用机组，在负荷侧按频率自动减负荷等。

对于频率异常，虽然有上述措施，但在有功功率扰动过程中，频率总是要出现短时偏离额定值的情况，而材料的疲劳，如前所述，是一积累过程。因此，为保障机组的安全，仍需要有频率异常保护，且应有时间累计元件，用以累计频率异常的运行时间，即监视频率状况和累计偏离额定值后在给定频率下工作的累计时间，当达到规定值时，动作于声光信号，解列或跳闸停机。

不过由于汽轮机叶片及其拉筋的材料疲劳和断裂是一个复杂的问题，与许多因素有关，在制造上难于给出准确的断裂条件。因此，在给定频率下，运行的累计时间达到规定值时，只能说明有断裂的可能，并不说明立即要断裂。所以，通常认为频率异常保护只需动作于声光信号，尽量避免不必要地切除发电机。特别是对于低频保护更应如此，因为低频保护动作后，说明系统中缺少有功功率，如动作于切除发电机，则会进一步减少发出的有功功率，促使频率的进一步下降，造成恶性循环而终致系统崩溃瓦解。

另外，从对汽轮机叶片及其拉筋影响的积累作用方面看，频率升高对汽轮机的安全是有危险的，因此，从这点出发，频率异常保护应当包括反应频率升高的部分。但是，一般汽轮机允许的超速范围比较小。在系统中有功功率过剩时，通过各机组的调速系统或功频调节系统的调节作用，以及必要时切除部分机组等措施，可以迅速使频率恢复到额定值，而且频率升高大多数是在轻负荷或空载时发生，此时汽轮机叶片和拉筋所承受的应力要比低频满载时小得多；同时再考虑到简化保护装置的结构，所以一般频率异常保护中，不设置反应频率升高的部分，而只包括反应频率下降的部分，并称为低频保护。

由于低频运行对汽轮机的损害是积累性的，与频率下降值和持续时间有关，故低频保护应由低频继电器和时间计算器及时间继电器等元件组成。低频保护的段数及每段的整定值，根据机组的要求确定。低频保护不仅能监视当前频率状况，还能在发生低频工况时根据预先划分的频率段自动累计各段异常运行时间，无论达到哪一频率段相应的规定累计运行时间，保护均动作于声光信号。

频率元件现已广泛采用静态继电器。时间累计元件，可以用多种方法实现。因为进行累计的时间间隔不定，可能会很长，所以用多谐振荡器推动的机械计数器比较简单可靠。计数器应当带触点，当达到累计时间时，触点闭合。

六、低电压保护

目前，国内外大型发电机组配置了反应机端或主变高压侧电压降低的低电压保护。该保护主要用于同步发电机部分或全部失去励磁时由于从系统吸收大量的无功功率，可能造成的系统电压的崩溃。

一种低电压保护原理方框图如图 15.20 所示。三相低电压元件接于发电机出口 PT。当机组并入电网运行时，大于或等于两相低电压元件动作时经延时机组解列。延时（$t=2\text{s}$ 左右）用于躲过系统振荡。低电压整定值应躲开正常运行时可能出现的最低电压。为防止 PT 断线，保护误动作，保护还采用了 PT 断线闭锁装置。

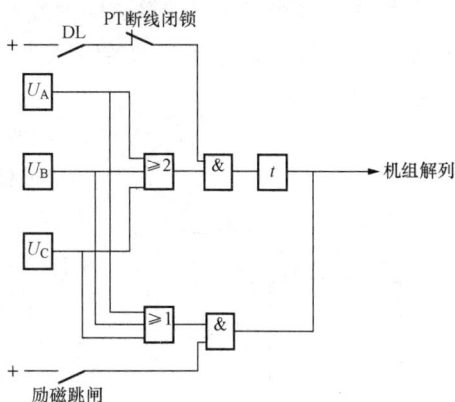

图 15.20　低电压保护原理方框图

第八节　变压器内部故障的主保护

一、变压器保护概述

电力变压器是电力系统的重要组成元件，它的安全运行是电力系统可靠工作的必要条件。虽然变压器无旋转部件，是一种静止的电气设备，结构比较简单，运行可靠性较高，发生故障的机会相对较少；但是变压器是连续运行的，停电机会很少，而且绝大部分安装在室外，受自然环境影响较大。另外，变压器时刻受到外接负荷的影响，特别是受电力系统短路故障的威胁较大。因此，变压器在实际运行中有可能发生各种类型的故障或出现不正常运行情况，特别是大容量变压器的损坏，会给系统带来严重的影响。

变压器故障可分为内部故障和外部故障两类。内部故障主要是指发生在变压器油箱内的线圈的相间短路、匝间短路和单相接地短路。其中最常见的是线圈的匝间短路。变压器的外部故障是指油箱外部绝缘套管及其引出线上发生的各种故障，如引出线的相间短路或对外壳之间的接地短路等。

变压器的异常运行状态主要有过负荷、外部短路引起的过电流、油面降低或冷却系统故障引起的温度升高、外部接地故障引起的中性点过电压，以及过电压或频率降低引起的过励磁等。

因此，考虑到电力变压器在电力系统中的重要地位及其故障和不正常工作状态可能造成的严重后果，变压器应按照其容量和重要程度装设相应的继电保护装置。变压器内部故障的保护主要采用差动保护和瓦斯保护，而变压器引线上的故障则主要由差动保护切除。

可见，变压器继电保护的任务就是反应上述故障或异常运行状态，并通过断路器切除故障变压器，或发出信号告知运行人员采取措施消除异常运行状态。同时，变压器保护还应能用作相邻电气元件的后备保护。

二、变压器的瓦斯保护

当变压器内部故障时，故障点的局部高温将使变压器油温升高、体积膨胀，甚至出现沸腾，油内空气被排出而形成上升汽泡。若故障点产生电弧，则变压器油和绝缘材料将分解出大量气体。这些气体自油箱流向油枕上部，故障越严重，产生的气体越多，流向油枕的气流速度越快，甚至气流中还夹杂着变压器油。利用上述气体来实现的保护装置，称为瓦斯保护。

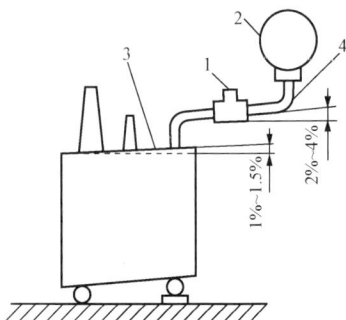

图 15.21 气体继电器安装示意图
1—瓦斯继电器；2—油枕；3—变压器顶盖；4—连接管道

当变压器内部发生严重漏油或匝数很少的匝间短路、铁芯局部烧损、线圈断线、绝缘劣化和油面下降等故障时，往往差动保护等其他保护均不能动作，而瓦斯保护却能够动作。

因此，瓦斯保护是变压器内部故障最有效的一种主保护装置。

瓦斯保护主要由瓦斯继电器来实现，它是一种气体继电器，安装在变压器油箱与油枕之间的连接导油管中，如图 15.21 所示。这样，油箱内的气体必须通过瓦斯继电器才能流向油枕。为了使气体能够顺利地进入瓦斯继电器和油枕，变压器安装时应使顶盖沿瓦斯继电器方向与水平面保持 1%～1.5% 的升高坡度，且要求导油管具有不小于 2%～4% 的升高坡度。

瓦斯继电器的型式较多。下面以性能较好的开口杯挡板式瓦斯继电器为例说明其结构情况和工作原理。

开口杯挡板式瓦斯继电器的结构图如图 15.22 所示。上部有一个附带永久磁铁 4 的开口杯 5，下部有一面附带永久磁铁 11 的挡板 10。

正常情况下，继电器内充满油，开口杯在油的浮力与重锤 6 的作用下，处于上翘位置，永久磁铁 4 远离干簧触点 15，干簧触点 15 断开。挡板 10 在弹簧 9 的保持下，处于正常位置，其附带的永久磁铁 11 远离干簧触点 13，干簧触点 13 可靠断开。

当变压器内部发生轻微故障时，产生少量气体，汇集在气体继电器上部，迫使气体继电器内油面下降，使开口杯露出油面。物体在气体中所受浮力比在油中受到的浮力小，因而开口杯失去平衡，绕轴落下，永久磁铁 4 随之落下，接通干簧触点，发出"轻瓦斯动作"信号。当变压器严重漏油时，同样会发出"轻瓦斯动作"信号。

当变压器内部发生严重故障时，油箱内产生大量的气体，形成强烈油流，油流从油箱通过瓦斯继

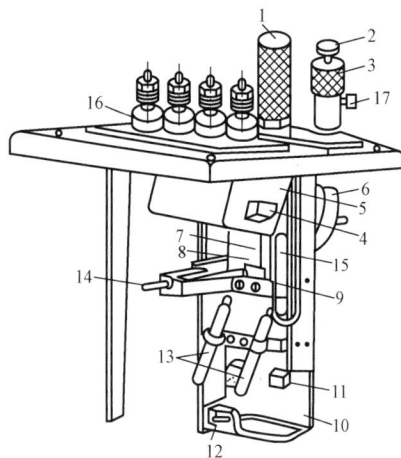

图 15.22 开口杯挡板式瓦斯继电器的结构图
1—罩；2—顶针；3—气塞；4—永久磁铁；5—开口杯；6—重锤；7—探针；8—开口销；9—弹簧；10—挡板；11—永久磁铁；12—螺杆；13—干簧触点（重瓦斯用）；14—调节杆；15—干簧触点（轻瓦斯用）；16—套管；17—排气口

电器冲向油枕，该油流速度将超过重瓦斯（下挡板）整定的油流速度，油流对挡板的冲击力将克服弹簧的作用力，挡板被冲动，永久磁铁靠近干簧触点，使干簧触点闭合，重瓦斯动作，发出跳闸脉冲，断开变压器各电源侧的断路器。

瓦斯保护的原理接线图如图 15.23 所示。图中出口中间继电器 KOF 有一个动作（电压）线圈和两个自保持（电流）线圈，这是考虑到挡板在油流冲击下的偏转可能不稳定，使重瓦斯触点接触不可靠，为了保证可靠地动作于跳闸，使出口中间继电器带自保持线圈，保证 KOF 一经由重瓦斯触点起动就能自保持到断路器断开为止。切换片 SO 用来改变重瓦斯的出口方式。当变压器换油、瓦斯继电器试验、变压器安装或大修后投入运行之初，将 SO 接向电阻 R，即将重瓦斯触点动作于信号。

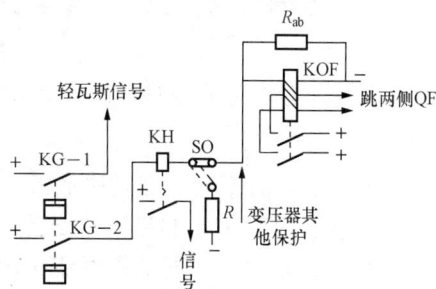

图 15.23　瓦斯保护的原理接线图

三、变压器纵差动保护

变压器纵差动保护主要用来反应变压器绕组、引出线及套管上的各种短路故障，是变压器的主保护。变压器差动保护是按照循环电流原理构成的，图 15.24 示出了双绕组变压器差动保护单相原理接线图。变压器两侧分别装设电流互感器 LH1 和 LH2，并按图中所示极性关系进行连接。

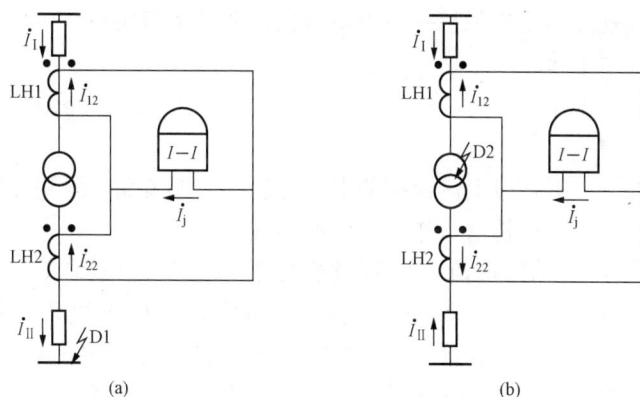

图 15.24　变压器差动保护单相原理接线图

正常运行或外部故障时，差动继电器中的电流等于两侧电流互感器的二次电流之差，如图 15.24（a）所示。欲使这种情况下流过继电器的电流基本为零，则应恰当选择两侧电流互感器的变比。

因为

$$i_{12} = i_{22} = \frac{I_{\text{I}}}{n_{\text{LH1}}} = \frac{I_{\text{II}}}{n_{\text{LH2}}} \tag{15.13}$$

即

$$\frac{n_{\text{LH2}}}{n_{\text{LH1}}} = \frac{I_{\text{II}}}{I_{\text{I}}} = n_{\text{B}} \tag{15.14}$$

式中 n_{LH1}——LH1 的变比，一般指变压器高压侧的电流互感器的变流比；

　　　　n_{LH2}——LH2 的变比，一般指变压器低压侧的电流互感器的变流比；

　　　　n_B——变压器的变比。

若上述条件满足，则当正常运行或外部故障时，流入差动继电器的电流为

$$\dot{I}_j = \dot{I}_{12} - \dot{I}_{22} = 0 \tag{15.15}$$

当变压器内部故障时，流入差动继电器的电流为

$$\dot{I}_j = \dot{I}_{12} + \dot{I}_{22} \tag{15.16}$$

实际上，由于变压器励磁涌流、接线方式和电流互感器误差等因素的影响，即使两侧电流互感器的变比等于变压器变比，正常或外部短路时差动继电器中的电流也不会等于零，而是会流过一个不平衡电流 I_{bp}。并且在变压器纵差保护中，不平衡电流很大，形成不平衡电流的因素很多，因此，需要采取相应的措施，以消除不平衡电流对纵差保护的影响。

对于大型变压器，励磁涌流的存在对其的影响尤为严重。励磁涌流主要是在变压器空载合闸或断开外部故障后、系统电压恢复时出现，其值很大，可达额定电流的 $6 \sim 8$ 倍。该电流波形偏向时间轴一侧，含有大量的直流分量及高次谐波分量，其中以二次谐波分量所占的比例最大，其波形还有间断角。该励磁涌流只流过变压器的电源侧，因而会流入差动回路成为不平衡电流，引起差动保护误动作。为此必须采取措施以防止纵差保护在出现励磁涌流时误动作。

四、变压器相间短路的后备保护——过电流保护及过负荷保护

1. 变压器的过电流保护

为了反应变压器外部短路引起的过电流，并作为变压器相间短路的后备，变压器还需装设过电流保护。

对于单侧电源的变压器，过电流保护的电流互感器应安装在电源侧，这样才能作变压器相间短路的后备保护。保护动作后，作用于断路器跳闸。

变压器过电流保护的动作电流，应躲过变压器最大负荷电流（考虑电动机自起动、并联工作的变压器突然断开一台等原因而引起的最大过负荷电流），因其值很大，故保护安装在变压器二次侧短路时保护的灵敏性可能不够。与发电机的过电流保护类似，为了提高过电流保护的灵敏性，可采用低电压起动的过电流保护，如图 15.25 所示，或采用复合电压起动的过电流保护。当采用低电压起动的过电流保护时，其动作电流按躲过变压器的额定电流整定，低电压继电器的动作电压应小于正常运行时的最低工作电压。

对于大型变压器采用上述保护不能满足灵敏性和选择性时，可以采用阻抗保护。

2. 过负荷保护

与发电机过负荷保护一样，变压器过负荷保护反应变压器对称过负荷引起的电流过大，保护采用一个电流继电器接于一相电流之上，其动作电流的整定原则也和发电机过负荷保护相同。保护经延时后作用于信号。

五、电力变压器的接地保护

大型变压器一般都是直接接地系统，由于大部分故障是接地短路，因此一般应装设接地保护，作为变压器主保护的后备保护。

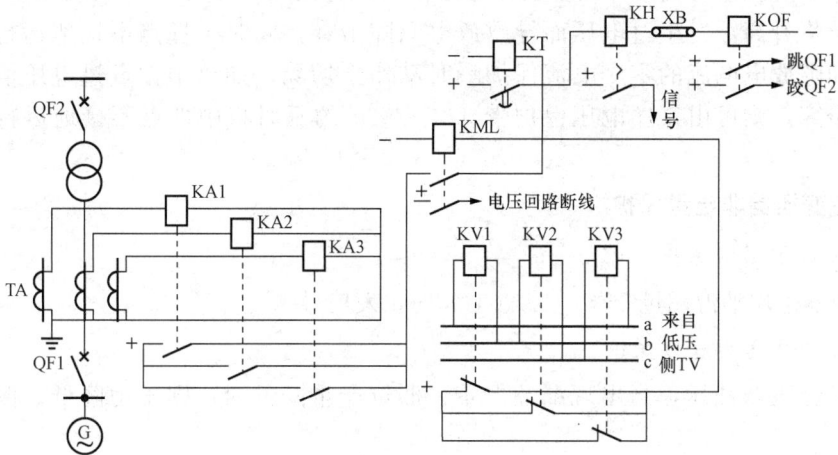

图 15.25　变压器的低电压起动的过电流保护

1. 中性点直接接地的变压器的零序电流保护

这种变压器接地短路的后备保护毫无例外地采用零序电流保护。保护用的电流互感器接于中性点引出线上。变压器零序电流保护的原理接线图如图 15.26 所示。零序电流保护动作电流应大于被保护侧母线引出线零序过电流保护的动作电流，即按灵敏性相配合的条件整定。保护的动作时限应比引出线零序过电流保护最大动作时限大一个时限 Δt。

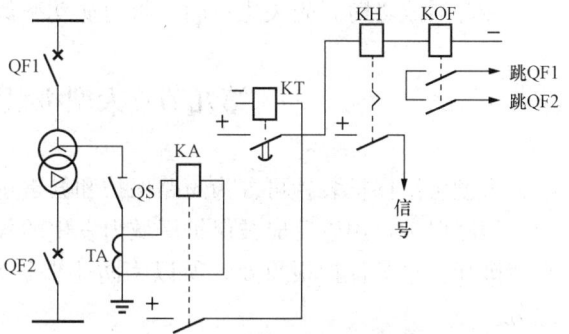

图 15.26　变压器零序电流保护的原理接线图

2. 中性点可能接地或不接地运行的变压器的零序电流保护

对于中性点可能接地或不接地运行的变压器，其中性点接地的形式可采用如图 15.27 所示的形式。变压器高压侧中性点与地之间有接地刀闸 G、放电间隙或同时装设避雷器和放电间隙。其中放电间隙的设置目的是当发生冲击电压和工频过电压时，用它们来保护变压器中性点的绝缘。然而放电间隙一般是一种比较粗糙的设施，气象条件、调整的精细程度以及连续放电的次数等都对其动作电压有影响，可能会出现该动作而不能动作的

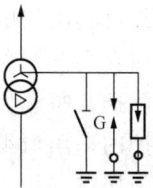

图 15.27　变压器中性点接地的形式

情况。此外，一旦间隙放电，还应避免放电时间过长。因此，对于这种接地方式，仍应装设专门的零序电流电压保护，其任务是及时切除变压器，防止间隙长时间放电，并作为放电间隙拒动的后备。

变压器中性点接地的形式如图 15.27 所示。变压器除装设上述中性点经常接地运行的变压器零序电流保护外，还增设了一套反应间隙放电电流的零序电流保护和一套零序电压保护，作为变压器中性点不接地运行时的保护。其中，零序电压保护作为间隙放电电流保护的后备。

当系统发生一点接地短路时，中性点接地运行的变压器由其零序电

流保护动作于切除。若高压母线上已没有中性点接地运行的变压器，而故障仍然存在时，中性点电位将升高，发生过电压而导致放电间隙击穿，此时中性点不接地运行的变压器将由反应间隙放电电流的零序电流保护瞬时动作于切除。如果中性点过电压值不足以使放电间隙击穿，则可由零序电压保护带 $0.3\sim0.5\text{s}$ 的延时将中性点不接地运行的变压器切除。

六、主变压器非电量保护

1. 主变压器温度保护

当变压器上层油温超过 85℃（或 90℃）时，发信号。

2. 主变压器压力释放保护

检测主变压器油压，当出现漏油严重、油位严重降低时，则压力降低，保护动作于全停。

3. 主变压器冷却器故障保护

大型变压器的冷却，是将上部热油抽出，进入冷却器，冷油再注入变压器下部。

冷却器故障时，先关主汽门，再由逆功率保护动作。

第九节　大型机组继电保护的配置

大型机组保护装置可分为短路保护和异常运行保护两类。

短路保护，用以反应被保护区域内发生的各种类型的短路故障，这些故障将造成机组的直接破坏。这类保护很重要，所以为防止保护装置或断路器拒动，又有主保护和后备保护之分。

异常运行保护，用以反应各种可能给机组造成危害的异常工况，但这些工况一般不会或不致很快造成机组的直接破坏。这类保护装置，一般都装设一套专用继电器，而不设后备保护。

大型机组继电保护的配置并没有统一的规定。但一般应考虑下列原则：

（1）应最大限度地保证机组安全和最大限度地缩小故障破坏范围。

（2）应尽可能避免不必要的突然停机；对异常工况最好采用自动处理装置，尽量不停机。

（3）尽量避免保护装置的误动作和拒动。为此既要将保护装置配置完善、合理，又要避免复杂、繁琐。

表 15.1 列出了大型汽轮发电机—双绕组变压器组可能配置的继电保护装置及其出口的控制对象等，仅供参考。全套保护分为 A、B 两组，在结构和回路上基本保持独立又互为备用。因此，在运行期间进行检测或维修时，发电机变压器组仍然保持有必要的保护。每套保护的出口回路均应设置切换或连接部件，用于切换、解除或投入保护。每套保护内，出口继电器的接点应有足够的切断容量，在保护装置与总出口中间继电器之间，不应因接点容量不够而增加中间环节。如发电厂装设计算机时，根据计算机设计要求，部分保护的动作信号触点要引到计算机的接口中。

表 15.1　　　　　　　大型汽轮发电机—双绕组变压器可能配置的继电保护装置及其出口的控制对象

序号	保护装置名称	组别	停汽机	停锅炉	跳QB	跳QDM	跳QB1QB3	调汽门	切换励磁	跳母联	发声光信号	处理方式
I	短路保护											
1	发电机差动保护	A	+	+	+	+	+					全停
2	升压变压器差动保护	A	+	+	+	+	+					全停
3	高压厂用变压器差动保护	A	+	+	+	+	+					全停
4	发变组差动保护	B	+	+	+	+	+					全停
5	全阻抗保护 t_1	B								+		母线解列
	t_2				+	+	+					解列灭磁
6	高压侧零序保护 t_1	B								+		母线解列
	t_2				+	+	+					解列灭磁
7	定子匝间短路保护	B	+	+	+	+	+					全停
8	发电机励磁回路两点接地保护	B	+	+	+	+	+					全停
II	异常运行保护	B	+	+	+	+	+					全停
9	定子一点接地保护 I 段	A									+	发信号
	II 段	B									+	发信号
10	发电机励磁回路一点接地保护	A									+	发信号
11	励磁机励磁回路一点接地保护	A									+	发信号
12	定子过负荷保护 定限时	A									+	发信号
	反限时				+	+	+					解列
13	转子表层负序过负荷保护 定限时	A									+	发信号
	反限时				+	+	+					解列灭磁
14	励磁回路过负荷保护 定限时	A									+	发信号
	反限时				+	+	+					解列灭磁
15	低频保护	B										发信号
16	低励失磁保护 t_0	A									+	发信号
	$t_1 - t_3$				+	+	+				+	解列灭磁
	t_3						+	+	+			减出力
17	过电压保护	B			+	+	+					解列灭磁
18	逆功率保护 t_1	A						+				发信号
	t_2										+	解列灭磁
19	失步和失步（预测）保护	B										增、减出力
20	过励磁保护	B			+	+	+					解列灭磁
21	断路器失灵保护	B			+		+					解列灭磁
22	非全相运行保护	B			+							解列
III	辅助装置											
23	电流回路断线保护	B									+	发信号
24	电压回路断线保护	B									+	发信号
25	出口装置	B										
26	检测装置	A，B										
27	电源装置	A，B										
IV	厂用 6kV 分支线保护											
28	分支线差动保护 t_0						+					跳 QB1、QB2 或 QB3、QB4
	t_1				+	+						解列灭磁
29	分支线过电流保护 t_1						+					跳 QB1、QB2 或 QB3、QB4
	t_2				+	+						解列灭磁

思　考　题

15.1　简述变压器差动保护的工作原理。

15.2　为何要装设发电机逆功率保护?

15.3　为何要装设发电机的负序电流保护? 为何要装设发电机逆功率保护?

15.4　发电机异常工况设有哪些保护?

15.5　简述发电机匝间短路保护几个方案的基本原理、保护特点及适用范围。

15.6　试述直流电桥式励磁回路一点接地保护基本原理及励磁回路两点接地保护基本原理。

第十六章　发电厂厂用电保护与自动装置

　　厂用电系统保护是发电厂继电保护中的一个重要环节。厂用电系统运行正常与否，将直接影响到机组的安全运行，影响到发电厂的经济效益。

　　发电厂自动装置主要包括同期并列、发电机励磁调节控制系统、厂用电源自动投入装置、自动重合闸装置。

　　自动重合闸装置用于输电线路上出现瞬时性故障，为提高供电的可靠性而设置的，本章将不做介绍。

第一节　厂用变压器保护

　　厂用变压器在发电厂厂用电系统中使用得非常普遍，数量也很多，在发电厂中占有很重要的地位。

　　厂用变压器与电力系统中主变压器在某些方面的情况基本上是相同的，它类似于电力系统中的降压变压器，其保护的配置及基本原理也基本相同，只是作了适当的简化。这里着重叙述厂用变压器保护的特点及有关配置原则，对基本原理只作一般性介绍。

一、厂用变压器的故障和不正常运行状况

　　厂用变压器的故障可分为内部故障和外部故障两种。

　　1. 内部故障

　　厂用变压器的内部故障主要有绕组的相间短路、匝间短路和单相接地以及高低压侧线圈击穿性故障和铁芯损坏等。对于现代的三相式变压器，由于结构工艺的改进和绝缘性能的加强，发生内部绕组相间短路的可能性是很小的，如果是由三台单相变压器构成的变压器组，则内部相间短路几乎不可能发生。因此，厂用变压器最常见也是最严重的内部故障是绕组的匝间短路。

　　2. 外部故障

　　厂用变压器的外部故障主要是套管和引出线上发生的短路。这种故障可能导致变压器引出线的相间短路或一相绕组对变压器的外壳短路接地。在大接地电流系统中，当变压器的绕组发生单相接地短路时，将产生很大的短路电流而破坏厂用电系统的正常运行。因此，变压器的保护装置应尽快地动作于它的断路器跳闸。对于小接地电流系统中的变压器，通常按具体情况可装设或不装设专用的单相接地保护装置。

　　当变压器的外壳损坏，引起变压器油箱严重漏油时，也将导致变压器发生故障。

　　3. 不正常运行状态

　　厂用变压器的不正常运行状况有外部短路引起的过电流、油箱内油面的过度降低和变压器中性点电压的升高等。在厂用变压器中一般不容易发生过负荷现象，故在配置保护时可不予以考虑。

　　由于外部短路引起的过电流将使厂用变压器的绕组过热，从而加速绕组绝缘的老化，甚

至引起内部故障。当温度显著地下降、油量不足和外壳漏油等，都会产生油面过低的现象。根据油面降低的程度，保护装置应动作于信号或跳闸。

二、厂用变压器保护的配置原则

为了防止厂用变压器故障和不正常运行，保证机组的安全，在厂用变压器上应装设下列继电保护装置。

1. 高压厂用变压器保护

（1）纵联差动保护。高压厂用工作变压器其容量在 6300kV·A 及以上时，应装设纵联差动保护，用于防御绕组内部及引出线上的相间短路故障。当变压器容量为 16000kV·A 及以上时，保护宜采用三相三继电器的接线方式，当安装有困难时，低压侧也可用两相电流互感器。当变压器容量为 16000kV·A 以下时，如果保护灵敏度足够，则可采用两相三继电器的接线方式。

保护瞬时动作于变压器两侧断路器。对于大容量发电机—变压器组，高压厂用变压器高压侧无断路器，保护则应动作于低压侧断路器和发电机—变压器组总出口断路器，使各侧断路器及灭磁开关跳闸。

（2）瓦斯保护。容量为 800kV·A 及以上的油浸式变压器，应装设瓦斯保护，用于防御变压器油箱内部故障和油面降低。当油箱内部故障时，若产生轻微瓦斯或引起油面降低，则保护应瞬时动作于信号；当产生大量瓦斯时，保护应瞬时动作于变压器各侧断路器跳闸。当变压器高压侧未装设断路器时，则应动作于低压侧断路器和发电机—变压器组总出口断路器，使各侧断路器及灭磁开关跳闸。

（3）过电流保护。用于防御外部相间短路所引起的过电流，并作为瓦斯保护和纵联差动保护的后备保护。对于（Y，y0）、（D，d0）接线组别以及已装设纵联差动保护的（Y，d11）接线组别的变压器，保护一般采用两相两继电器的接线方式，带时限动作于各侧断路器跳闸。当厂用变压器供给两个分段时，还应在低压侧各分支上分别装设过电流保护，保护采用两相两继电器的接线方式，带时限动作于本分支断路器跳闸。

（4）单相接地保护（零序保护）。当厂用变压器高压侧用电缆接至发电机电压系统，且该系统中各出线装有单相接地保护时，则变压器回路也需装设单相接地保护，使它能有选择性地指示厂用变压器高压侧单相接地故障。保护由一个接至零序电流互感器上的电流继电器所构成。接至变压器高压侧的电缆为两根或两根以上，若每根电缆分别装设零序电流互感器，则应将零序电流互感器的二次绕组串联后，接至电流继电器。电缆终端盒的接地线应穿过零序电流互感器，以保证能瞬时动作于信号。

当变压器高压侧用硬母线或软导线接至发电机电压系统时，由于其距离较近，且硬母线或软导线发生单相接地的可能性很少，因此，即使各出线装有单相接地保护，变压器也不需装设单相接地的保护。

（5）低压侧分支差动保护。当高压厂用变压器低压侧带两个分段时，如变压器至厂用配电装置间的电缆两端均装设断路器，且各分支的故障会引起发电机—变压器组的断路器动作时，则在每一分支上应分别装设纵联差动保护。保护由两相两继电器的接线方式构成，瞬时动作于本分支两侧的断路器跳闸。

2. 高压厂用备用变压器及起动变压器的保护

（1）纵联差动保护。高压厂用备用（或起动）变压器容量为 16000kV·A 及以上时，或经常带一部分负荷运行的起动变压器，其容量为 6300kV·A 及以上时，应装设纵联差动保护，保护范围自厂用变压器高压侧出线（不包括各分支线），保护构成方式与高压厂用工作变压器相同。

（2）瓦斯保护、过流保护和高压侧接于小接地电流系统的变压器接地保护。这些保护的构成原则与高压厂用工作高压器的相应保护相同。

（3）零序差动保护。高压侧接于大接地电流系统的备用变压器，其高压侧的接地保护可采用零序电流速断保护。如高压侧的保护对接地短路的灵敏度不够，则可装设零序差动保护，瞬时动作于变压器各侧的断路器跳闸。

（4）低压侧备用分支的过电流保护。其构成原则与高压厂用工作变压器的过电流保护相同，保护带时限动作于本分支断路器跳闸。当备用电源投入永久性故障时，备用分支的过电流保护应加速跳闸。

3. 低压厂用工作和备用变压器的保护

（1）电流速断保护。用于防御绕组内部及引出线上的相间短路。保护由两相两继电器的接线方式构成，瞬时动作于高压侧断路器及低压侧具有备用电源自动投入装置的所有空气开关跳闸。对于 2000kV·A 及以上用电流速断保护灵敏性不符合要求时，应装设纵联差动保护，保护宜采用三相三继电器接线，瞬时动作于变压器各侧断路器跳闸。

（2）瓦斯保护。用于防御变压器油箱内部故障及油面降低。对于容量为 800kV·A 及以上或装设在主厂房内的 400kV·A 及以上的低压厂用变压器应装设本保护。轻瓦斯动作于信号，重瓦斯瞬时动作于高压侧断路器及低压侧具有备用电源自动投入装置的所有空气开关跳闸。当变压器远离高压厂用配电装置时，重瓦斯可以不跳闸，仅发信号至附近的值班室内。

（3）过电流保护。用于防御相间短路所引起的异常过电流。保护采用两相两继电器的接线方式，且带时限动作于高压侧断路器及低压侧具有备用电源自动投入装置的所有空气开关跳闸。当变压器供给两个以上分段时，还应在低压侧各分支上分别装设过电流保护及零序过电流保护。保护采用两相两继电器的接线方式，且带时限动作于本分支空气开关跳闸。当备用变压器低压侧分支线自动投入永久性故障时，该分支的过电流保护应加速跳闸。

（4）零序过电流保护。用于防御变压器低压侧单相接地短路所引起的异常过电流。保护由一个接于变压器低压侧中性线电流互感器上的反时限电流继电器构成，且带时限动作于高压侧断路器及低压侧具有备用电源自动投入装置的所有空气开关跳闸。当变压器远离高压配电装置时，为了节省控制电缆，高压侧的过电流保护可按两相三继电器的接线方式构成，省去装于变压器低压侧中性线上的专用零序过电流保护。此时对低压侧的单相接地短路保护可适当降低灵敏度要求。

（5）单相接地保护。如变压器所引接的高压厂用电系统中均装有单相接地保护时，则在低压厂用变压器的高压侧也应装设单相接地保护。保护的接线方式同高压厂用工作变压器的单相接地保护。

对于上述厂用变压器中所配置的各种保护，可根据各电厂的实际情况进行取舍。

三、厂用电动机保护

发电厂的厂用电是电力系统中最重要的电能用户，一旦厂用电系统发生故障就会严重地影响发电厂的正常工作。因此，对厂用电动机必须有足够的重视，除了应装设保护装置外，还需加强运行维护、定期地检修和进行预防性试验，尽可能避免发生故障。

现代的火力发电厂随着机组容量的增大，其厂用电动机的容量也在增加，在发电厂厂用机械中大多采用的是异步电动机。对电动机来说，主要故障是定子绕组的相间短路，其次是单相接地故障及一相绕组的匝间短路。

定子绕组的相间短路是电动机最严重的故障。由于短路而产生的短路电流，不仅会使绕组的绝缘损坏、铁芯烧毁，甚至会导致供电网络电压的显著降低，从而破坏其他负荷的正常工作。因此，必须装设相间短路保护，无时限地切除故障电动机。对容量在2000kW及以上的电动机或容量虽在2000kW以下但有6个引出线的电动机，当装设电流速断保护不能满足灵敏度要求时，应装设纵联差动保护，作为相间短路的主保护。

单相接地对电动机的危害程度，取决于供电网络中性点的接地方式。对于小接地电流系统中的高压电动机，当单相接地电容电流大于5A时，应装设接地保护。当接地电流大于10A时，有可能烧坏线圈和铁芯，保护装置一般动作于跳闸；当接地电流小于10A时，保护装置可以动作于跳闸或信号。

一相绕组的匝间短路，会破坏电动机的对称运行，并使相电流增大。最严重的情况是电动机的一相绕组全部短接，此时，非故障相的两个绕组将承受线电压，使电动机遭到损坏。但是，由于目前还没有简单而又完善的方法来保护匝间短路，因此一般不装设专门的匝间短路保护。

电动机的不正常状态主要是过负荷。产生过负荷的原因通常是电动机所带机械过负荷，供电网络电压和频率的降低而使转速下降，熔断器一相熔断造成两相运行及起动或自起动时间过长，所带机械发生故障等。长时间的过负荷运行，将使电动机过热，其绕组的温升超过允许值，将使绝缘迅速老化，大大降低电动机的使用寿命，甚至烧坏电动机。因此，对生产过程中易发生过负荷的电动机应装设过负荷保护，带时限动作于信号或跳闸。

电动机电源电压因某种原因降低时，电动机的转速将下降；当电压恢复时，由于电动机自起动，将从系统中吸取大量的无功功率，造成电源电压不能恢复。为了保证重要电动机的自起动，应装设低电压保护，用其断开次要的电动机。对于运行中不允许和不需要自起动的电动机，也要装设低电压保护，动作于跳闸。

总之，电动机保护应力求简单、可靠。对电压在500V以下的电动机，特别是75kW及以下的电动机，广泛采用熔断器来保护相间短路和单相接地故障。当不能采用熔断器时，才装设专用的保护。

第二节　同步发电机的自动准同期装置

在电力系统运行过程中，经常需要把同步发电机投入到系统上去进行并联运行。把同步发电机投入电力系统作并联运行的操作称为同期操作（并列操作）。进行同期操作所需要的装置称为同期装置。

发电机的并列操作都可以通过手动操作完成，也可以通过自动操作完成。若以准同步方式并列，则前者称为手动准同期并列，后者称为自动准同期并列。

在发电厂内，可以进行并列操作的断路器，都称为电厂的同期点。通常，发电机、发电机—双绕组变压器组高压侧、发电机—三绕组变压器组各电源侧、双绕组变压器低压侧或高压侧、三绕组变压器各电源侧、母线分段、母线联络、旁路、35kV 及以上系统联络线以及其他可能发生非同期合闸的断路器等都是同期点。

同步发电机准同期并列时，即触头闭合瞬间必须满足以下三个条件：

(1) 待并发电机电压与系统电压应接近相等，误差不应超过± (5～10)％。

(2) 待并发电机频率与系统频率应接近相等，误差不应超过± (0.2～0.5)％。

(3) 并列断路器触头应在发电机电压与系统电压相位差接近零度时，刚好接通。合闸瞬间相位差一般不应超过±10°。

根据准同期并列的条件可见，任何自动准同期装置都应完成两个基本任务。一是自动检测待并发电机与系统间电压幅值差和频率差是否满足并列条件，若满足条件则自动控制发出合闸脉冲，保证合闸相角差在允许范围之内。二是当电压幅值差和频率差不满足要求时，闭锁合闸控制回路，并迅速对待并发电机发出调节电压和频率的控制脉冲信号。

为完成基本任务，自动准同期并列装置一般由四个单元构成，即整步电压信号发生器单元、电压差控制单元、频率差控制单元及合闸相角差控制单元。自动准同期装置构成方框图如图 16.1所示。各部分的主要作用如下：

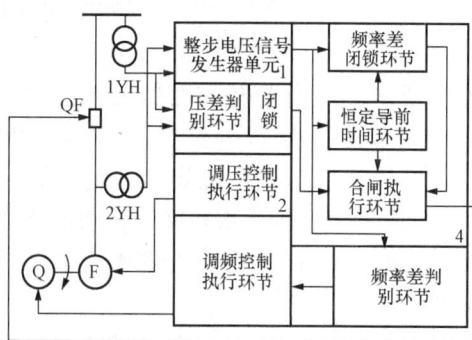

图 16.1　自动准同期装置构成方框图
F—发电机；Q—原动机

(1) 整步电压信号发生器单元。其任务是为并列条件的分析、判断和控制提供检测信息。反映并列条件三个状态量的信号电压的性能将直接影响并列装置的性能指标，如并列条件的精确度等。目前采用的有正弦整步电压和线性整步电压两种（包含有并列条件信息，便于准同期并列分析用的信号电压）。

(2) 电压差控制单元。其功能是检查发电机电压与系统侧电压的幅值差，若超出允许偏差时，闭锁合闸脉冲输出，判别压差方向，调节待并发电机励磁控制系统的给定值，升压或降压使发电机和系统电压的幅值差在允许范围之内。

(3) 频率差控制单元。其功能是检测滑差角频率（两个电压相量相对旋转角速度），若超出允许偏差时，闭锁合闸脉冲输出，判别频差方向，调节待并发电机组转速控制系统的给定值，升速或减速使滑差角频率在允许偏差范围内。

(4) 合闸相角差控制单元。其任务是当电压差和频率差符合允许偏差时，允许输出恒定导前时间的合闸脉冲。它不仅控制发出合闸脉冲的导前时间（以断路器主触头接通 $\delta=0$ 时作为时间参考点，合闸脉冲须提前于它发出，所提前的时间称为导前时间），而且控制合闸脉冲是否发出。

由上述四个基本单元构成全自动准同期并列装置。若不设电压差和频率差控制单元功能，由人工调节满足并列条件，仅自动控制发出合闸脉冲，则称为半自动准同期装置。

第三节　同步发电机自动调节励磁装置

同步发电机的励磁系统是由励磁功率单元和自动调节励磁装置 AVR 组成的，如图 16.2 所示。励磁功率单元向同步发电机励磁绕组提供直流励磁电流，自动调节励磁装置 AVR 则根据机端电压变化控制励磁功率单元的输出，从而达到调节励磁电流的目的。

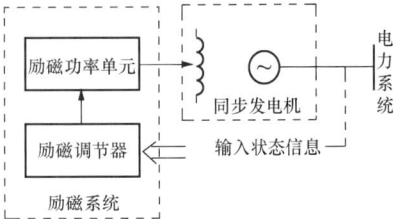

图 16.2　励磁系统组成

一、自动调节励磁装置的作用

无论是单独运行的发电机还是与系统并列运行的发电机，调节励磁电流均会引起机端电压和无功功率的变化。同步发电机装上自动调节励磁装置后，则可使励磁电流按照预定的要求进行调节，其主要作用如下：

（1）电力系统正常运行时，维持发电机和系统某点电压水平。当发电机无功负荷变化时，一般情况下机端电压要发生相应变化，此时自动调节励磁装置应能供给所要求的励磁功率，满足不同负荷情况下励磁电流的自动调节，维持机端或系统某点电压水平。

（2）合理分配发电机间的无功负荷。发电机的无功负荷与励磁电流有着密切的关系，因而励磁电流的自动调节，要影响发电机无功负荷的分配，所以对励磁系统的调节特性有一定的要求。

（3）在电力系统发生短路故障时，按给定的要求强行励磁。励磁系统响应速度越快，顶值励磁电压越高，强行励磁的效果越好。

（4）提高电力系统静稳定极限。

（5）对 200MW 及以上的发电机，自动调节励磁装置还应具备过励限制、低励限制和功角限制等功能。

（6）加快电网电压的恢复，改善系统工作条件。电力系统故障切除后，由于用户电动机要自起动，系统出现无功缺额，发电机自同步并列或失磁时，也会出现系统无功缺额。自动调节励磁装置能自动增加励磁电流，多发无功功率，加快电网电压的恢复，改善系统的工作条件。

二、自动调节励磁的基本概念

1. 人机关系

同步发电机在运行中，由于负荷电流和功率因数的变化，机端电压要偏离额定值。为维持额定电压水平，在没有自动调节励磁装置的情况下，需人工调节发电机励磁电流。在图 16.3（a）中，借助人工调整 R_c 的大小来维持机端电压的稳定。当运行人员观察到机端电压高于额定值时（测量到有偏差电压），就去操作 R_c，使其数值增大（起到将偏差信号放大并执行的作用），从而励磁电流减少，使机端电压回到额定值水平，当运行人员观察到机端电压低于额定值时，同样去操作 R_c，使其数值减小，从而增大励磁电流，使机端电压回升到额定值水平。

因此，通过人工调整 R_c 可维持机端电压为额定值。在此过程中，人不仅起到"测量"作用，而且起到"放大"和"执行"的作用。当然，人在进行"测量"机端电压时，基准电

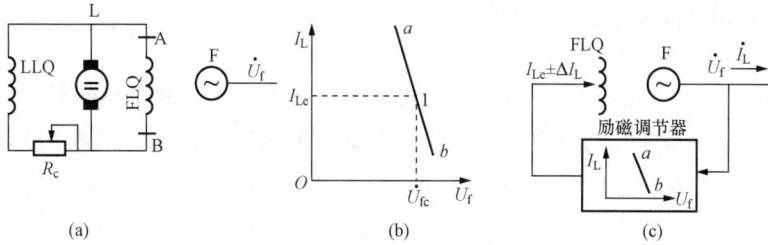

图 16.3　励磁调节器工作原理

(a) 改变 R_c 调节励磁；(b) 工作特性；(c) 闭环调节示意图

压（或整定电压）即为额定电压。

上述人工调整 R_c 的作用，可用图 16.3（b）中的直线段 $\overline{ab}$ 来表示。如在 1 点上运行时，机端电压为额定值 U_{fe}，励磁电流为额定值 I_{Le}。当电压 $U_f > U_{fe}$ 时，需人工将励磁电流减小，U_f 也随之减小；当 $U_f < U_{fe}$ 时，需人工将励磁电流增大，U_f 也随之升高。

如果上述人工"测量"、"放大"、"执行"功能利用自动装置来完成，且该自动装置的工作特性应与图 16.3（c）所示特性相同，则同样能维持机端电压接近额定值水平。于是构成了如图 16.3（c）所示的闭环调节回路，从而用励磁调节器取代了人工的上述作用。这不仅提高了调节质量，而且大大减轻了值班运行人员的劳动强度。

2. 励磁调节器的构成

一般来说，与同步发电机励磁电压的建立、调整以及在必要时使其电压消失的有关元件和设备的总称为励磁系统，所以励磁机包括在励磁系统内。实际上，励磁机是一个功率放大元件，起到功率放大的作用。自动调节指的是发电机的励磁电流根据端电压的变化按预定要求进行调节，以维持端电压为给定值。因此，自动调节励磁系统可以看成一个以电压为被调量的负反馈控制系统。

图 16.4 所示为同步发电机励磁调节器的基本方框图。为了调节同步发电机的端电压 U_f，应测量端电压的变化值。为便于测量，设置了端电压变化结构，这样，量测机构的输出电压 $K_1 U_f$ 和 U_f 成正比例（K_1 为比例系数）。比较综合点的合成差电压 $\Delta U = U_2 - K_1 U_f$，当端电压偏高时，ΔU 为负；端电压偏低时，ΔU 为正。

放大机构按照 ΔU 的大小和方向进行放大，通过执行机构使励磁电流向相应方向调整，从而控制发电机的电压值。当差值电压 ΔU 为负时，驱使发电机降低励磁，降低发电机的端电压；相反，当差值电压 ΔU 为正时，则增加发电机的励磁，提高发电机的端电压。因此，调节系统调整的结果是力求消除 U_f 和 U_2 的偏差。当调节系统放大倍数足够大时，可以近似地认为 U_f 维持在 U_2 水平上运行。显然，电压偏差 ΔU 称为反馈量。

由以上分析可见，调节器的输出正比于电压偏差信号，因此图 16.4 所示的调节器称为比例式励磁调节器。另外，不管由于什么原因造成 U_f 变化，调节系统都能对 U_f 进行调整。

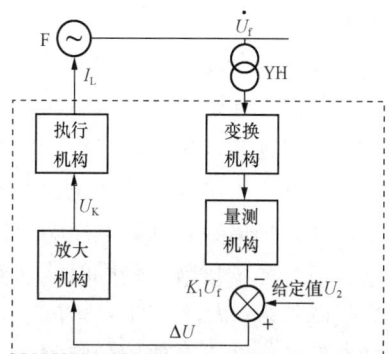

图 16.4　同步发电机励磁调节器基本方框图

三、同步发电机的强行励磁与灭磁

1. 同步发电机的强行励磁

电力系统发生短路故障时，会引起发电机端电压急剧下降，此时如能使发电机的励磁迅速上升到顶值，将有助于电网稳定运行，提高继电保护动作的灵敏度，缩短故障切除后系统电压的恢复时间，并有利于用户电动机的自起动。因此当发电机电压急剧下降时，将励磁迅速增加到顶值的措施，对电力系统稳定运行具有重要的意义。通常将这种措施称为强行励磁，简称强励。

一般的自动调节励磁装置均具有强励作用，但有些励磁系统可能励磁顶值电压不够高，或响应速度不够快，或某些故障形式下没有强励作用。在这种情况下，可以设置强行励磁装置，作为自动调节励磁装置的强励补充，或为其强励后备。

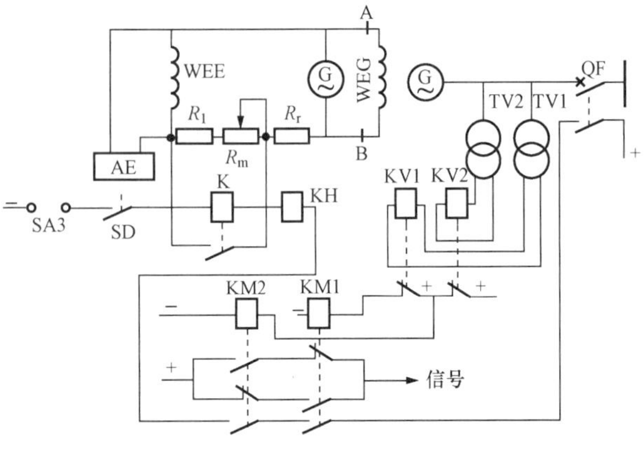

图 16.5　继电器强行励磁装置的
原理接线图

图 16.5 所示为继电器强行励磁装置的原理接线图。图中两个低电压继电器 KV1、KV2 的动作电压按（0.8～0.85）U_{fe}（发电机额定电压）整定。当发电机电压降低至整定值以下时，KV1 与 KV2 动作，其常闭触点闭合，起动中间继电器 KM1、KM2，于是通过 KM1、KM2 闭合了的常开触点使强励接触器 K 励磁，K 的触头将 R_m、R_1 短接，使励磁机的励磁电流增至最大值，从而使励磁机端电压升到顶值，实现强行励磁。当发电机电压恢复至低电压继电器返回值以上时，KV1、KV2

返回，使整套装置返回，励磁机电压恢复正常。图 16.5 中，R_r 是励磁回路中必须串接的固定电阻，以防在强励装置动作后，励磁机产生过电压。

强励接触器 K 启动回路经发电机断路器灭磁开关的辅助触点 SD 闭锁，以防止在发电机投入系统前或事故跳闸后及灭磁过程中强励装置误动作。另外只有当两个低电压继电器都起动时 K 才动作，以防止电压回路断线时，强励装置误动作。一个电压继电器动作时，仅发出信号。

强励装置动作后，为使发电机转子不致过热，一般考虑强励时间为 1min 左右，若在这段时间内，强励装置仍未返回，则应由值班人员通过 SA3 使强励装置返回。

从强励的作用可以看出，要使强励充分发挥作用，不论是 AVR 装置的强励，还是强励装置，都应满足强励顶值电压高且响应速度快的基本要求，因此用两个指标来衡量强励能力，即强励倍数和励磁电压响应比。

（1）强励倍数。强励时能达到的最高励磁电压 $U_{E.max}$ 与额定励磁电压 $U_{E.N}$ 的比值，称为强励倍数（K_I），即 $K_I = U_{E.max}/U_{E.N}$，显然，K_I 愈大，强励效果愈好。但 K_I 大小受励磁系统结构和设备费用的限制，通常为 1.2～2。

（2）励磁电压响应比。励磁电压响应比又称励磁电压响应倍率，是反应强励过程中励磁电压增长速度大小的一个参数。通常指强励开始 0.5s 内测得的励磁电压，按平均速度上升的数值与发电机额定励磁电压的比值，即励磁电压响应比＝（励磁电压等速上升数值/0.5）/$U_{E·N}$，一般为 2，快速励磁系统中为 6～7。

2. 同步发电机的灭磁

运行中的发电机，如果出现内部故障或出口故障，继电保护装置应快速动作，将发电机从系统中切除，但发电机的感应电动势仍然存在，继续供给短路点故障电流，将会使发电设备或绝缘材料等严重损坏。因此当发电机内部或出口故障时，在跳开发电机出口断路器的同时，应迅速将发电机灭磁。所谓灭磁就是把转子绕组的磁场尽快减弱到最小程度。考虑到励磁绕组是一个大电感，突然断开励磁回路必将产生很高的过电压，危及转子绕组绝缘，所以用断开励磁回路的方法灭磁是不恰当的。在断开励磁回路之前，应将转子绕组自动接到放电电阻或其他装置中去，使磁场中储存的能量迅速消耗掉。对灭磁的基本要求有以下几个：

（1）灭磁时间要短；

（2）灭磁过程中转子过电压不应超过允许值，其值通常取额定励磁电压的 4～5 倍。

（3）灭磁后，机组剩磁电压不应超过 500V。

灭磁的方法较多，常用的灭磁方法有利用放电电阻灭磁、利用灭弧栅灭磁、利用可控整流桥逆变灭磁。

第四节 备用电源自动投入装置

一、备用电源自动投入装置的作用

备用电源自动投入装置（AAT）是当工作电源或工作设备因故障断开后，能自动将备用电源投入装置或备用设备投入工作，使用户不致停电的一种自动装置，简称为 AAT 装置。

在实际应用中，AAT 装置形式多样，但根据备用方式（即备用电源或备用设备的存在方式）划分，可分为明备用和暗备用两种。

明备用指正常情况下有明显断开的备用电源或备用设备，如图 16.6（a）所示，正常运行时，图中 QF3、QF4 处于断开状态，备用变压器 T0 作为工作变压器 T1 的备用；暗备用指正常情况下没有断开的备用电源或备用设备，而是分段母线间利用分段断路器取得相互备用，如图 16.6（b）所示，正常运行时分断路器 QF3 处于断开状态，工作母线Ⅰ、Ⅱ段分别通过各自的供电设备或线路供电，当任一母线由于供电设备或线路故障停电时，QF_3 自动合闸，从而实现供电设备和线路的互为备用。

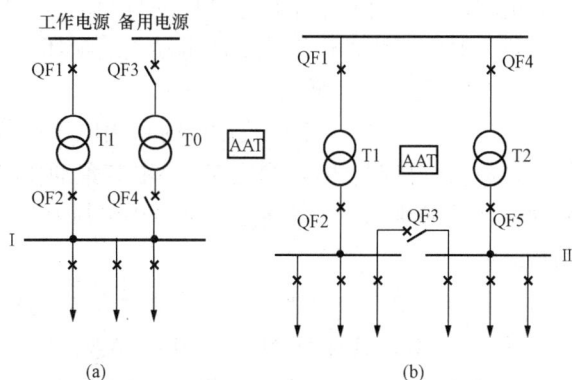

图 16.6 备用电源接线形式
(a) 明备用；(b) 暗备用

二、对备用电源自动投入装置的基本要求

ATT 装置用在不同场合，其接线可能有所不同，但均应满足对 AAT 装置的基本要求。

应当指出，AAT 装置动作使断路器合闸，投入备用电源或备用设备，该断路器上应装设相应的继电保护装置，以保证安全运行。对 ATT 装置的基本要求归纳如下。

1. 工作母线电压无论什么原因消失，AAT 装置均应动作

图 16.7 中，工作母线 I（或 II）段失压的原因有：工作变压器 T1（或 T2）故障；母线 I（或 II）段故障；母线 I（或 II）段出线故障没被该出线断路器断开；断路器 QF1、QF2 误跳闸；电力系统内部故障，使工作电源失压等。所有这些情况，AAT 装置都应动作。但是若电力系统内部故障，使工作电源和备用电源同时消失，则 AAT 装置不动作，以免系统故障消失恢复供电时，所有工作母线段上的负荷均由备用电源或设备供电，引起备用电源或设备过负荷，降低工作可靠性。

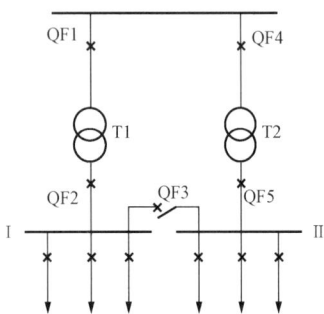

图 16.7　AAT 动作原理图

满足这一要求的措施是：AAT 装置应设置独立的低电压起动部分，并设有备用电源电压监视继电器。

2. AAT 装置只能动作一次

当工作母线或出线上发生未被出线断路器断开的永久性故障时，AAT 装置动作一次；断开工作电源（或设备）投入备用电源（或设备）。因为故障仍然存在，备用电源（或设备）上的继电保护动作，断开备用电源（或设备）后，就不允许 AAT 装置再次动作，以免备用电源多次投入到故障元件上，对系统造成再次冲击而扩大事故。

满足这一要求的措施是：控制 AAT 装置发出合闸脉冲的时间，以保证备用电源断路器只能合闸一次。

3. AAT 装置的动作时间应使负荷停电时间尽可能短

从工作母线失去电压到备用电源投入为止，中间工作母线上的用户有一段停电时间，无疑停电时间短，有利于用户电动机的自起动。但停电时间太短，电动机残压可能较高，备用电源投入时将产生冲击电流造成电动机的损坏。运行经验表明，AAT 装置的动作时间以 1～1.5s 为宜，低压场合可减小到 0.5s。

此外，应校验 AAT 装置动作时备用电源过负荷情况，如备用电源过负荷超过限度或不能保证电动机自起动时，则应在 AAT 装置动作时自动减负荷；如果备用电源投入故障，则应使其保护加速动作；低压起动部分中电压互感器二次侧的熔断器熔断时，AAT 装置不应动作。

4. 应保证在工作电源或工作设备断开后，AAT 装置才能动作

图 16.7 中，只有当 QF$_2$ 断开后，AAT 装置才能动作，使 QF$_3$ 合闸。这一要求的目的是防止将备用电源或备用设备投入到故障元件上，造成 AAT 装置动作失败，甚至扩大事故，加重设备损坏程度。

满足这一要求的主要措施是：AAT 装置的合闸部分应由供电元件受电侧断路器（图 16.7 中的 QF2）的辅助动断触点起动。

三、备用电源自动投入装置典型接线

图 16.8 所示为发电厂厂用备用变压器自动投入装置的典型接线图。

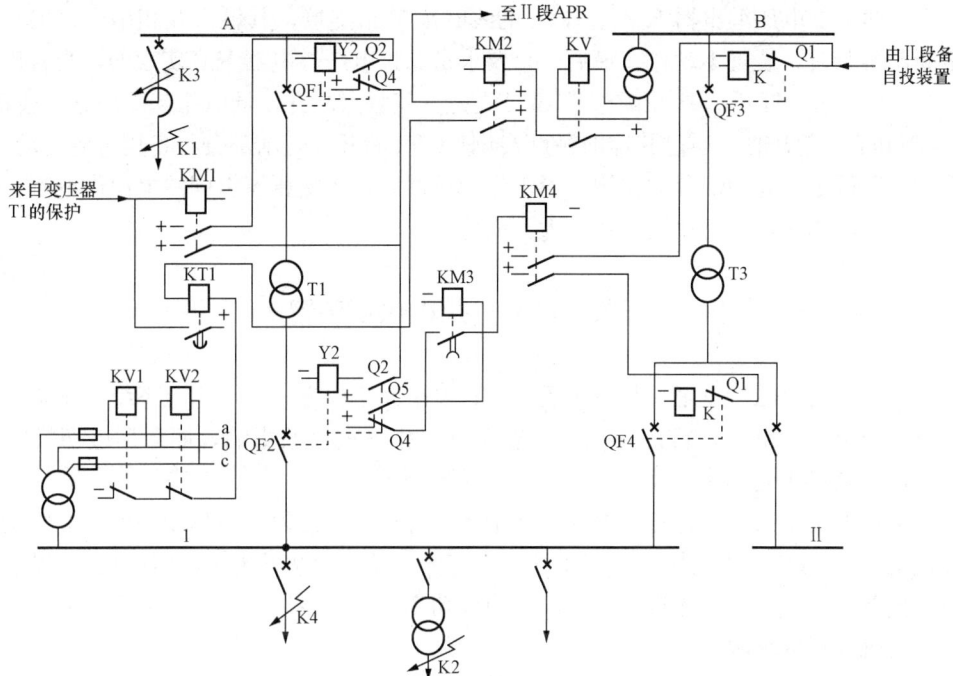

图 16.8　发电厂厂用备用变压器自动投入装置的典型接线图

该装置中的低电压起动部分包括两个低电压继电器 KV1、KV2，过电压继电器 KV，时间继电器 KT1 及中间继电器 KM1 及 KM2。在正常情况下工作母线及备用母线均有电压时，低电压继电器 KV1、KV2 的触点断开，过电压继电器 KV 的触点闭合，为起动作好准备。

该装置中的自动合闸部分包括中间继电器 KM3 及 KM4，KM3 是瞬时动作、延时返回的。正常运行时，KM3 处在励磁状态，其常开触点闭合。当其线圈失电后，闭合了的常开触点需经 0.5～0.8s 的时限才断开。

当Ⅰ段母线因任一原因失去电压时，工作变压器 T1 的继电保护动作或低电压起动部分动作，即低电压继电器的触点闭合，起动时间继电器 KT1，经一定时限后，起动中间继电器 KM1，其触点闭合，断开工作变压器的断路器 QF1 及 QF2。QF2 断开后，其辅助触点 Q5 打开，使中间继电器 KM3 失电，在其触点打开前，通过 QF2 的辅助触点 Q4 起动合闸部分的中间继电器 KM4，其触点闭合，使备用变压器两侧断路器 QF3 及 QF4 合闸。

图 16.8 所示的备用电源自动投入装置是怎样满足基本要求的呢？第一个要求是靠低电压起动部分满足的，如果没有低电压起动部分，则在因系统故障使高压母线 A 失去电压而低压母线Ⅰ段跟着失去电压的情况下，装置就不能动作了；为了满足第二个要求，该装置在 QF2 断开时，立即通过其辅助触点 Q4 起动中间继电器 KM4，瞬时合闸。QF2 断开后，中间继电器 KM3 失电，其常开触点延时断开，这段延时既保证起动中间继电器 KM4，从而使 QF3、QF4 合闸，又限制了装置，使它只动作一次。因为超过这段延时后，中间继电器的触点已经断开，装置不会第二次动作，从而满足了第三个要求。第四个要求是利用断路器 QF2 的辅助触点 Q4 实现的，QF2 不断开，辅助触点 Q4 不会闭合，备用电源不会投入。在

接线图中，两个低电压继电器 KV1、KV2 的线圈按 V 形连接，其触点互相串联，保证了当一相熔断器熔断时，装置不动作。最后一个要求是靠过电压继电器 KV 实现的，当备用电源无电压时，KV 触点打开，中间继电器 KM2 失磁，其触点断开，低电压起动部分不会动作。此外，当 QF1 误断开时，通过其辅助触点 Q4 使 QF2 断开，合闸部分将备用电源自动投入。应指出，根据低电压起动部分的作用，当工作变压器和备用变压器由同一电源供电时，低电压起动部分可以省去，这将使装置接线大为简化。

第五节　6kV 厂用电快切装置

大容量火电机组的特点之一是采用机、炉、电单元集控方式，厂用电系统的安全可靠性对整个机组乃至整个电厂运行的安全、可靠性有着相当重要的影响，而厂用电切换特别是 6kV 厂用电的切换则是整个厂用电系统的一个重要环节。

大容量火电机组的另一特点是电动机数量多、容量大，使得厂用母线失电后电压衰减较慢。发电机组对 6kV 厂用电切换的基本要求是安全可靠。其安全性体现为切换过程中不能造成设备损坏，而可靠性则体现为了提高切换成功率，减少备用变压过流或重要辅机跳闸造成锅炉、汽机停运的事故。

采用普通的备用电源自动投入装置不能很好地满足安全性、可靠性的要求。实践中曾发生过多起与厂用电切换有关的问题和事故。

随着真空、SF_6 开关的广泛应用，厂用电源采用新一代快切装置已毋庸置疑。新一代快速切换装置为满足机组运行要求，采用快速切换、同期捕捉切换、残压切换等适合不同场合、不同条件、不同情况下的厂用电源切换。

一、高压厂用电源自投过程分析

厂用电系统如图 16.9 所示，工作电源由发电机端经厂用工作变压器引入，备用电源由起动/备用变压器引入。正常运行时，厂用母线由工作电源供电，当工作电源侧发生故障时，必须跳开工作断路器 QF1，此时厂用母线失电，由于厂用负荷多为高压电动机，母线电压频率和幅值将逐渐衰减，如图 16.10 所示，以极坐标形式绘出的母线电压变化轨迹。图 16.10 中，U_D 为母线残压，U_S 为备用电源电压，ΔU 为备用电源电压与母线残压间的差拍

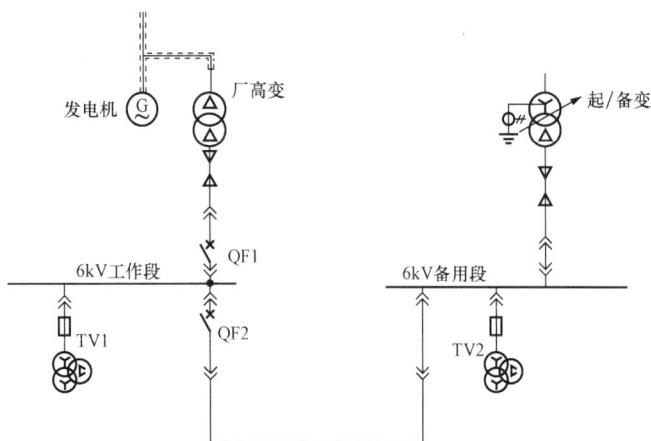

图 16.9　厂用电系统

电压。母线残压从 A 点开始沿曲线向 B、C 方向衰减。经 0.4、0.8s 时，母线残压 U_D 与备用电源 U_S 反向，此时合闸，冲击最大。实际中快切装置使备用电源受电断路器 QF2 在 A－B 段内合上，合闸时间小于 0.2s。

合上备用电源后，电动机上的电压为 U_M。为保证电动机安全自起动，U_M 应小于电动机的允许起动电压，设为 1.1 倍额定电压。

图 16.10 中，若差拍电压需满足 $\Delta U(\%)<1.64$，则以 A 为圆心、以 1.64 为半径绘出弧线 $A'-A''$，则 $A'-A''$ 的右侧为备用电源允许合闸的安全区域，左侧则为不安全区域。同理若差拍电压需满足 $\Delta U(\%)<1.15$，则以 A 为圆心、以 1.15 为半径绘出弧线 $B'-B''$，图 16.10 中 $B'-B''$ 的左侧均为不安全区域。

二、高压厂用切换方式

1. 快速自投方式

如图 16.10 所示，假定正常运行时工作电源与备用电源同相，其电压相量端点为 A，则母线失电后残压相量端点将沿残压曲线由 A 向 B 方向移动，如能在 $A-B$ 段内合上备用电源受电断路器 QF2，则既能保证电动机安全，又不使电动机转速下降太多，这就是所谓的"快速自投"或称"快速切换"。图 16.10 中，快速切换时间应小于 0.2s，实际应用时，B 点通常由相角来限定，如 60°。考虑到合闸的固有时间，合闸命令发出时的整定角应小于 60°，即应有一定提前量。提前量的大小取决于频差和合闸时间，如平均频差为 1.0Hz，合闸时间为 100ms，则提前量约为 36°，整定值 $\Delta\theta_+$ 应设为 24°。

2. 同期捕捉自投方式

从图 16.10 可知，厂用电断电后，母线残压与备用电源电压间角差将不断增大，其电压差也将逐渐增大，过 B 点后 BC 段为不安全区域，不允许合备用电源断路器。至相位差为 180°时，电压差达最大值，约为 2 倍额定电压；再至

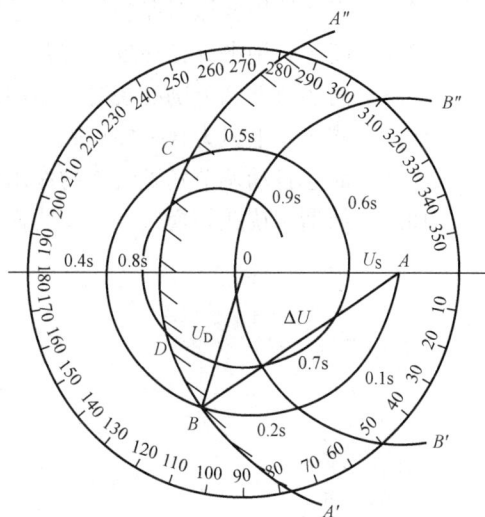

图 16.10　母线残压特性示意图

−60°（300°）时，电压差又降至不到额定电压；至 0°（360°）时，电压差变为最小，为备用电源电压与残压幅值的代数差。可认为 0°～60°范围内完成合闸，即实现了"快速自投"；60°～180°～−60°范围内，因电压差太大不允许合闸；而−60°～180°～60°范围内，再次允许合闸，此时完成的切换我们将其称为"同期捕捉自投"或"准快速自投"。因为这一阶段两电压间的电压差、频差和相位差满足合闸要求，且切换时间介于快速切换和慢速切换（残压）之间。

如能在相位差为 0°左右合上备用电源，则电压差最小、冲击电流最小，一方面能保证设备安全，另一方面也能保证切换成功。因此，同步捕捉切换可在较大的频差和相位差范围内实现切换。假设以相位差为 0°时合上备用电源，考虑合闸时间内角度的变化，应在相位差为 0°前某个时刻提前发出合闸脉冲，提前量取决于合闸回路时间和相角的变化速度。

300MW 机组试验表明，若工作电源断开前厂用母线电压与备用电源电压同相，则断开

后经 $0.45 \sim 0.65 \mathrm{s}$，残压与备用电源电压再次同相，这意味着若实现同步捕捉切换，厂用电断电时间为 $0.45 \sim 0.65 \mathrm{s}$，比快速切换（小于 $0.1 \mathrm{s}$）时间要长，但比残压切换时间（$0.6 \sim 2 \mathrm{s}$）要短。

3. 残压自投方式

当残压衰减到 $20 \% \sim 40 \%$ 额定电压后实现的自投称为"残压自投"。残压自投虽能保证电动机安全，但由于停电时间过长，电动机自起动成功与否、自起动时间等都将受到较大限制。在图 16.10 所示的情况下，残压衰减到 40% 的时间约为 $1 \mathrm{s}$，衰减到 20% 的时间约为 $1.4 \mathrm{s}$；而对另一机组，衰减到 20% 的时间为 $2 \mathrm{s}$。由于厂用母线上电动机的特性、电动机群的多少、电动机容量的大小等差异，当电源中断后反馈电压特性变化很大。

思 考 题

16.1　简述厂用变压器保护的配置原则。

16.2　简述备用电源自动投入装置的作用。

16.3　简述自动调节励磁装置的作用和要求。

16.4　同步发电机为什么要灭磁?

16.5　简述自动调节励磁装置的作用与要求。

16.6　何谓"快速切换"、"残压切换"?

附　录

发电厂倒闸操作票

发令人		受令人		发令时间：	年　月　日　时　分
操作开始时间： 年　月　日　时　分				操作结束时间： 年　月　日　时　分	
（　）监护下操作　　　　（　）单人操作　　　　（　）检修人员操作					
操作任务： ＿＿＿＿＿＿将竹界北路264开关由运行转检修＿＿＿＿＿＿＿＿＿＿＿＿					

顺　序	操　作　项　目	√
1	退出竹界北路264路开关重合闸出口压板1	
2	拉开竹界北路264路开关	
3·	检查竹界北路264开关在"分"位	
4	取下竹界北路264开关直流操作保险	
5	拉开竹界北路2643刀闸	
6	检查竹界北路2643刀闸操作电源已断开	
7	拉开竹界北路2642刀闸	
8	检查竹界北路2642刀闸操作电源已断开	
9	退出竹界北路264开关A相失灵保护启动压板1	
10	退出竹界北路264开关B相失灵保护启动压板1	
11	退出竹界北路264开关C相失灵保护启动压板1	
12	退出竹界北路264开关A相失灵保护启动压板2	
13	退出竹界北路264开关B相失灵保护启动压板2	
14	退出竹界北路264开关C相失灵保护启动压板2	
15	验明竹界北路264开关与竹界北路2642刀闸之间确无电压	
16	合上竹界北路26430接地刀闸	
17	验明竹界北路264开关与竹界北路2643刀闸之间靠竹界北路264开关侧确无电压	
18	合上竹界北路26440接地刀闸	

备注：
操作人：　　　监护人：　　　值班负责人（值长）：

参 考 文 献

[1] 叶水音. 电机学. 北京：电力出版社，1993.

[2] 熊为群，陶然. 继电保护、自动装置及二次回路. 第 2 版. 北京：电力出版社，2000.

[3] 翁昭桦. 继电保护（I）. 北京：电力出版社，1999.

[4] 于长顺. 发电厂电气设备. 北京：水利电力出版社，1991.

[5] 苏景军. 安全用电. 北京：中国水利水电出版社，2004.

[6] 王晓文. 供用电系统. 北京：电力出版社，2006.